酒店收益管理

——原理、算法与工具

胡春林◎著

中国旅游出版社

前 言

一、背景

拥抱人工智能与大数据时代、加快数字经济发展、推进产业数字化转型，壮大经济社会发展新动能，是新形势下我国加快构建新发展格局、着力推动高质量发展的重要举措。为此，2021 年教育部发布《职业教育目录（2021 年）》，将高职专科专业“酒店管理”（640105），更名为“酒店管理与数字化运营”（540106），拉开了数字经济时代高职酒店管理人才培养改革的序幕。

“酒店管理与数字化运营”专业在传统服务技能的基础上，强调“数字化运营与管理”技术技能培养。这与中职“高星级饭店运营与管理”（740104）专业的“服务与基层管理”技术技能定位相比，既在基础技术技能上有延续与深化，又在核心技术技能上形成高低错位。有助于解决酒店管理人才培养中存在的同质化、低端化问题，逐步形成中职、高职专科、职业本科一体化贯通，错位衔接、分层培养、协调发展的格局，更好地满足现代酒店业转型发展对不同层次技术技能人才的现实需求。

二、内容框架

酒店业“数字化运营与管理”的目标，大致可分为“提质”“获客”“增效”三大方面。其中“增效”（提高效益、增加收益）是核心，也是“提质”与“获客”的最终目的。“酒店收益管理”基于运筹学理论与数据运营环境，阐释需求不确定情况下的收益优化决策与“增效”方法，因而成为酒店“数字化运营与管理”领域的核心课程，以及酒店管理高职专科与职业本科的必修课程。

作为管理科学与运筹学方法，酒店收益管理的主要思想，均蕴含于收益函数方程“$R=p \cdot Q$”之中。本书以收益管理原理为基础，以Excel、SPSS为工具并兼顾RMS操作，聚焦酒店收益管理的算法学习与实践运用。具体内容按收益函数方程式分5章展开。第一章以收益函数方程演绎，重点阐述酒店收益管理的基本原理。第二章从收益函数方程式衍生，讲述酒店收益管理决策方程与IAS决策方法。第三章切入收益函数方程中的“p”，呈现价格管理的时空过程与算法轮廓。第四章关注价格p和容量Q的相关关系，讲述需求预测与回归分析方法。第五章聚焦收益函数方程中的“Q”，阐释容量控制与分配优化的基本算法。

三、教学建议

（1）学时安排

让学生掌握原理、“吃透”算法、熟练工具，是酒店收益管理课程的教学目标。本书共涉及相关算法33项，标准学时48课时。各章学时建议如下：第一章算法4课时；第二章算法5项，建议8课时；第三章算法11项，建议12课时；第四章算法7项，建议10课时；第五章算法10项，建议10课时；综合实训4课时；合计48课时。职业本科和高水平专科可参考以上学时分配，讲授本书的全部理论与算法内容。高职专科可根据实际情况，选择其中的基础理论与基本算法作为教学内容，总学时缩减至32课时。高职专科与职业本科的教学内容及具体学时安排，可参阅本书附录III。

（2）教学设计

本书内容按“理实一体、行动学习”原则组织，通过“理论讲解→算法演示→同步练习”过程呈现。教学设计可直接采用此过程组织实施，也可按“提出问题→分析问题（理论讲解）→解决问题（算法演示）→巩固提高（同步练习）”的思路，模拟工作情境、设计工作任务、寻求解决方案，以项目带动或任务驱动方式组织教学。在具体教学过程中，需重视算法操作演示与同步练习指导。

（3）教学条件

本书以收益管理原理为基础，以相关算法与效益管理决策为中心，涉及Excel、SPSS和RMS应用，需要计算机及相应软件（office或WPS、SPSS）等教学条件支持。为便于理实交替与小组讨论，教学场地首选多媒体教室，学生自带笔记本电脑上课。条件不具备时，也可考虑在机房上课。RMS不是本书教学的必要条件，但引入RMS有助于融合工作情境，达到“所学即所用”的教学效果。

（4）课程思政

立德树人，思政领航。在课程思政上，本书的“原理”教学应融入商业伦理，培养学生经世济民、公平公正、德法兼修的职业素养；“算法”教学应融入科学态度，培养学生量化审视、见微知著、严谨客观的数据思维；“工具”教学应融入工匠精神，培养学生求真务实、积极进取、精益求精的价值追求。

四、学习指导

（1）重视理论学习

酒店收益管理不是纯粹的实操课程，而是基于运筹学的理实一体课程，需要一定的数理分析与统计学基础。本书根据高职学生的一般情况，对教学内容做了简化（与算法演示细化）处理，但仍涉及不少概率论与统计学知识。不重视相关理论尤其是数理统计知识学习，就有可能不太容易掌握相应的算法要领。

（2）“吃透”算法要领

算法是收益优化决策的依据，也是酒店收益管理课程的核心内容。本书各章节的算法演示都是在理论铺垫的基础上，以案例形式将算法操作做具体化呈现。课上紧跟老师的操作演示认真学习，课后参照书本内容复习思考与总结提炼，有助于把握相应的案例情境与条件约束，“吃透”相关算法的数理要领。

（3）注意活学活用

本书结合高等教育的特点与职业教育的要求，将教学重点放在酒店收益管理的基本原理与算法逻辑上。为方便课堂教学，对相关问题做了典型性选取与简单化处理，演示案例也大多附有相应约束条件。实际工作中出现的问题肯定会比书本复杂，数据状况也可能没有这么理想。通过本书学习掌握原理、“吃透”算法、熟练工具，在现实工作中把握关键、活学活用，是本书出版的题中之义，也是本书学习的应有之道。

五、配套资源

本书的配套Excel数据文件，可扫描相应位置的二维码直接下载。其他教学资源（如教学微课、PDF版教学课件、课程标准等），可在超星学习通或中国大学MOOC平台，搜索并加入深圳职业技术大学“酒店收益管理”课程浏览或下载。本书教学配套的PPT课件，可扫描右上方的二维码，填写表格并发送至huchunlin@szpu.edu.cn索取。

六、致谢

本书是在深圳职业技术大学开设的“酒店收益管理”课程基础上撰写完善的。深职大该课程的开发始于2018年，当时可学习交流的高职院校与可参考借鉴的国内外教材极少。如何将一些复杂的运筹学问题，转化为可行动学习的高职课程，真的是一个难题。由于缺乏必要的数据资源，课程开发曾一度陷于停滞。所幸得到了业界朋友的多方支持，课程于2020年初步成型。经过五年（次）教学实践与迭代升级之后，目前已基本定型。

本书付梓之际，要对曾经给予支持与帮助的业界朋友表示感谢。他们是：北京都季酒店管理有限公司祖长生老师，上海鸿鹊信息科技有限公司胡质健老师、马兢老师、邹建良先生、柴博先生，广州九逸得酒店管理有限公司莫裕生先生、魏云豪先生，美团酒店刘展欣女士，河北国际大厦酒店有限公司杨静女士，深圳华侨城洲际大酒店程婷女士。本书得以出版发行，离不开中国旅游出版社段向民老师的大力支持，以及武洋老师的鼎力相助，在此一并表示衷心的感谢。由于作者能力有限，本书的不足之处在所难免，恳请读者朋友们批评指正。

数字赋能、以数谋新，数字化转型是住宿餐饮业创新发展、酒店管理人才培养的大趋势与进行时。酒店业数字化运营与管理人才培养尚处起步期，课程开发、教学改革与教材建设均任重道远。“行而不辍，未来可期”，让我们一起努力！

2024年8月于深圳·溪湖

目　录

第一章

收益管理的基本原理

章节导读

万法归宗，“道”生万物。掌握收益管理的基本原理，才能针对现实问题衍生出无穷无尽的实操技法。本章围绕收益函数方程“$R=p \cdot Q$”，重点阐释收益管理的内涵、实践溯源、行业适用性要求，以及收益管理的“234”原理，构建酒店收益管理的方法论框架，并介绍酒店收益管理的常用工具。

学习目标

1. 掌握收益管理的内涵。
2. 了解收益管理的实践源起。
3. 了解收益管理行业适用性的关键要求。
4. 掌握酒店收益管理的“234”原理。
5. 了解酒店收益管理的常用工具。

内容导引

逻辑主线	内容	要点
收益管理及其适用行业	收益管理的内涵	收益最大化，决策与控制
	收益管理的缘起	美国航空与人民捷运的竞争
	行业适用性要求	边际变动成本较低、产品供给的零弹性

续表

逻辑主线	内容	要点
收益管理的“234”原理	2 大核心思想	以收益最大化驱动利润最大化 以结构性优化实现最大化收益
	3 项基本原则	利润导向、数量增长、结构优化
	4 点实施法则	需求导向的定价、科学的市场预测 合理的容量分配、五要素实施法则
收益管理的常用工具	Excel、SPSS，Power BI、Tableau，RMS	

导入案例

卡洛尔太太在西部小镇开了一家理发店。由于手艺精湛，颇受小镇居民欢迎。最近她却有以下烦恼：第一，理发店租金费用在增长，但小镇顾客不太认可价格上涨。第二，老人和小孩喜欢在周末理发，即便等上几小时也愿意。第三，上班族周末才有空理发，往往因等待时间过长而离开。第四，理发店周二、周三顾客特别少。请问有没有什么方法，可解决卡洛尔太太的烦恼？

第一节　收益管理及其适用行业

一、收益管理的内涵

“收益”（revenue）即收入，《现代汉语词典》将其定义为“生产上或商业上的收入”①。美国韦氏（Merriam-Webster）词典将其解释为“the total income produced by a given source”。“厂商的收益就是厂商的销售收入”②，即“生产者出卖其产品而得到的收入，它是单位产品价格和销售量的乘积”③。关于“管理”（management）一词，韦氏词典的定义为“the act or skill of controlling and making decisions about a business，department，sports team，etc.”④，即“关于商业活动决策与控制的行为或技术”。由于存在发展阶段、研究视角与方法差异，管理学理论对“管理”的释义可谓千差万别。

① 中国社会科学院语言研究所词典编辑室编．现代汉语词典（第 5 版）［M］．北京：商务印书馆，2005.
② 高鸿业．西方经济学（第三版）［M］．北京：中国人民大学出版社，2005.
③ 韩双林，马秀岩主编．证券投资大辞典［M］．哈尔滨：黑龙江人民出版社，1993.
④ 参见韦氏学习词典：https://www.learnersdictionary.com/definition/management.

管理过程学派认为“管理就是计划、组织、控制等活动的过程”[①]；决策理论学派认为“管理就是决策”[②]；而管理科学学派则进一步认为，“管理就是用数学模式或程式，来表示计划、组织、控制等合乎逻辑的程序，求出最优解答，以达到企业目的”[③]。这些理论观点与韦氏词典的解释基本相同。从经济学角度讲，利润最大化是企业经营管理的根本目的。利润来源于收入，而收入又取决于产品价格与销售数量。因此，将“收益”与“管理”两词的含义组合起来，可对“收益管理”（Revenue Management）做初步的界定，即为实现企业收益最大化目标，而对产品价格与销售进行相应决策与控制的行为或技术。

产品价格与商品销售，是每一个生产者或售卖者应做的基本决策。譬如，集市的菜贩要决定早市、午市卖什么价，下午散市前又卖什么价；流动的小吃摊贩要考虑早餐在哪里摆摊、夜宵又在哪里摆摊；而花店老板则需要思考，情人节应增备多少玫瑰花，母亲节应增备多少康乃馨；等等。所有这些决策背后都涉及一个关键问题，即市场需求的不确定性。谁都知道为了得到更多的售卖收入，应该选择市场需求最旺盛的时间与地点进行售卖。但没有人能精准地预知，最旺盛的需求会出现在什么时间、什么地点，以及市场需求量到底有多大。集市的菜贩即便知道早市可卖出一个相对较高的价格，也对最优菜价是多少心中无数。菜价定得高了，菜可能卖得少，收入因而会减少；菜价定得低了，又可能不够卖，从而丧失潜在收入；这就是菜贩面临的不确定性问题。

对于生产能力有刚性约束、产品价值又具有短期时效的行业企业（如航空运输、酒店业等），由于存在产品供给能力有限、产品不具备储存性等问题，需求不确定情况下的价格与销售决策就显得更加艰难。比如，一架空客 A320 客机只有 152 个座位，一家酒店只有 432 间客房。这 152 个座位或 432 间客房，应该卖给哪些类型的客群比较有利？对这些不同类型的客群，各收取什么价格比较好？各分配多少座位或房间比较合适？在收益最大化目标与需求不确定情况下，这些可能都会成为让决策者“愁肠百结”的问题。如果全部的座位或房间都能以最高价卖出，那自然是最理想的结果。但在自由竞争条件下，因为存在价格与需求的反向变动关系，这种极端情况一般不会出现。企业需要通过一定的价格与销售决策来实现收益最大化目标。

市场需求不确定情况下的价格与销售决策，主要包括三方面内容：一是市场结构决策，即如何优化细分市场组合及其销售策略。二是价格体系决策，即如何确定产品

① ［美］费里蒙特·E. 卡斯特，等. 组织与管理［M］. 北京：中国社会科学出版，1985.
② ［美］赫伯特·A. 西蒙. 管理决策新科学［M］. 北京：中国社会科学出版社，1982.
③ ［美］埃尔伍德·斯潘塞·伯法（E.S.Buffa）. 生产管理基础［M］. 北京：中国社会科学出版社，1981.

价格体系并实现动态优化。三是容量[①]（或销量）分配决策，即如何给不同的细分市场分配产品（或容量）以优化组合收益。其中市场决策是价格决策与容量决策的基础，价格与容量决策需要依托一定细分市场进行。因此，“收益管理”的完整定义是：在需求不确定的市场环境下，为实现企业收益最大化目标，而对企业的市场结构、价格体系以及容量分配进行相应决策与控制的行为或技术。

二、收益管理实践源起

收益管理的思想并不是什么新鲜事物，它可能与商业活动本身一样古老。自商品交易产生之日起，每一位售卖者都面临或践行着收益管理性质的决策或行为，例如，应该把商品卖给谁，在什么地方售卖，给商品定什么价，什么时候调价，以及讨价还价、捆绑销售等。但收益管理作为一种科学方法应用于管理实践，却是近几十年的事情。它的兴起首先得益于统计学、运筹学以及管理科学的发展，使得需求不确定条件下的复杂决策，可以通过数学建模、统计预测、算法优化等，找到最优或次优的解决方案。而信息技术尤其是人工智能、云计算的发展，又使得海量数据的获取、复杂算法的运算都变得相对容易。现代科学与数据技术的深度融合应用，是收益管理从朴素思想变为科学管理方法的关键所在与显著标志。

收益管理作为一种管理科学方法及运筹学实践，起源于20世纪70年代末的美国航空业，起点是1978年美国颁布实施《航空业放松管制法案》（*Airline Deregulation Act*）。法案规定任何美国公民或企业都可依法成立航空公司，自由进入或退出航线运营市场，自主决定运力安排、航运班次和机票价格等。美国民航业由高度管制走向市场化，由此迎来了井喷式发展。1978年至1986年，先后有198家航空公司进入民用航空市场[②]。为应对日趋激烈的市场竞争，美国一些大型航空公司一方面优化航线结构，将原来“点对点”的城市间航运服务，发展为中心辐射型的枢纽航线网络，另一方面加快推进计算机预订系统（CRS：computerized reservation system）与全球分销系统（GDS：global distribution system）建设。美国航空（American Airlines）的Sabre系统与美国联合航空（United Airlines）的Apollo系统（即现在的Galileo系统），逐渐成为当时全美机票销售的主要渠道，合计占80%以上的市场份额。

廉价航空公司在此过程中快速兴起，给当时的民航市场带来了“鲇鱼效应”。由于实行最简单的运营方式、只提供最基本的航空服务，加上低廉的人力资本以及其他严

---

① “容量”（capacity）即“可以容纳（人或物）的最大数额或数量”。如特定航班的座位数量、特定时间的可售房数量、可售餐位数量等。

② 朱诺，高盛国，李岱．美国放松航空管制后对枢纽及市场的影响［J］．中国民用航空，2017（10）．

格的成本管控措施，廉价航空公司的机票价格远低于全服务航空公司。例如，美国廉价航空“人民捷运”（People Express）的票价，就比一些大型全服务航空公司的同类票价低 50%~70%。不仅如此，廉价航空公司还成功开发了当时全新的细分市场——休闲旅游市场，市场主体包括假期出游的家庭、周末度假的情侣、偶尔返家的在读大学生等。这些休闲旅游者对机票价格比较敏感，但出行时间主动性强、自由度高。以前机票价格高且没有选择余地时，不少休闲旅游者会选择自驾出行或不外出旅游。廉价航空的出现使得超低票价成为现实，休闲旅游者的出游意愿被迅速激发，自驾游客也纷纷转向廉价航空。市场需求于是快速增长，廉价航空公司的营收也随之增加。以人民捷运为例，这家成立于 1981 年的低成本航空公司，1984 年的营业收入就接近 10 亿美元，当年经营利润超过 6000 万美元①。

传统全服务航空公司具有航班频密、航线丰富等特点，且拥有完整的服务产品与优良的服务质量，因而深受商务旅游者青睐。商务旅游者的出行要求取决于商务需要，在时间选择上没有什么自由度。对航空服务质量、旅途舒适性要求较高，但对机票价格不敏感。所以在商务旅游者这一细分市场，全服务航空公司没有感受到竞争压力。但因为廉价航空公司分流了大量的休闲客源，全服务航空公司的营收与利润还是受到了较大影响。为了争夺休闲旅游者市场，全服务航空公司迫切需要妥善的应对之道。显然，廉价航空的核心优势就是成本低廉，全服务航空公司如果全面降价抢夺休闲旅游者市场，必定会顾此失彼并陷入亏损的窘境。

1984 年，人民捷运开设纽华克（Newark）至芝加哥（Chicago）、新奥尔良（New Orleans）至洛杉矶（Los Angeles）航线，与美国航空（American Airlines）争夺客源，这让后者倍感压力。美国航空当时的市场部副总经理罗伯特·克兰多尔（Robert · Crandall）研究认为，由于单次航班的飞行成本（如资本成本、工资支出、燃油费用等）大多是固定的，美航平均客座率实际上已经接近边际成本为零的水平。用剩余座位与廉价航空竞争是具备成本优势的，也是争夺休闲旅游者市场的可行之策。但有两个前提条件：第一，必须科学确定“剩余”座位的数量。如果低价的“剩余”座位设定过多，就要拒绝部分高支付意愿的商务旅游者，这会稀释公司应有收益。第二，必须有效避免“侵蚀”（cannibalization）现象的发生，防止具有高支付意愿的旅客购买低价格机票。

美国航空当时的做法，是同时采取容量控制和购买限制两项措施。首先，美国航

① Kalyan T. Talluri、Garrett J. Van Ryzin，The Theory and Practice of Revenue Management［M］.New York：Kluwer Academic Publishers，2005：7.

空确定了一个固定比例的折扣机票预订限额，即每一航班按固定比例将一定舱位低价卖给休闲旅游者。其次，为了防止“侵蚀”发生，美国航空规定了购买折扣机票的限制条件，即至少提前 30 天购买、必须在目的地停留 7 天及以上，而且机票一旦售出不可退票。这两项措施的组合运用，使得美国航空在巩固传统商务旅游者市场的同时，又可与廉价航空争夺休闲旅游者市场。当机票价格与廉价航空相差无几时，全服务航空公司高舒适度的竞争优势就体现出来了。因此，当美航这项“超级省线”产品（American Super-Saver Fares）尝试性地推向市场之后，立刻就取得了巨大成功。

但美国航空很快就发现了这项创新性产品的设计缺陷。对于不同日期、不同时间、不同航线的不同航班而言，市场需求的结构是千差万别、不一而足的。有些时候，部分航班的商务旅客需求不足而休闲旅客需求过剩；而另外一些时候，相应航班的市场需求情况又刚好相反。因此，所有航班都采用一个固定比例的预订限额是不合适的。于是，在美航 Sabre 系统的支持下，一种被称作“库存动态分配与保留优化系统”（DINAMO[①]）的收益管理系统应运而生。美航借此可以更加科学地把握航班需求情况，更加精确地进行各航班的容量分配。这可以说是最早的民航收益管理决策系统。

1985 年 1 月，美国航空推出“终极超省”产品（Ultimate Super-Saver Fares），以市场最低或更低的价格覆盖美航所有航线。借助 DINAMO 的库存动态分配决策支持，美航不仅可在价格上做到更具竞争力，而且可较为准确地做好每一航班的容量优化。如果竞争对手有针对性地推出了某种特价产品，DINAMO 可分析其对美航客流的冲击，给出相关航班在价格应对上的容量匹配建议，从而迅速做出应对反应。另外，作为四大全球分销系统之一，Sabre 融合了 CRS 功能，不仅储存未来航班的所有预订信息，而且可执行预订控制机制，动态决定各价格等级的开放与关闭，与 DINAMO 构成了从决策到执行的收益管理技术闭环。

随着美国航空借助 DINAMO 全面推行航班收益管理，民航市场竞争态势发生了戏剧性变化。廉价航空公司——人民捷运的经营利润很快由盈转亏。1986 年，即美航全面推行收益管理的第二年，人民捷运亏损 1.6 亿美元，濒临破产。同年 9 月，人民捷运被美国大陆航空公司收购。人民捷运 CEO 唐纳德·波尔（Donald Burr）将失败归因于美航卓越的收益管理能力。他说：“从 1981 年到 1985 年，我们是一家充满活力且具有盈利能力的公司。之后就陷入了困境，月亏损一度达到 5000 万美元。我们还是那家公司。造成这些改变的，是美航卓越的产出管理能力。与我们存在竞争的每一块市场，他们都做产出管理。从公司成立那天开始，我们一直都是盈利的，直到美航‘终极超

① DINAMO：dynamic inventory allocation and maintenance optimizer system.

省’产品的推出……”;“很明显，人民捷运失败了。……我们做了很多正确的事情，但唯独没有做产出管理与自动化事宜……”①

美国航空通过收益管理不仅赢得了市场竞争，而且获得了丰厚的营收回报。从1988年开始的三年时间内，收益管理给美航带来了大约14亿美元的额外收益。美国民航业由此兴起了收益管理热潮。在20世纪80—90年代，各大航空公司如联合航空、三角洲航空、大陆航空等，都投入资金、整合资源实施收益管理。其后随着世界航空业市场管制的逐渐减除，欧洲和亚洲的航司也开始实施收益管理。直到今天，航空运输业仍然是收益管理应用最广泛且最成熟的行业，并渐渐延伸到其他许多行业。万豪（Marriott）酒店集团是酒店收益管理的先行者。美国国家汽车租赁公司（National Car Rental）是汽车租赁收益管理的先驱。其他行业，如邮轮业、铁路客运业与货运业，等等，收益管理都有较为广泛地运用。

三、收益管理的行业适用性

收益管理属于管理科学的范畴。管理科学是继古典管理理论、行为科学理论之后管理理论的新发展。它以决策分析为主要着眼点，以经济效果为评价依据，通过数理决策模型与计算机运算，得到最优或次优的决策方案②。其盈亏平衡点模型、库存模型、资源配置模型、网络模型、排队模型等，在社会各行业都具有不同程度的实践应用。作为一种决策与控制技术，收益管理的行业适用性可从其定义中找到答案。

收益管理决策涉及三项核心内容，即市场决策、价格决策与容量决策。三项决策的目标都是收益优化，最终目的是实现企业收益最大化。市场决策的前提是市场非均质可细分；同质的单一市场不存在结构问题，也就无须进行市场选择。价格决策隐含的前提条件，一是价格的非刚性和易变性，二是需求的波动性与不确定性。在一定的市场供给条件下，如果需求是确定的或者需求波动不影响价格变动，那么也就不存在价格决策问题。而容量决策则意味着容量供给的刚性（有限性），即产品供给接近于零弹性。如果产品生产与供给可以迅速匹配需求，那也无须进行容量分配的优化决策。另外，收益管理决策还依赖于必要的信息环境与数据支持。因此，收益管理对适用行业具有以下具体要求。

1. 市场非均质可细分

市场即消费者，市场细分就是区分不同的消费者群体。不同的消费者对特定产品

① Kalyan T. Talluri、Garrett J. Van Ryzin，The Theory and Practice of Revenue Management［M］.New York：Kluwer Academic Publishers，2005：9.

② 芮明杰．管理学——现代的观点［M］．上海：上海人民出版社，2005.

的价值评价与消费意愿千差万别，其需求动机、消费心理与消费偏好也千变万化，这是市场的非均质性。不同的消费者群体组成不同的细分市场。不同的细分市场组合会带来不同的收益结果，这是需要进行市场决策的根本原因。商务旅游者与休闲旅游者的消费行为差异，是当时美国航空实施收益管理的市场基础。即便人民捷运经营的休闲旅游者市场，也可依据一定方式进行市场细分，从而做出相应的收益管理决策。

2. 需求不确定常波动

市场环境的不确定性越大、市场需求的随机性越强，企业运营管理所面临的决策风险就越高，其潜在的收益损失或机会成本也越大。使用科学的方法、优化相关算法，提高需求预测的准确度，增强权衡取舍的科学性，就可以大大提高企业增收的可能性。尤其对民航运输业、酒店业等类似行业而言，一方面市场需求的随机性较强，会因各种偶发因素发生随机变化，另一方面，产品又具有时效性、不可储存性，不可能将当次的舱位、今天的客房储存起来延后销售，实施收益管理因此就显得尤为必要。

3. 价格非刚性易变动

价格刚性即价格缺乏弹性，短期内不会发生变化或变化幅度很小，随机价格决策也就没有必要。比如，奢侈品价格大多是刚性的，这是由其社会属性本质以及独特性、稀缺性决定的。提高其价格弹性的企图只会增加品牌价值受损风险，并影响产品销售、损害企业收益。价格非刚性易变动，即价格富有弹性，经常会发生随机性变化。民航运输业、酒店业的价格就是如此。其产品一般不具备无法替代的独特性与稀缺性，价格会受供求关系、偶然因素等影响上下波动。这就使得价格管理与决策变得非常重要。

4. 边际变动成本较低

收益管理之所以在航空业兴起并普及，并不是偶然发生的。美国航空为应对人民捷运低价竞争而推出的“超级省钱”等机票产品，是以单位固定成本高而边际变动成本较低为基础的。当航班客座率达到一定水平之后，单位固定成本分摊完毕，而边际变动成本又非常低（可能只是一点点餐食费用），这是美航应对低价竞争的主要逻辑。单位固定成本高会产生摊销压力从而刺激促销行为。而边际变动成本较低，是决定能否产生单位盈利并最终实现利润增长的关键所在。实施收益管理的其他主要行业，如酒店业、汽车租赁业等，都具有边际变动成本较低的特征。

5. 产品供给零弹性

产品供给越接近于零弹性，需求变动的供给响应能力就越缺乏，容量分配的科学决策也就越有必要。当短期需求大幅增加导致产品供不应求、市场价格随之上涨时，如果企业能够迅速增加产品供给，那么价格与销量的上升会增厚企业收益。但是当企业生产能力固定且产品无法储存，或者产品生产周期较长、短时间不能增加供给时，企业要么按市场价格销售现有产品获得相应收益，要么对现有市场组合、产品价格与销售策略进行优化调整，从而获取尽可能多的收益。因此，产品供给零弹性构成了企业实施收益管理的内在动力。

6. 决策信息管理环境

收益管理是建立在数据分析基础上的科学决策，需要比较完善的决策信息管理环境。如果没有相应的数字化运营基础与数据处理条件，就无法把握市场规律、预测需求趋势并做出科学决策。收益管理也不是一时一日的工作，而是长期的、动态的、持续不断的过程。没有数据库运维或信息管理系统的支持，收益管理工作将难以为继。因此，收益管理适合于数据采集与信息化管理相对成熟的行业。美国航空业在 20 世纪六七十年代通过建设 CRS 与 GDS，逐步建立了较为完善的电子交易信息管理系统，为全行业推行收益管理创造了良好的数据环境。

市场非均质、需求不确定以及价格非刚性，显然是大多数行业的共同特征，也是市场经济的普遍现象；而在数字经济时代与数字化运营环境下，企业运营管理的信息化也越来越普及。因此，“边际变动成本较低”“产品供给的零弹性”就成为收益管理行业适用性的关键性要求。除航空客运业、酒店业（含餐饮业）之外，其他一些边际变动成本较低、产品供给零弹性的行业，如航空货运、物流仓储、邮轮与渡轮（Ferry lines）、铁路客运、汽车租赁，以及场馆运营（电影院、剧院、体育馆、主题公园、零售卖场等）、能源存储与传输业等，都比较适合于实施收益管理。

第二节 收益管理的“234”原理

收益管理即“收入管理”，在民航业也称“产出管理”（Yield Management）。用“R”指代收益，p 指代“产品价格”，Q 指代“产品销售数量（或容量）”；则有收益函数方程“$R=p \cdot Q$”。收益管理的主要思想与基本原理，均蕴藏于方程式之中。具体包括两大核心思想、三项基本原则以及四点实施法则，本书称之为收益管理的“234”原理。

一、两大核心思想

1. 以收益最大化驱动利润最大化

企业是从事经济活动的营利性组织。追求利润最大化是企业的本质特征，也是企业履行一定社会责任的物质基础。如果不考虑当期损益，利润（P）就等于总收入（R）

减去总成本（C）后的差额（即$P=R-C$）。利润与收入成正向关系，与成本成反向关系。收入与成本一正一反的双向运动，是实现利润最大化的唯一途径。换句话说，企业要实现利润最大化目标，唯有不断提高收入使总收益最大化，同时努力降低成本费用使得总成本最小化。由于收入是企业利润的来源，没有收益不可能产生利润；且成本需要通过收入来抵补，没有收益不可能回收成本。因此，获取收入是企业经营的关键所在，收益最大化对利润最大化起着决定性作用。

收益管理的基本思想，就是基于收入与成本、利润的关系，以促进收入增长、实现收益最大化为手段，来驱动利润增长并实现利润最大化目标。收益管理聚焦企业收入最大化，关注点一般不在企业的成本费用问题，客观上存在着“顾此失彼”的局限。2002 年，率先实施收益管理的美国航空亏损超过 30 亿美元，通过申请联邦经济援助才避免了公司倒闭；而低成本低票价的廉价航空公司如西南航空、JetBlue、AirTran 等，却仍然保持了一定的经营利润，这几乎是 20 世纪七八十年代美国航空与人民捷运故事的翻转。究其原因，就在于两类航空公司在成本控制上的差异。2002 年，美国三大廉价航空公司每座位里程成本为 7.4 美分（表 1-1），比六大全服务航空公司低 1/3，每座位里程有 1 美分的利润。而六大全服务航空公司每座位里程则亏损 0.6 美分。由此可见，一手抓收益管理，一手抓成本费用控制，双管齐下，才是实现企业利润最大化的两全之策。

表 1-1　美国全服务航空公司与廉价航空公司单位利润对比（2002 年）

单位：美分

	六大航空公司均值	三大廉价航空公司均值	西南航空	JetBlue	AirTran
每座位里程收益	10.5	8.4	8.4	7.7	9.1
每座位里程成本	11.1	7.4	7.5	6.3	8.5
每座位里程利润	−0.6	1.0	0.9	1.4	0.6

注：1. 六大航空公司包括美国航空、大陆航空、三角洲航空、西北航空、联合航空、全美航空；2. 三家廉价航空公司包括西南航空、JetBlue、AirTran；3. 资料摘自罗伯特·菲利普斯著作《定价与收益优化》的第 161 页。

2. 以结构性优化实现最大化收益

价格和销量是收益最大化的两个决定变量。根据收益函数方程 $R=p \cdot Q$，当价格 p 和销量 Q 都取最大值时，会得到收益 R 的最大值。因此从理论上说，企业要实现最大化收益就必须以最高价格卖出最多产品。但是根据经济学原理，由于存在市场竞争以及替代商品，在其他条件不变的情况下，商品需求量 Q 与其价格 p 之间成反向变动关系。商品价格下降，市场需求上升；商品价格上升，市场需求降低。如果企业以最高价格销售产品，其销量会因市场需求降低而下降，达不到企业对该产品的最大产量。如果企业以最大产量确定待销数量，产品会因供给增加而达不到理论上的最高价格。

由此可见，以最高价格卖出最多商品从而获取最大化收益，在自由竞争的市场环境下不具可行性。企业只能根据消费者需求与市场竞争情况，对市场组合、产品价格与销量分配进行综合考量，通过“结构性优化”实现最大化收益。具体包括以下三方面内容。

（1）数量组合结构优化

价格机制作为市场经济的基本机制，在经济运行中发挥着基础性调节作用，制约着企业产品的市场需求与实际销量。假设企业产品的市场需求量 Q 等于实际销量；Q 与价格 p 成线性函数关系，其方程式为 $Q=ap+\mathrm{b}$，其中 $a<0$，则收益函数为 $R=p\cdot Q=p\cdot(ap+b)=ap^2+bp$。由于 $a<0$，收益函数 R 是一条抛物线，其图像如图 1-1 所示。当价格 $p=p_m=-\dfrac{b}{2a}$ 时，收益函数 R 取得最大值 R_m。

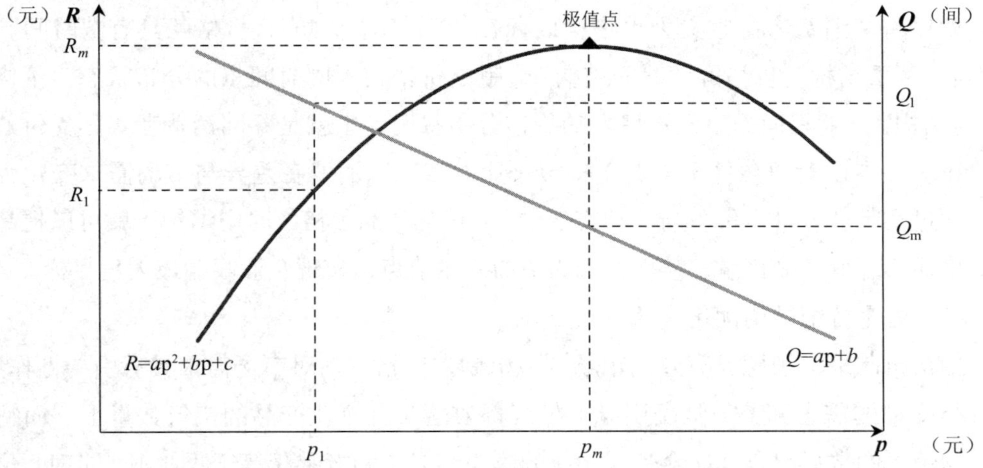

图 1-1 价格（p）、销量（Q）与收益（R）的变动关系

但问题在于，对特定企业而言，其产品需求 Q 与价格 p 之间的“函数”关系，通常被称为“价格反应函数”而非“需求函数”①。两者虽然具有类似的数学性质，但并不能完全等同。函数关系是对非随机变量而言的，是一种确定性依存关系。自变量的每一个确定值，因变量都有唯一值故与之相对应。而“价格反应函数”是对随机变量而言的，属于不确定性依存关系，它是对变量间相关关系的“函数”拟合。其因变量相对于自变量不是一一对应的，而是有一定的变化范围，所以表现出一定的随机性。另

① 详见第三章第五节“价格反应函数与价格弹性”。

外，价格反应函数具有显著的时间约束性，其有效时长可以短到一天甚至几小时。这就使得同一价格在不同时间点，可能对应着不同的需求数量或实际销量；反之亦然。因此直观地看，特定企业的产品需求与价格之间，更似一种既有反向变动规律又具较大结构自由度的数量组合关系。取得收益最大化的价格与销量，可能存在多种（而非唯一的）数量组合。

（2）价格时空结构优化

根据经济学原理，价值是价格的基础，价格是价值的货币表现。价格受供求关系影响，围绕价值上下波动。而价值的判断与衡量，又与消费者的效用评估与消费能力有很大的关系。不同的消费者在不同的时期，对特定商品的效用评估大不相同；而处在不同水平的物价环境、具有不同消费能力的消费者，对同一商品的价值衡量也千差万别。因此，无论是商品的价值还是其货币表现形式，都会因时、因地、因消费者的不同而发生相应变化。因此，收益曲线极值点 R_m（p_m，Q_m）处的最优价格 p_m，可大致看作一种平均价格，而不一定是实际成交价格。

如果将“消费者”定义为价格赖以存在的“空间”，那么价格就具有“时间”和“空间”两重结构。价格的“时间结构”，就是价格在不同时间点的分布状态。价格的“空间结构”，就是面向不同消费者的价格分布状况，也就是不同消费者实际支付的不同价格。在自由竞争条件下，对于特定企业而言，以消费者差异与市场需求变化为基础，通过实行“差别定价”与“动态变价”，优化产品价格的时空结构，就可以提高平均价格而不降低产品销量，从而达到收益曲线极值点，实现企业收益最大化目标。

（3）容量分配结构优化

价格机制最为敏感且有效的市场调节机制。价格变动对市场需求具有引导性作用。但价格变动的需求调节与消费引导，最终都要落实到企业产品的销售数量上。而特定价格与销量的数量组合，又会带来相应的收益结果（两者乘积等于收益）。同理，价格的时空结构优化如果不能落实到相应的销售数量，那么企业收益以及收益最大目标就无从谈起。如果说价格的时空结构优化是结构性优化的基础，那么销量的分配结构优化就是实现收益最大化的关键。

销量的分配结构，就是为不同价格分配的可售产品的数量结构，这在航空业、酒店业被称为“容量”分配结构。在收益最大化目标下，容量分配固然应该秉承价格优先原则，对最高的价格分配最多的容量（或产品数量）。但问题在于，价格是决定市场需求以及产品销量的关键因素。如果将过多的产品或容量分配给最高价格，而其市场需求达不到预计销量或给定容量时，就会造成产品滞销或容量空置从而影响潜在收益。容量分配结构优化，就是为价格的时空结构精确地匹配销量或容量，减少甚至杜绝因容量空置带来的潜在损失。这需要把握市场需求的变化趋势，利用需求预测、规划求解等手段，科学合理地为不同价格、不同时长的产品配给容量，优化价格与销量的数量组合从而最大化企业收益。

二、三项基本原则

1. 利润导向原则

收益管理的基本思想，是以收益最大化驱动利润最大化。因此，坚持利润导向，将利润指标作为决策评估的最终标准，是实施收益管理的第一准则。这不仅要求适时将成本因素纳入决策分析过程，而且意味着收益管理需要全局意识或全面思维，以企业利润最大化为最终原则做出相应决策。以下案例可以很好地解释这一原则（表 1–2）。

表 1–2　A 酒店散客与会议接待的收益与利润对比

项目	接待对象	散客	会议
酒店收入	客房间夜数（间夜）	20	20
	平均房价（元）	600	400
	酒店客房收入（元）	12000	8000
	客房会务收入（元）	—	300
	酒店会务收入（元）	—	6000
	酒店总收入（元）	12000	14000
酒店利润	客房利润率（%）	80	80
	客房利润（元）	9600	6400
	会务利润率（%）	—	40
	会务利润（元）	—	2400
	酒店总利润（元）	9600	8800

假设 A 酒店由于房量不足，面临接待散客或接待会议“二选一”的决策。两项接待的客房间夜数相同，但平均房价不同。散客接待由于平均房价高，可获得 12000 元的客房收入；而会议接待只能获得 8000 元的客房收入。从客房收益最大化的角度出发，选择接待散客而非会议显然是最佳决策。但会议接待能带来 6000 元的会务收入（如场租、餐饮收入等），使得酒店总收入能达到 14000 元，比接待散客高出 2000 元。因此，从酒店总收益最大化考虑，选择接待会议而非散客才是最佳决策。

但如果把成本、利润考虑进去，情况又不一样。假设 A 酒店的客房利润率为 80%，会务收入的利润率为 40%，酒店接待散客可以获得 9600 元的利润，接待会议仅能获取

8800 元的利润。如果不考虑酒店长期业务关系的维持、经营绩效考核的差异等因素影响，仅从企业利润最大化目标考量，那么选择接待散客才是此项收益管理的最佳决策。

2. 数量增长原则

根据收益函数方程 $R=p \cdot Q$，价格 p 与销量 Q 的数量增长，是收益 R 增长的根本动力，因此也成为收益管理的主要手段与内容。就酒店企业而言，要实施收益管理、实现收益最大化目标，就必须进行价格管理和容量管理，促进客房价格和客房销量的数量增长。所谓客房价格的数量增长，就是根据市场供求环境变化，综合考虑价格与销量的联动关系，不断推动平均房价的增长，使之达到尽可能高的价格水平。只有尽量把平均房价做到最高，才可能在有限的容量下，实现酒店企业的最大化收益。

从理论上讲，产品稀缺时的价格增长是缺乏约束的，在极端情况下可以做到非常高的数量水平。但酒店客房数量却是固定的、有限的，满房（出租率 100%）就是酒店客房单日销量的最高水平。因此，在统筹考虑销量与价格的反向联动关系、尽可能提高平均房价水平的基础上，需要同步推动客房销售数量增长，不断提高酒店客房销售比率，尽可能减少甚至杜绝每日客房空置。以客房价格最大化与满房销售来获取最大化收益。

3. 结构优化原则

质和量是事物的两种不同规定性，任何事物都是质与量的统一。不存在无量之质，也不存在无质之量。结构是质和量的空间组合形式。它与质、量紧密关联、相辅相成。质是结构的依托，量是结构的表征。结构是事物保持整体性的客观依据，也是事物存在的基本方式。它反映了事物各构成要素之间的数量关系与内在秩序，也规定了事物的整体功能与基本性质。结构变化改变质和量的空间秩序，往往会伴随着事物性质的相应变化。如果说“数量增长”着重于事物质与量的时序关系，那么“结构优化”则关注事物在特定时点的空间秩序或截面状况。

酒店收益管理的两项基本内容——无论是价格管理还是容量管理，都包含数量与结构两个维度。数量维度收益管理决策的目标是推动数量增长，简称“数量增长”决策。这在价格管理上表现为追求平均房价最高化，在容量管理上表现为追求满房销售、减少客房空置。结构维度收益管理决策的目标是实现结构优化，简称“结构优化”决策。这在价格管理上，是通过差别定价和动态变价，实现价格的时间与空间结构优化；在容量管理上，是通过优化产品结构与容量分配结构，保留高绩效产品、淘汰低绩效产品，尽可能给高价需求分配充足的产品容量。价格管理与容量管理，数量维度与结构维度，构成了酒店收益管理的二维决策矩阵（表 1-3）。

表 1–3　酒店收益管理二维决策矩阵

内容＼维度	数量维度（推动数量增长）	结构维度（促进结构优化）
价格管理	平均房价最高化	空间结构优化（差别定价） 时间结构优化（动态变价）
容量管理	追求满房销售，减少客房空置	产品结构优化 分配结构优化

三、四点实施法则

1. 需求导向的定价

所谓“需求导向的定价”，就是在成本费用测算的基础上，根据市场需求的个体差异与时空变化，分别确定并动态调整相应的产品价格，实行差别定价与动态变价。受收入水平、消费习惯、需求强度等因素影响，不同消费者在相同环境对同一产品的价值理解千差万别，相同消费者在不同情境对同一产品的效用判断也不完全一样，这就形成了消费者对同一产品支付意愿的个体差异与时空差别，从而为实施需求导向的定价提供了客观基础。

2. 科学的市场预测

作为一种决策与控制技术，收益管理是以数据驱动与市场预测为基础的。市场预测联结 p 和 Q 两大变量，通过收益函数 $R=p \cdot Q$ 的作用，以其科学性与准确度决定着收益管理决策的有效性与绩效状况。无论是价格决策或容量决策，抑或推动数量增长和促进结构优化，都需要对不同细分市场的需求情况进行深入研究，对市场需求变化及其随机分布规律进行科学预测与估计，从而较为准确地把握量、价关系，为科学的价格优化与容量分配奠定基础。

3. 合理的容量分配

合理的容量分配，就是要在数据分析与市场预测的基础上，科学地确定高价容量的保留水平与低价容量的预订限额，尽可能有限地把容量留给最有价值的客群，在杜绝“先到先得”的同时避免容量空置，实现容量配给结构优化与企业收益最大化，达到“人旺财更旺”的收益管理效果（表 1–4）。

表 1-4　容量分配与收益管理效果

季节＼客群	高支付意愿	低支付意愿	效果[①]
旺季	高	低	“人旺财更旺”
	低	高	“人旺财不旺”
淡季	低	高	“财平人气旺”
	低	低	“人财两不旺”

4. 五要素实施法则

收益管理的三大基本决策均以产品销售为内容。其中市场决策是选择合适的销售对象（目标客群），价格决策是确定最优的销售价格，容量决策是对不同客群或售价分配不同的销售配额。另外，产品销售都是在一定时间、通过一定的渠道进行的。时间和渠道在一定程度上决定市场需求状况，从而对产品的售卖价格与客群选择产生直接影响。因此，产品、时间、价格、渠道、客群，构成了收益管理的五大要素。“五要素实施法则”，就是要将合适的产品，在合适的时间，以合适的价格，通过合适的渠道，出售给合适的顾客（客群）。

所谓“合适的产品”，就是适配企业不同细分市场需求的产品。“合适的时间”，是指有助于获取最大（或最佳）收益的销售时机。“合适的价格”，是指有助于实现收益最大化的价格，也就是最佳可用房价（BAR）及其衍生价格体系。“合适的渠道”，就是客源流量与客源质量相协调的获客渠道。“合适的顾客（客群）”，是指数量与质量相协调的目标客群（目标市场）。“五要素实施法则”的具体含义及相应收益管理策略或营销方法，如表 1-5 所示。

表 1-5　收益管理的五要素实施法则

要素	“合适”释义	收益管理或营销方法
产品	适配目标（细分）市场需求的产品	联结需求、创造卖点、突出差异
时间	有助于获取最佳收益的销售时机	精准预测、容量匹配
价格	最佳可用房价及其衍生价格体系	动态变价、价格优化
渠道	流量与质量相协调的获客渠道	渠道优化、私域留存
客群	数量与质量相协调的目标客群	预留保护、预订控制、顾客培养

① 注：效果描述引自胡质健老师的酒店收益管理培训讲义。

第三节　酒店收益管理的常用工具

一、基本工具

1. Excel

Excel 是全世界应用最为广泛的电子表格处理与数据分析软件。它具有相对强大的数据处理功能、较为丰富的计算与插件工具，能够非常方便地获取外部数据并编辑加工，进行函数运算、图表生成、统计分析以及自动化处理等。酒店收益管理的一些基础操作，都可以使用 Excel 工具完成。

使用 Excel 进行酒店收益管理相关操作，需加载“分析工具库”和“规划求解项”。Excel2019 的加载路径是：文件→选项→加载项→转到→“分析工具库”“规划求解项”→确定。具体如图 1-2、图 1-3 所示。

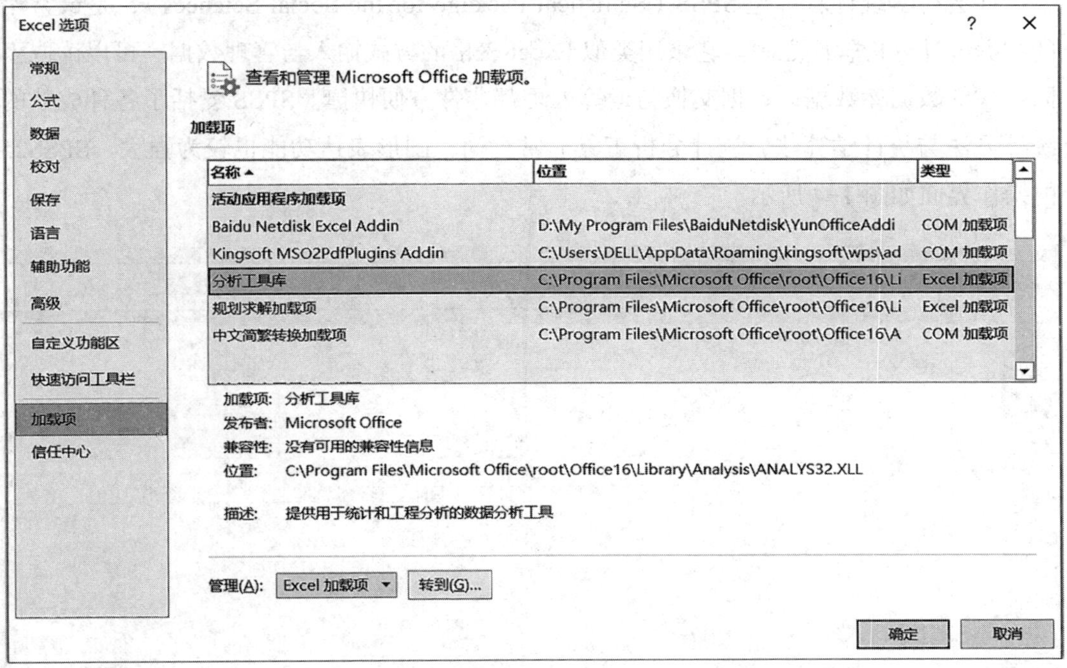

图 1-2　加载项

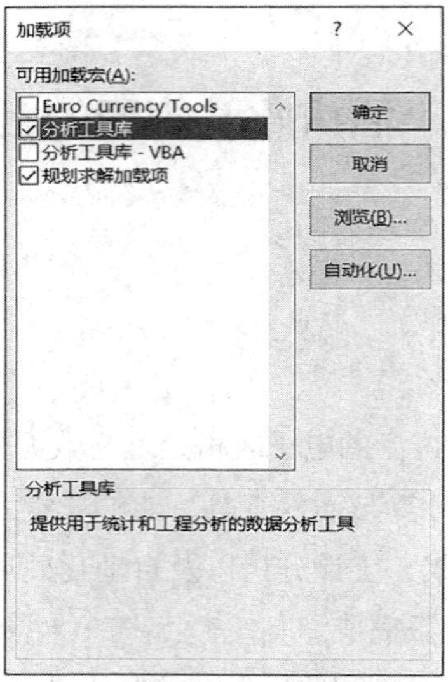

图 1–3　加载“分析工具库”和“规划求解项”

2. SPSS

社会科学统计软件包 SPSS（Statistical Package for the Social Sciences），是最常用的数据统计分析软件之一。它采用类似 Excel 表格的方式输入与管理数据，可以读取不同格式的数据库数据，数据交换与运算处理都非常方便快捷。SPSS 囊括了各种成熟的统计方法与统计学算法，统计分析工具非常全面，图形表达功能也较为强大。SPSS25 的操作界面如图 1–4 所示。

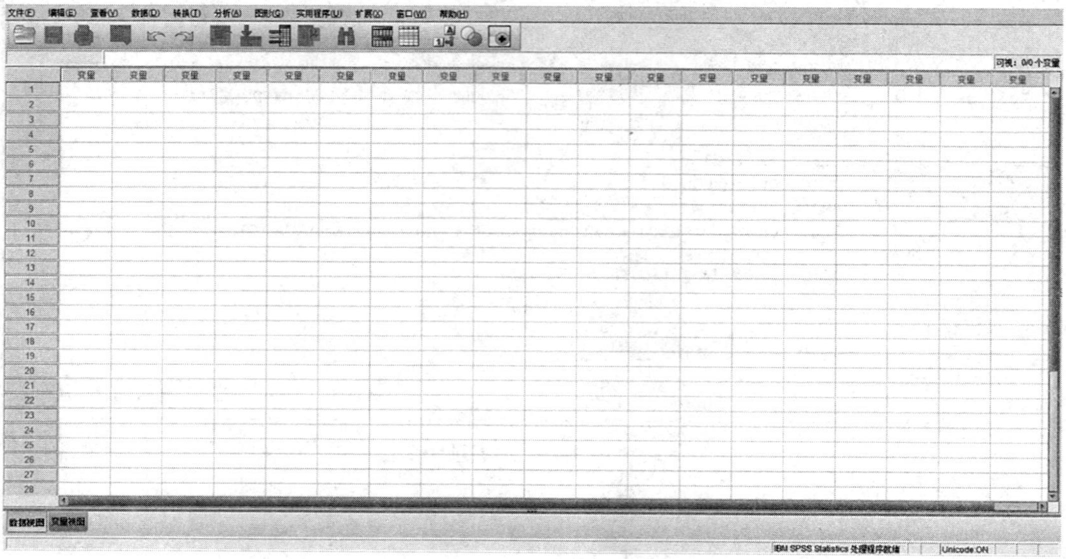

图 1–4　SPSS 25 操作界面

二、数据分析工具

1. Power BI

Power BI① 是美国微软公司开发的商业数据智能分析工具，包括 Power BI Desktop、Power BI Service 和 Power BI 移动应用三个组件。Power BI Desktop 是一个独立的应用程序，用于创建、设计和发布报表，包括数据准备（数据导入、整理和转换）、数据建模、数据可视化呈现等。Power BI Desktop 可供用户免费下载使用，但数据发布需要注册 Power BI Service 账户。Power BI Service 允许用户将制作好的报表发布并共享给他人，可以在 Web 中查看、使用和在线编辑报表，以及进行数据刷新与安全性设置等。Power BI 移动应用允许用户在手机、平板电脑等移动终端使用报表（图 1–5）。

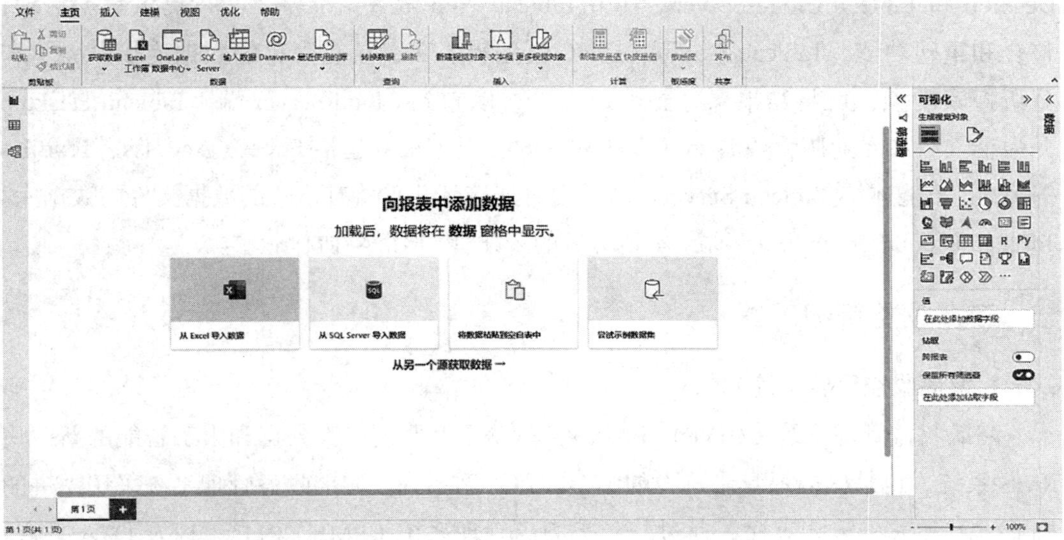

图 1–5　Power BI Desktop 工作界面

Power BI本质上是Excel的衍生工具②。它整合了Excel三大插件利器，打通了各类数据源屏障，同时也克服了 Excel 的一些技术缺陷——如工作表数据容量限制、数据处理规模限制、跨报表数据管理缺陷等，并加入了社交分享功能。Power BI 的基本元素包括数据集、视觉对象、报表、仪表板和磁贴。通过 Power Query（PQ）实现数据获取、加工与清理。通过 Power Pivot 创建数据模型，构建广泛的关系，处理计算大型数

① BI：Business Intelligence，商业智能或商务智能，“指用现代数据仓库技术、线上分析处理技术、数据挖掘和数据展现技术进行数据分析以实现商业价值”（引自百度百科）。

② Excel2019 及以上版本已提供 Power BI 插件，将 PQ 内置为一个功能模块。路径为：“数据” → “获取数据” → “启动 Power Query 编辑器”。

据集，实现跨报表数据管理。通过 Power View 实现数据交互展示。

2. Tableau

Tableau 是全球领先的数据可视化 BI 平台，也是简单实用、功能强大且广为流行的数据管理与可视化工具。Tableau 的数据连接方式非常灵活，支持本地、数据库和云端的多种数据源连接，允许用户在多个文件和数据库服务器上创建联结。Tableau 采用表结构存储格式、拖曳式极速数据引擎，上亿行的海量数据仅需几秒就能得到处理结果。Tableau 具有超强的多维度交互式可视化分析功能，集合了丰富的全挂载式（full featured）图表类型，支持嵌套维度视图、无常表格等视觉工具，能够在高度交互中实现从数据探索到洞见行动的快速转变。

Tableau 通过三个基本产品组成一个完整的数据流，即 Tableau Prep、Tableau Desktop 和 Tableau Cloud/Server。其中 Tableau Prep 是数据准备工具，提供数据清理、整合和重塑功能。Tableau Desktop 是 PC 端编辑工具，具有完整的数据连接、展示和分析探索功能，可将结果保存到本地文件或发布到 Cloud/Server 端。Tableau Desktop 分为个人版和专业版，前者能导入的数据源有限（主要包括 Excel、Accesss、Textfiles 等），且不能连接 Tableau Server；后者则可连接到几乎所有格式的数据文件与数据库。Tableau Cloud/Server 是在云端 / 本地部署的云托管 / 服务器协作版本。

三、收益管理系统

1. 鸿鹊收益管理系统

鸿鹊收益管理系统（HiYield RMS），是基于互联网、大数据和人工智能的新一代 RMS 系统，也是国内最具影响力的本土收益管理系统。鸿鹊收益管理系统采用先进的机器学习和人工智能算法，通过与各类酒店管理系统（PMS）对接，以及 OTA 平台、酒店官网以及城市热点等大数据资源爬取，实时更新酒店内外部数据并进行收益管理运算，自动生成各类数据图表与决策建议，助力不同档次与规模的单体酒店或酒店集团实现最大化运营收益。目前包含企业版（HiYield RMS）以及院校版（企业实时数据脱敏版）两种产品。后者的操作界面参见本章“I. RMS 操作”。

鸿鹊收益管理系统包括“数据收集整理”“分析预测优化”“超额预订”“预算管理”“价格建议”“置换分析”“市场表现”“价格监控”“展会报告”“集团区域管理”十大功能设计。其中“分析预测优化”基于量价平衡原则与收益优化目标，从房型、渠道、细分市场等维度，对销售间夜、平均房价及销售收入进行预测与分析。“超额预订”功能可统计、测算超额预订的结果与收益，并自动给出不同房型的超额预订建议。“价格建议”功能根据市场预测与收益优化结果，自动算出每日最优现付价（建议散客价）、最低尾房价（最低促销价），以及各细分市场的目标平均房价。“市场表现”功能自动生成市场竞争指数，含平均房价指数（*ARI*）、市场渗透指数（*MPI*）、单房收益指数（*RGI*）等。“展会报告”通过数据挖掘，自动获取城市商圈展会、文体活动、特殊事件等信息，帮助酒店把握市场热点和需求热度。

2. 公明收益管理系统

公明收益管理系统是“美团·酒店”基于自身平台海量数据资源，为美团酒店VIP商家提供的收益管理工具（图1-6）。旨在通过实时全息的数据可视化手段，帮助商家洞察市场环境与需求热度，实时追踪同行（竞争对手）经营动态，全面把握流量趋势与线上运营情况，从而最大化经营收益。公明收益位于“美团·酒店”商家工作台，主要包括“收益早报”“收益天眼”“竞争圈”“收益智评”“收益优品”“流量纵横”“用户画像”和“智能医生”等八大核心功能①。

“收益早报”呈现昨日运营数据，包括交易数据（销售间夜、销售金额、平均房价等），搜索排名、流量与转化、产品销量、用户评价等。“收益天眼”自动抓取城市热点，展示交通客流、商圈热度、浏览指数、预订趋势等信息。“竞争圈”从竞争群的角度，实时展示酒店商家的圈内排名、流量对比、库存占比、变价轨迹等情况。“收益智评”智能抓取全平台客评数据，为酒店商家提供相应的数据分析参考，包括酒店竞争力分析、用户口碑曲线、酒店卖点与痛点、酒店差评分析与维护等。

“收益优品”提供酒店及竞争对手产品竞争力的动态分析，包括本酒店产品不同时期的竞争力排名、同行产品竞争力排名、产品综合分析、产品预订与库存实时动态等。“流量纵横”以可视化图表的方式，全方位展现酒店商家及商圈的流量变化。“用户画像”基于销售数据，从用户姓名、年龄、学历、婚育、地域、偏好等维度，生动展示酒店的客源结构与消费形象。酒店商家可在“智能医生”模块设定预算目标、评估每日情况，监测目标值变化趋势与流量转化进度，从而在不同的市场竞争环境下，帮助酒店合理调整预算目标、相机优化容量分配与营销策略，有效实现收益最大化运营目标。

① 公明收益管理系统的操作要领，可参考：魏云豪．收益管理［M］．北京：人民邮电出版社，2018.

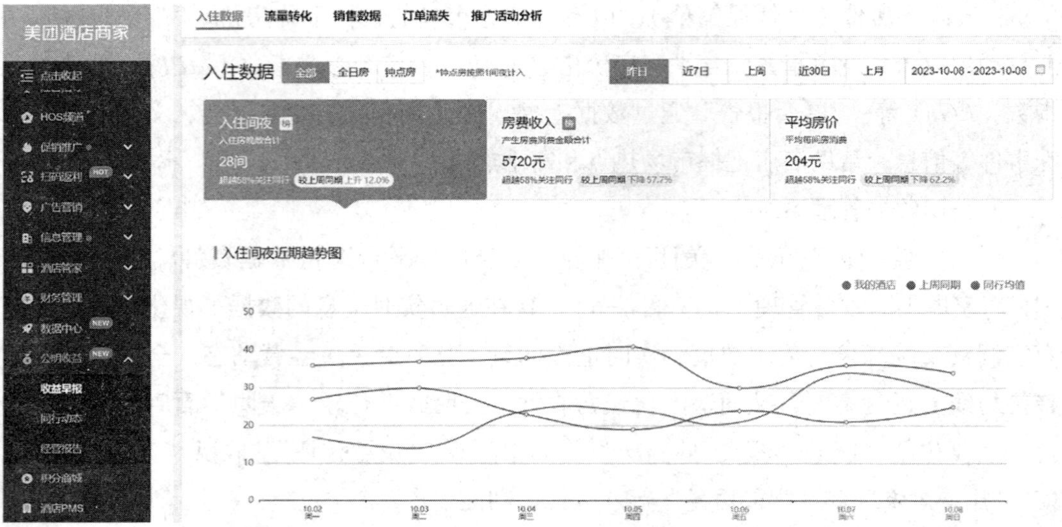

图 1–6　公明收益管理系统界面

Ⅰ. RMS 操作

一、鸿鹊 RMS（院校版）登录

1. 系统登录

浏览器输入 https://www.hiyieldrms.com/User/login，即跳出鸿鹊 RMS 登录窗口（图 1–7）。

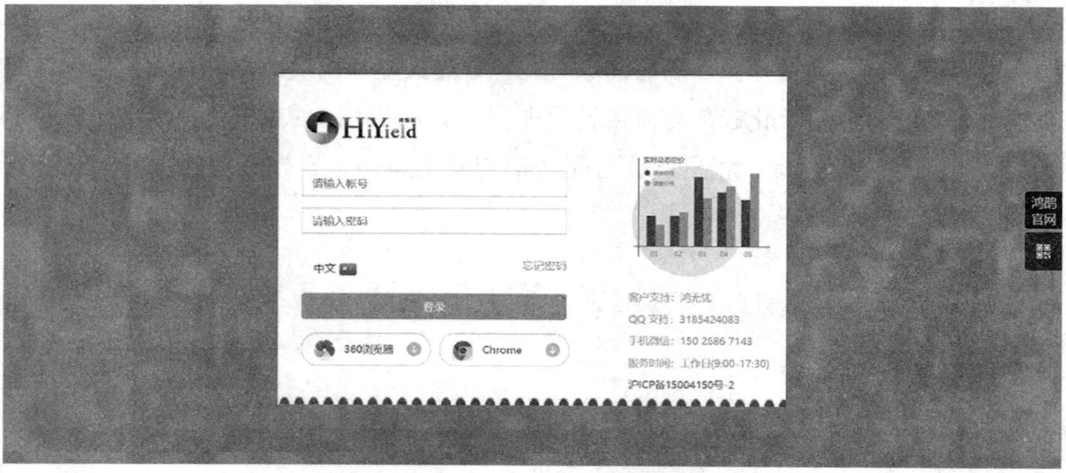

图 1–7　鸿鹊 RMS 登录窗口

2. 初始界面

输入账号和密码后，进入鸿鹄 RMS 初始页面，即“分析—日历概览”页面（图 1-8）。

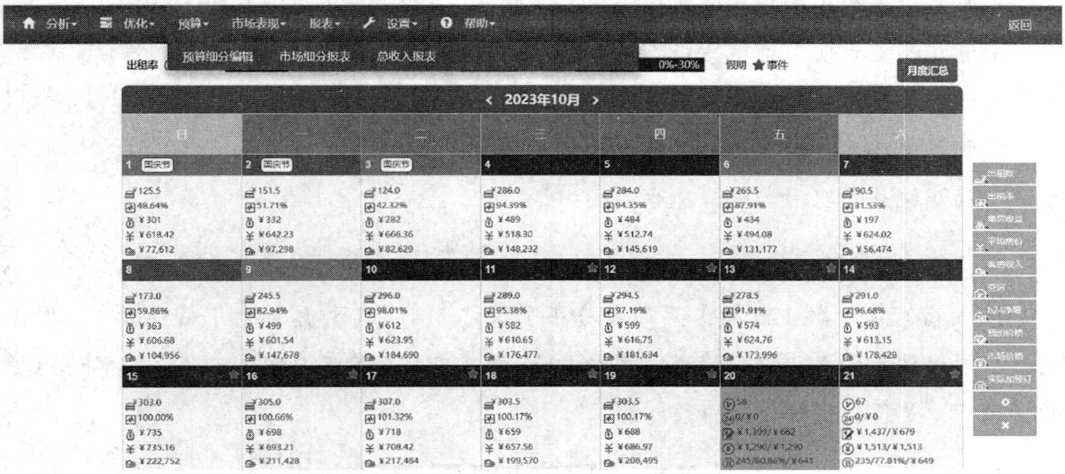

图 1-8　鸿鹄 RMS 初始页面

二、鸿鹄 RMS（院校版）功能模块

鸿鹄 RMS（院校版）包括六大功能模块，即“分析”“优化”“预算”“市场表现”“报表”“设置”。各功能模块的操作子模块如表 1-6 所示。

表 1-6　鸿鹄 RMS（院校版）的功能模块

编号	功能模块	操作子模块
1	分析	日历概览、预订进度、预订规律、市场环境
2	优化	定价、超额预订
3	预算	预算细分编辑、市场细分报表、总收入报表
4	市场表现	市场表现（MPI/ARI/RGI）
5	报表	数据对比、预订增量、量价对比、房型分析、超额参数
6	设置	系统设置、参数设置

Ⅱ. 练习与思考

一、练习题

1. 什么是收益管理？收益管理涉及哪几项决策？

2. 收益管理行业适用性的关键性要求是什么？

3. 收益管理的两大核心思想是什么？

4. 收益管理的“结构优化”包括哪三大方面？

5. 收益管理的三项基本原则是什么？

6. 酒店收益管理二维决策矩阵的具体内容是什么？

7. 酒店收益管理的四点实施法则是什么？

8. 收益管理五要素实施法则的具体含义是什么？

9. 酒店收益管理的常用工具有哪些？

二、思考题

1. 酒店客房总数 120 间，某日客房在手预订 114 间（具体如表 1-ii 所示）。现接到一公司于该日的会议订房请求，用房量 26 间，单房报价 540 元。在不考虑其他消费的情况下，是否接受该公司的预订请求？①

表 1-ii　酒店某日在手预订情况

客源	旅游团	公司会议	OTA 散客	会员散客	协议散客
预计需求（间）	32	18	28	21	15
价格（元）	452	480	748	598	524

2. 某酒店客房总数 120 间，含普通客房 100 间、海景套房 20 间。目前 5 天后普通客房的在手预订为 95 间，尚余行政大床房 5 间（单价 1628 元）；海景套房（单价 2622 元）尚无预订。

（1）该酒店客房产品的需求有何特点？增收的关键在哪里？

（2）可以采取哪些措施来促进销售以实现收益增长？②

（3）从这个案例看，收益管理与营销管理有何区别与联系？

① 此类问题为收益管理的“置换分析”，即基于利润最大化原则对业务成本、利润等进行综合比较，从而做出业务选择决策。

② 此问题涉及营销管理的“换档销售”，即根据市场需求与容量库存情况，通过“卖高”（up-selling，升级销售）或“低卖”（down-selling，降级销售）来促进销售。

第二章

绩效评估与IAS决策

章节导读

本章以收益管理绩效评估指标为切入点，阐述酒店收益管理IAS决策方法。首先从收益函数方程 $R=p \cdot Q$ 衍生，得到酒店收益管理内部决策方程 $RVP=ADR \cdot OCC$，以及外部竞争等式 $RGI=ARI \cdot MPI$。接着以数量增长IAS决策为重点，引入“贡献率”算法，阐释数量增长与结构优化IAS决策的基本方法。

学习目标

1. 掌握营收绩效指标 *ADR*、*OCC* 和 *RVP* 的算法。
2. 掌握竞争绩效指标 *ARI*、*MPI* 和 *RGI* 的算法。
3. 了解酒店收益管理“三算式”与决策方程式。
4. 掌握酒店收益管理决策方程的贡献率分解方法。
5. 掌握基于决策方程贡献率分解的IAS决策方法。

内容导引

逻辑主线	内容	要点
绩效评估与决策方程	内部营收绩效指标	*ADR*、*OCC*、*RVP*
	外部竞争绩效指标	*ARI*、*MPI*、*RGI*
	酒店收益管理决策方程	$RVP=ADR \cdot OCC$

续表

逻辑主线	内容	要点
数量增长 IAS 决策方法	决策方程的贡献率分解	*ADR* 增长率 + *OCC* 增长率 = *RVP* 增长率 贡献率为增长率占比
	数量增长 IAS 决策	以 *RVP* 为观察点进行分析与决策
结构优化 IAS 决策方法	结构优化 IAS 决策	基于截面数据或面板数据的 IAS 决策

导入案例

Y 酒店每周客房销售情况的典型数据如下表，请思考并回答以下问题：第一，酒店每日客房收入变化有何特点？第二，造成每日客房收入变化的原因是什么？第三，为提高每日客房收益，应分别采取什么对策？

指标	周一	周二	周三	周四	周五	周六	周日
可售房（间）	337	328	326	336	336	335	333
已售房（间）	228	224	202	332	309	236	143
客房收入（元）	87206	83472	71070	142248	117422	86194	48953

第一节　绩效评估与决策方程

一、营收绩效评估指标

1. 平均房价（*ADR*）

平均房价（*ADR*：Average Daily Rate）即"已售房均价"，是指一定时期内（日、周、月等）已售客房的平均价格水平。酒店客房只有卖出才具有实际的营收意义。因此，平均房价（*ADR*）反映了特定时期已售客房（*OC*：occupied capacity）的收益创造能力。其计算公式是：

$$\text{平均房价}(ADR)=\frac{\text{客房销售收入}(TR)}{\text{已售客房间夜数}(OC)} \tag{2-1}$$

客房价格一般包含早餐费用；在包价业务（Package）中，甚至包括午餐、晚餐、康乐服务等其他非客房出租业务费用。这些费用在核算时会划转为相应部门（如餐饮部、康乐部）的收入。因此，酒店内部对客房出租业务的营收绩效评估，通常会将这部分“非房收入”从“客房销售收入”（TR：total revenue）中扣除，得到“纯房收入”。此时平均房价（*ADR*）的计算，应将公式（2-1）中的“客房销售收入”替换成“纯房收入”[①]。

另外，基于公共关系、营销推广与销售政策或其他协议规定，酒店会对特定客户提供“免费房”（Comp：complimentary room）入住。“免费房”对酒店营收具有积极意义，但不直接产生客房销售收入，不属于“已售客房”范畴，因此不纳入“已售客房间夜总数”计算。

2. 客房出租率（*OCC*）

客房出租率（*OCC*：occupancy rate）即“入住率”，是指一定时期内（日、周、月等）已售客房间夜数与全部可售客房间夜数（*AC*：available capacity）的比率。客房出租率反映酒店在特定时期内的客房销售情况，其计算公式是：

$$\text{出租率}（OCC）=\frac{\text{已售客房间夜数}（OC）}{\text{可售客房间夜数}（AC）}\times 100\% \qquad （2\text{-}2）$$

其中“可售客房”是指设施设备状态完好、可以一定价格出租给宾客使用的客房。在酒店的全部客房（*PC*：physical capacity）中，“维修房”（*OOO*：out of order，即“坏房”）、“自用房”（HU：house use），以及“免费房”（Comp）都不属于“可售客房”范畴。除此之外，还可能存在其他一些（others）客房不可售情况。因此，酒店单日可售客房数的计算公式为：

$$\text{可售客房数}（AC）=PC-HU-OOO-Comp-\text{others} \qquad （2\text{-}3）$$

酒店客房总数（*PC*）在一定时期内是不变的，自用房数（*HU*）也相对固定，但每日坏房数（*OOO*）与免费房数（*Comp*）却是不断变化的，这就造成每日可售客房数量（*AC*）也会发生相应变化，从而影响出租率函数［$f(x)=\frac{x}{AC}$］的连续性（*x* 为已售房间夜数）。

---

① 在酒店业平台化发展的背景下，集商业、娱乐、餐饮、会议、文化和旅游休闲为一体的酒店综合体不断出现，客房经营作为酒店综合体全流程业务系统的一个环节，往往需要全面收益管理思维，考虑酒店房源业务对全业务营收的积极影响。在这种情况下，用“客房销售收入”或“纯房收入”做分子均不合适，应用“房源业务总收入”或“酒店销售总收入”替代。前者是指客房出租及其连带的其他业务收入（如餐饮、会议、娱乐、购物等）之和，主要适用于酒店综合体或其他房源引流等营收情形。后者主要适用于度假村等全服务酒店。此时平均房价指标变为“单租收益”（RevPOR：Revenue Per occupancied Room）。计算公式如下：

$$\text{单租收益（RevPOR）}=\frac{\text{房源业务总收入或酒店销售总收入}}{\text{已售客房间夜数}}$$

3. 单房收益（*RVP*）

单房收益（*RVP*/ RevPAR：Revenue Per Available Room）即“全房均价”①，是指一定时期内（日、周、月等）酒店全部可售房的单位（每间夜）收益。它反映了特定时期酒店全部可售客房的收益创造能力。其计算公式是：

$$单房收益（RVP）=\frac{客房销售收入（TR）}{可售客房间夜数（AC）} \quad (2\text{–}4)$$

单房收益是评价酒店客房收益管理绩效的核心指标。单房收益（*RVP*）与平均房价（*ADR*）的算法差别在于分母不同。*RVP* 是用“可售客房间夜数”，将已售出与未售出的客房全部包括在内。而 *ADR* 使用“已售客房间夜数”，仅计算已售出客房，不包括未售出客房。

【算法演示 1】

【例题】营收绩效指标计算

Z 酒店大床房销售数据如下，计算相应的 *ADR*、*OCC* 和 *RVP*（表 2–1）。

表 2–1　Z 酒店大床房销售数据

房型	指标	周一	周二	周三	周四	周五	周六	周日	汇总
时尚大床房	可售房（间）	6	6	6	6	6	6	6	42
	已售房（间）	6	6	1	6	6	6	2	33
	客房收入（元）	2009	2243	269	2483	2348	2290	806	12448
	ADR（元）								
	OCC（%）								
	RVP（元）								
零压大床房	可售房（间）	12	12	7	12	12	12	12	79
	已售房（间）	1	4	4	12	12	7	1	41
	客房收入（元）	308	1444	1331	5291	4570	2369	200	15514
	ADR（元）								
	OCC（%）								
	RVP（元）								

注：请扫描上方二维码，下载配套 Excel 文件。

① “全房均价”意义上的“单房收益”概念，仅适用于客房出租业务的营收评估情形。对酒店综合体或全服务酒店而言，单房收益评估的是全部可售客房所带来的全部收益（包含房费收益和其他连带收益），计算公式是：

$$单房收益（RVP）=\frac{房源业务总收入或酒店销售总收入}{可售客房间夜数}$$

【演示】

1. 根据计算公式，在 Excel 表格 D6 处输入“=D5/D4”，点击“Enter”，得到周一 *ADR* 值（图 2-1）。

1	B	C	D	E	F	G	H	I	J	K
2	房型	指标	周一	周二	周三	周四	周五	周六	周日	汇总
3	时尚大床房	可售房（间）	6	6	6	6	6	6	6	42
4		已售房（间）	6	6	1	6	6	6	2	33
5		客房收入（元）	2009	2243	269	2483	2348	2290	806	12448
6		*ADR*（元）	=D5/D4							
7		*OCC*（%）								
8		*RVP*（元）								

图 2-1　周一 *ADR* 计算

2. 鼠标指向 D6 右下角顶点，出现黑色“+”号，左键按住鼠标，往右拖至 K6，可计算出周二至周日以及汇总的 ADR 数值（图 2-2）。

1	B	C	D	E	F	G	H	I	J	K
2	房型	指标	周一	周二	周三	周四	周五	周六	周日	汇总
3	时尚大床房	可售房（间）	6	6	6	6	6	6	6	42
4		已售房（间）	6	6	1	6	6	6	2	33
5		客房收入（元）	2009	2243	269	2483	2348	2290	806	12448
6		*ADR*（元）	335	374	269	414	391	382	403	377
7		*OCC*（%）								
8		*RVP*（元）								

图 2-2　鼠标拖放计算其他 *ADR*

3. 根据算法公式，重复以上操作，计算其余指标数值，可得到以下结果（表 2-2）。

表 2–2　Z 酒店大床房营收绩效与指标计算结果

房型	指标	周一	周二	周三	周四	周五	周六	周日	汇总
时尚大床房	可售房（间）	6	6	6	6	6	6	6	42
	已售房（间）	6	6	1	6	6	6	2	33
	客房收入（元）	2009	2243	269	2483	2348	2290	806	12448
	ADR（元）	335	374	269	414	391	382	403	377
	OCC（%）	100	100	17	100	100	100	33	79
	RVP（元）	335	374	45	414	391	382	134	296
零压大床房	可售房（间）	12	12	7	12	12	12	12	79
	已售房（间）	1	4	4	12	12	7	1	41
	客房收入（元）	308	1444	1331	5291	4570	2369	200	15514
	ADR（元）	308	361	333	441	381	338	200	378
	OCC（%）	8	33	57	100	100	58	8	52
	RVP（元）	26	120	190	441	381	197	17	196

【同步练习 1】

【习题】营收绩效指标计算

Z 酒店双床房销售数据如下，计算相应的 *ADR*、*OCC* 和 *RVP*（表 2–3）。

表 2–3　Z 酒店双床房销售数据

房型	指标	周一	周二	周三	周四	周五	周六	周日	汇总
零压双床房	可售房（间）	3	3	3	3	3	3	3	21
	已售房（间）	0	0	0	3	1	1	0	5
	客房收入（元）	0	0	0	1088	343	326	0	1758
	ADR（元）								
	OCC（%）								
	RVP（元）								
行政双床房	可售房（间）	50	49	50	50	50	50	49	348
	已售房（间）	3	9	12	48	42	10	5	129
	客房收入（元）	1504	3427	4333	18718	15334	3888	1497	48702
	ADR（元）								
	OCC（%）								
	RVP（元）								

续表

房型	指标	周一	周二	周三	周四	周五	周六	周日	汇总
高级双床房	可售房（间）	105	101	103	105	105	104	105	728
	已售房（间）	95	93	70	104	105	92	61	620
	客房收入（元）	31799	32329	23746	38474	37035	31589	20519	215491
	ADR（元）								
	OCC（%）								
	RVP（元）								

注：请扫描上方二维码，下载配套 Excel 文件。

二、竞争绩效评估指标

1. 酒店竞争群设定

市场竞争是市场经济的基本特征，也是企业自我完善、持续发展的外部手段。为发现差距、优化管理、提高绩效，酒店企业一般会根据自身所处的地理位置、产品类型、目标客群、市场等级以及价值追求等，选择一定数量的竞争对手（竞对）组成竞争群（CS：Competitive Set），作为营收绩效评估与收益管理决策的外部比较系[①]。为避免单个酒店在竞争群中影响过大造成指数失真，一般要求竞争群各酒店的房量占比不能过高（例如，不超过 30%），否则应适当增加竞对酒店数量加以稀释。竞争群酒店不是固定不变的。酒店可能因季节变化或目标市场调整等原因，重新选择竞对或者设置多个竞争群。

2. 平均房价指数（*ARI*）

平均房价指数（*ARI*：Average Rate Index）即“已售房均价指数”，是指本酒店平均房价与竞争群平均房价的比率[②]。*ARI* 反映本酒店在其竞争市场（竞争群酒店）中的价格地位，体现了本酒店客房产品的市场竞争力。其算法公式是：

$$\text{平均房价指数}(ARI)=\frac{\text{平均房价}(ADR)}{\text{竞争群平均房价}(ADRcs)}\times 100\% \qquad (2\text{-}5)$$

竞争群平均房价（*ADRcs*）的计算方法同（2-1），即用竞争群酒店客房销售收入总额（$\sum TR_i$），除以竞争群酒店已售客房间夜总数（$\sum OC_i$）。计算公式为：

① 可参见本章“I. RMS 操作”。

② *ARI*有两种算法，分母分别采用竞争群平均房价（包含本酒店）与竞对平均房价（不包含本酒店）。前者可以对各酒店 *ARI* 进行横向比较，后者则因为分母不同无法进行横向对比。当本酒店的房量或房价在竞争群中占比较大或影响较大时，宜采用第二种计算方法。*MPI* 算法同理。

$$竞争群平均房价（ADRcs）=\frac{竞争群客房销售收入总额}{竞争群已售客房间夜总数}=\frac{\sum TR_i}{\sum OC_i}\times 100\% \quad（2-6）$$

平均房价指数 $ARI>100\%$，即本酒店已售客房平均价格高于竞争群平均房价，说明本酒店价格管理超过竞争群平均水平。反之，$ARI<100\%$，说明本酒店已售客房平均价格低于竞争群平均房价，收益管理绩效相对于竞争者不具价格优势，应适时审视营销政策与收益管理策略。

此外，如果本酒店 *ARI* 指数过高（例如，$ARI>130\%$）或过低（例如，$ARI<70\%$），如果不是偶发性情况或结构化营销策略所致，则有可能存在竞对选择错误问题，需要对竞对酒店进行重新评估与筛选。

3. 市场渗透指数（*MPI*）

市场渗透指数（*MPI*：Market Penetration Index）即“出租率指数”，是指本酒店出租率与竞争群出租率的比率，反映本酒店在竞争群中的获客能力或容量管理水平。其计算公式是：

$$市场渗透指数（MPI）=\frac{出租率（OCC）}{竞争群出租率（OCCcs）}\times 100\% \quad（2-7）$$

其中竞争群出租率（*OCCcs*）的计算方法同（2-2），即用竞争群已售客房间夜总数（$\sum OC_i$），除以竞争群可售客房间夜总数（$\sum AC_i$）得到。

$$竞争群出租率（OCCcs）=\frac{竞争群已售客房间夜总数}{竞争群可售客房间夜总数}=\frac{\sum OC_i}{\sum AC_i}\times 100\% \quad（2-8）$$

市场渗透指数 $MPI=100\%$，说明本酒店客房出租率达到竞争群出租率的平均水平。$MPI<100\%$，说明本酒店获客或容量管理能力低于竞争群平均水平；反之，$MPI>100\%$，则说明本酒店获客或容量管理能力高于竞争群平均水平。

4. 单房收益指数（*RGI*）

单房收益指数（*RGI*：Revenue Generation Index）即“全房均价指数”，是指本酒店单房收益与竞争群单房收益的比率，反映本酒店客房业务的收益创造能力在竞争群中的相对水平。其计算公式是：

$$单房收益指数（RGI）=\frac{单房收益（RVP）}{竞争群单房收益（RVPcs）}\times 100\% \quad（2-9）$$

其中竞争群单房收益（*RVPcs*）的计算方法同（2-3），即用竞争群客房销售收入总额（$\sum TR_i$），除以竞争群可售客房间夜总数（$\sum AC_i$）得到。其计算公式为：

$$竞争群单房收益（RVPcs）=\frac{竞争群客房销售收入总额}{竞争群可售客房间夜总数}=\frac{\sum TR_i}{\sum AC_i}\times 100\% \quad （2-10）$$

单房收益指数 *RGI*＞100%，说明本酒店客房收益创造能力高于竞争群平均水平。*RGI*＜100%，说明本酒店客房收益创造能力低于竞争群平均水平，需要进一步分析原因、找出对策，调整收益管理与市场营销策略。

【算法演示 2】

【例题】竞争绩效指标计算

本酒店竞争群周一的客房销售数据如下所示，计算各酒店 *ADI*、*MPI*、*RGI*，并分析本酒店在竞争群的竞争地位（表 2-4）。

表 2-4　本酒店竞争群周一客房销售数据

指标	本酒店	竞对 A	竞对 B	竞对 C	竞对 D
可售房（间）	368	291	333	340	197
已售房（间）	115	166	72	87	50
客房收入（元）	63487	103535	29649	31624	22879

注：完整表格请扫描上方二维码，下载配套 Excel 文件。

【演示】

1. 在 Excel 表格 H3 处输入“=SUM（C3：G3）”，点“确定”，得到可售房汇总数值（图 2-3）。

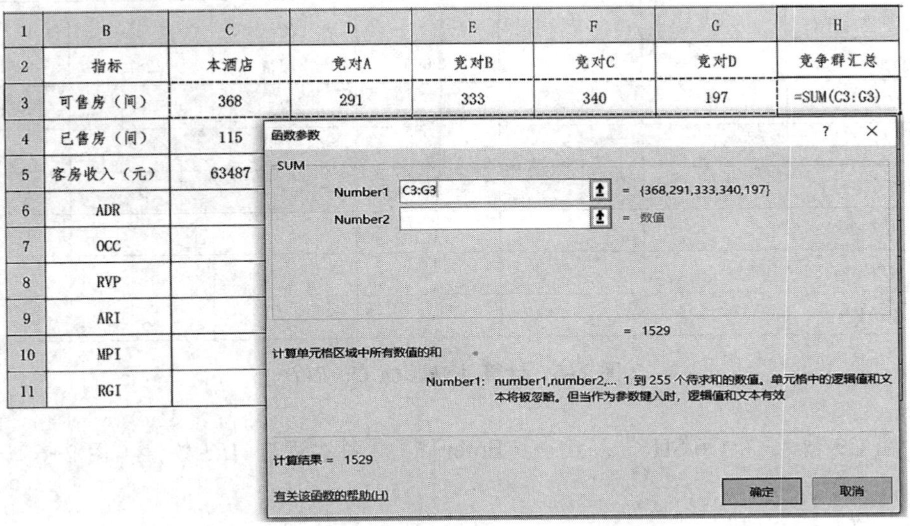

图 2-3　竞争群汇总可售房计算

2. 鼠标指向 H3 右下角顶点，出现黑色“+”号，按住鼠标，往下拖至 H5，可得已售房和客房收入汇总值（图 2-4）。

1	B	C	D	E	F	G	H
2	指标	本酒店	竞对A	竞对B	竞对C	竞对D	竞争群汇总
3	可售房（间）	368	291	333	340	197	1529
4	已售房（间）	115	166	72	87	50	490
5	客房收入（元）	63487	103535	29649	31624	22879	251174
6	*ADR*（元）						
7	*OCC*（%）						
8	*RVP*（元）						
9	*ARI*（%）						—
10	*MPI*（%）						—
11	*RGI*（%）						—

图 2-4　竞争群汇总已售房和客房收入计算

3. 分别计算本酒店 *ADR*、*OCC*、*RVP*。然后点击“C6”，按住鼠标左键拖黑至 C8。松开左键，鼠标指向 C8 右下角顶点，出现黑色“+”号。按住左键，往右拖至 H8，可得全部 *ADR*、*OCC* 和 *RVP* 值（图 2-5）。

1	B	C	D	E	F	G	H
2	指标	本酒店	竞对A	竞对B	竞对C	竞对D	竞争群汇总
3	可售房（间）	368	291	333	340	197	1529
4	已售房（间）	115	166	72	87	50	490
5	客房收入（元）	63487	103535	29649	31624	22879	251174
6	*ADR*（元）	552	624	412	363	458	513
7	*OCC*（%）	31	57	22	26	25	32
8	*RVP*（元）	173	356	89	93	116	164
9	*ARI*（%）						—
10	*MPI*（%）						—
11	*RGI*（%）						—

图 2-5　计算 *ADR*、*OCC*、*RVP*

4. 在 C9 输入“=C6/$H6”，点击“Enter”，得到本酒店 *ARI* 数值（图 2-6）。

1	B	C	D	E	F	G	H
2	指标	本酒店	竞对A	竞对B	竞对C	竞对D	竞争群汇总
3	可售房（间）	368	291	333	340	197	1529
4	已售房（间）	115	166	72	87	50	490
5	客房收入（元）	63487	103535	29649	31624	22879	251174
6	*ADR*（元）	552	624	412	363	458	513
7	*OCC*（%）	31	57	22	26	25	32
8	*RVP*（元）	173	356	89	93	116	164
9	*ARI*（%）	=C6/H6					—
10	*MPI*（%）						—
11	*RGI*（%）						—

图 2-6　本酒店 ARI 计算

5. 鼠标指向 C9 右下角顶点，出现黑色“+”号。左键按住鼠标，往下拖至 C11，松开鼠标，又紧接着按住鼠标，往右拖至 G11，可得全部 *ARI*、*MPI*、*RGI* 数值（图 2-7）。

最终计算结果，如表 2-4 所示。

1	B	C	D	E	F	G	H
2	指标	本酒店	竞对A	竞对B	竞对C	竞对D	竞争群汇总
3	可售房（间）	368	291	333	340	197	1529
4	已售房（间）	115	166	72	87	50	490
5	客房收入（元）	63487	103535	29649	31624	22879	251174
6	*ADR*（元）	552	624	412	363	458	513
7	*OCC*（%）	31	57	22	26	25	32
8	*RVP*（元）	173	356	89	93	116	164
9	*ARI*（%）	108	122	80	71	89	—
10	*MPI*（%）	98	178	67	80	79	—
11	*RGI*（%）	105	217	54	57	71	—

图 2-7　全部 *ARI*、*MPI*、*RGI* 计算

本酒店竞争绩效指标计算结果如表 2-5 所示。

表 2-5　本酒店竞争绩效指标计算结果

指标	本酒店	竞对 A	竞对 B	竞对 C	竞对 D	竞争群汇总
可售房（间）	368	291	333	340	197	1529
已售房（间）	115	166	72	87	50	490

续表

指标	本酒店	竞对 A	竞对 B	竞对 C	竞对 D	竞争群汇总
客房收入（元）	63487	103535	29649	31624	22879	251174
ADR（元）	552	624	412	363	458	513
OCC（%）	31	57	22	26	25	32
RVP（元）	173	356	89	93	116	164
ARI（%）	108	122	80	71	89	—
PMI（%）	98	178	67	80	79	—
RGI（%）	105	217	54	57	71	—

【分析】

1. 本酒店 *ARI* 为 108%，已售客房的价格水平高于竞争群平均房价，收益管理绩效相对于竞对 B、C、D 具价格优势。竞争群五家酒店中，价格管理最好的是竞对 A，其 *ARI* 达到 122%。

2. 本酒店 *MPI* 为 98%，获客或容量管理能力略低于竞争群平均水平。获客能力或容量管理水平最好的仍然是竞对 A，其 *MPI* 达到 178%。

3. 本酒店 *RGI* 为 105%，收益创造能力超过竞争群平均水平。竞对 A 的 *RGI* 达到 217%，收益创造能力约为本酒店的 2 倍。

【结论】

1. 本酒店价格管理水平与收益创造能力略高于竞争群平均水平，获客或容量管理能力略低于竞争群平均水平。

2. 在本酒店竞争群中，无论是价格管理、容量管理还是收益创造能力，竞对 A 都具有绝对优势。

3. 下一步要根据“外部算式”与“决策方程式”，对竞对 A 的收益管理情况进行“归因”研究，并结合本酒店情况做出相应的收益管理决策。

【同步练习 2】

【习题】竞争绩效指标计算

本酒店竞争群周二至周日客房销售数据如下，计算各酒店 *ADI*、*MPI*、*RGI*，并分析本酒店竞争绩效变化情况（表 2-6）。

表 2-6 本酒店竞争群客房销售数据

日期	指标	本酒店	竞对 A	竞对 B	竞对 C	竞对 D
周二	可售房（间）	368	291	333	340	197
	已售房（间）	124	156	92	80	49
	客房收入（元）	68872	94884	39211	28009	22127
周三	可售房（间）	368	291	333	340	197
	已售房（间）	142	174	109	84	54
	客房收入（元）	78347	105725	49781	28905	25318
周四	可售房（间）	368	291	333	340	197
	已售房（间）	121	200	126	83	45
	客房收入（元）	68323	141002	55821	28339	21400
周五	可售房（间）	368	291	333	340	197
	已售房（间）	112	138	109	66	51
	客房收入（元）	65725	133715	50362	21255	24613
周六	可售房（间）	368	291	333	340	197
	已售房（间）	104	225	72	66	61
	客房收入（元）	61523	225926	31153	21255	28608
周日	可售房（间）	368	291	333	340	197
	已售房（间）	102	227	96	63	42
	客房收入（元）	62215	143326	40151	23076	21276

注：请扫描上方二维码，下载配套 Excel 文件。

三、酒店收益管理决策方程

1. 绩效评估指标的关联性

营收绩效评估关注酒店内部的经营管理。以房价指标 *ADR* 评估价格管理状况，以房量指标 *OCC* 评估容量管理状况，最后以单房收益（*RVP*）评价酒店收益管理情况。根据公式（2-4），单房收益（*RVP*）等于“客房销售收入（*TR*）”除以“可售客房间夜数”。等式右边的分子、分母同时乘以“已售客房间夜数（*OC*）”，得到以下结果：

$$单房收益（RVP）=\frac{客房销售收入（TR）\times 已售客房间夜数（OC）}{可售客房间夜数（AC）\times 已售客房间夜数（OC）} \quad （2-11）$$

根据公式（2-1）、（2-2）可知，“客房销售收入（*TR*）”除以“已售客房间夜数（*OC*）”等于平均房价（*ADR*），“已售客房间夜数（*OC*）”除以“可售客房间夜数（*AC*）”等于出租率（*OCC*）。于是可得：

$$单房收益(RVP) = 平均房价(ADR) \times 出租率(OCC) \tag{2-12}$$

竞争绩效评估关注酒店外部的市场竞争。以竞争群酒店为参照系，房价指标是平均房价指数（*ADI*），房量指标是市场渗透指数（*MPI*）。根据公式（2–9），单房收益指数（*RGI*）等于本酒店“单房收益（*RVP*）”除以“竞争群单房收益（*RVPcs*）”。套用公式（2–12），演算分解如下：

$$单房收益指数(RGI) = \frac{单房收益(RVP)}{竞争群单房收益(RVPcs)} \times 100\%$$

$$= \frac{平均房价(ADR) \times 出租率(OCC)}{竞争群平均房价(ADRcs) \times 竞争群出租率(OCCcs)} \times 100\%$$

根据公式（2–5）、（2–7）可得：

$$单房收益指数(RGI) = 平均房价指数(ADI) \times 市场渗透指数(MPI) \tag{2-13}$$

2. 酒店收益管理“三算式”与决策方程

收益管理的基本思想与方法论体系，均隐藏于收益函数方程 $R=p \cdot Q$ 之中。以收益函数方程式为基础，引入酒店收益管理的内部营收评价指标与外部竞争评价指标，得到（2–12）和（2–13）两个算式，即内部算式“$RVP=ADR \cdot OCC$”，外部算式“$RGI=ADI \cdot MPI$”。这两个算式与收益函数方程式统称为酒店收益管理的“三算式”。其内在关系如图 2–8 所示。

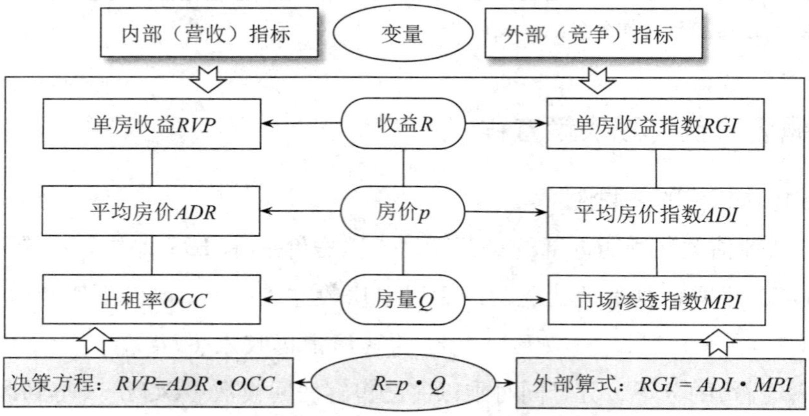

图 2–8　酒店收益管理的“三算式”

以单房收益指数（*RGI*）为支点，结合平均房价指数（*ADI*）和市场渗透指数（*MPI*）做综合分析与判断，可全面了解酒店收益管理的外部竞争绩效情况，为相应的收益管理决策与营销管理工作提供切入点与聚焦点（表 2–7）。

（1）$RGI>1$，且 $ARI>1$、$MPI>1$，说明酒店产品具有较强的市场竞争力。即便平均房价高于市场平均水平，也不影响酒店的获客能力。在营销管理方面，要全面分析并保持酒店产品的竞争优势。在收益管理决策方面，要根据 *ARI*、*MPI* 数值并基于外部算式发现问题，找准决策方程式的切入点并进行相应决策。

（2）*RGI*＞1，且 *ARI*＞1、*MPI*＜1，说明酒店产品具有一定的市场竞争力，或者溢价产品具有较强的市场竞争力。收益管理决策方面，要以 MPI 为切入点深入到收益管理决策方程，从而做出相应的分析与决策。

（3）*RGI*＞1，且 *ARI*＜1、*MPI*＞1，说明酒店产品需求可能具有较大的价格弹性，应该基于收益函数方程找到最优可用房价，逐步将平均房价提高到实现收益最大化的最优水平。

（4）*RGI*＜1，且 *ARI*＜1、*MPI*＜1，说明客房产品的需求适配性可能存在缺陷，或者当前的市场营销策略存在偏差。需要优化目标市场策略、找准目标市场，同时做好营销推广与流量运营管理工作。

（5）*RGI*＜1，且 *ARI*＜1、*MPI*＞1，说明产品需求可能具有较强的价格弹性，但由于定价过低错失了机会收益。策略上应当根据收益函数方程找到最优可用房价，逐步将平均房价提高到适当水平。

（6）*RGI*＜1，且 *ARI*＞1、*MPI*＜1，说明目标市场可能具有较强的价格敏感性，定价有可能偏高使得入住率偏低，收益创造水平欠佳。应当策略性降低平均房价至合理水平以促进收益增长。

表 2-7　竞争绩效指标组合的含义与策略

<table>
<tr><th colspan="2">指标组合</th><th>含义</th><th>策略</th></tr>
<tr><td rowspan="3">RGI＞1</td><td>ARI＞1，MPI＞1</td><td>产品具有较强的市场竞争力</td><td>明确并保持产品竞争优势；基于外部算式找准收益管理决策方程的切入点</td></tr>
<tr><td>ARI＞1，MPI＜1</td><td>产品具有一定的市场竞争力，或者溢价产品具有较强的市场竞争力</td><td>明确并加强产品竞争优势；以 MPI 切入收益管理决策方程，做出优化决策</td></tr>
<tr><td>ARI＜1，MPI＞1</td><td>产品需求可能具有较大的价格弹性，价格水平可能存在优化空间</td><td>根据收益函数方程找到最优可用房价，逐步提高平均房价到最优水平</td></tr>
<tr><td rowspan="3">RGI＜1</td><td>ARI＜1，MPI＜1</td><td>产品的需求适配性可能存在缺陷，或者市场营销策略存在偏差</td><td>优化目标市场策略，做好营销推广与流量运营管理</td></tr>
<tr><td>ARI＜1，MPI＞1</td><td>产品需求可能具有较大的价格弹性，但价格水平可能定得过低</td><td>根据收益函数方程找到最优可用房价，逐步提高平均房价到适当水平</td></tr>
<tr><td>ARI＞1，MPI＜1</td><td>目标市场可能具有价格敏感性，定价可能偏高使得入住率偏低</td><td>策略性降低平均房价至合理水平</td></tr>
</table>

在酒店收益管理“三算式”中，收益函数方程起着基础性作用，它决定了收益管理的思想、维度与方法论。内部算式为酒店收益管理提供了操作工具与实施手段。外

部算式则从市场竞争视角，为不断提高收益管理水平提供了外部激励。从本质上讲，外部竞争绩效是内部营收绩效的反映，是酒店发现竞争差距、优化内部管理的外部工具。内部算式“$RVP=ADR \cdot OCC$”，才是酒店收益管理决策的主要依据，因此称为酒店收益管理“决策方程”。其中 *RVP* 为决策方程的目标变量；*ADR*、*OCC* 为决策方程的工具变量，分别对应着酒店收益管理决策的价格工具与容量工具。

第二节　数量增长 IAS 决策方法

一、决策方程贡献率分解

导入案例

先生的收入高于太太。去年初太太和先生商定，当年谁对家庭总收入增长的贡献率小，谁就负责来年的餐后洗碗事宜。今年初统计，去年家庭总收入增长了 50 万元。其中先生收入增长了 20 万元，太太收入增长了 30 万元。

请问：今年先生和太太谁负责餐后洗碗呢？

1. 贡献率的算法

贡献率（*CR*：contribution rate）也称贡献度，表示局部对整体的贡献程度。假设整体增长受多个局部变量的共同影响，则局部变量对整体增长的贡献率，就等于该局部变量的贡献（增长量或增长率）与全部变量贡献之和的比率。其计算公式是：

$$\text{贡献率}（CR）=\frac{\text{变量贡献（增长量或增长率）}}{\text{各变量贡献（增长量或增长率）之和}}\times 100\% \qquad (2\text{-}14)$$

以本节导入案例为例，去年先生对家庭总收入增长的贡献率为：$\frac{20}{50}\times 100\%=40\%$。太太的相应贡献率为 60%。即便先生的年收入仍然高于太太，但其增长贡献率小于太太。按照事先的约定，今年全年应由先生负责餐后洗碗工作。这是变量贡献采用“增长量”指标来计算贡献率的方法。

局部变量的贡献可以用“增长量”，也可采用“增长率”指标。如果各局部变量属于不同的数据类型，如一个是绝对数，另一个是相对数，那么用“增长量”指标加总求和计算贡献率就不合适。此时可采用“增长率”指标。假设局部变量 i 的增长率

（*ROI*：rate of increase）为 ROI_i，并且整体增长率为各局部变量增长率之和（$\sum ROI_i$），则局部变量 i 对整体增长的贡献率 CR_i 为：

$$CR_i = \frac{ROI_i}{\sum ROI_i} \times 100\% \tag{2-15}$$

2. 决策方程的贡献率分解

酒店收益管理的决策过程，就是发现（identify）问题、分析（analyze）问题、决断（solve）问题的 IAS 过程。在决策方程式"*RVP=ADR · OCC*"中，单房收益 *RVP* 是发现问题的切入点，也是解决问题的目标点。平均房价 *ADR* 和出租率 *OCC* 是分析问题的着眼点，也是决断问题的落脚点。酒店收益管理决策，需要紧盯 *RVP* 涨跌变化，对 *ADR* 和 *OCC* 做归因分析与问题诊断，做出相应的收益管理决断，从而为相应的营销策略与促销方案指明方向。这就要求引入贡献率算法，对决策方程式进行分解演算。

对决策方程式两边同时取自然对数，然后求导，可得：

$$ln(RVP) = ln(ADR) + ln(OCC)$$

$$\frac{d(RVP)}{RVP} = \frac{d(ADR)}{ADR} + \frac{d(OCC)}{OCC}$$

$$ROI_{rvp} = ROI_{adr} + ROI_{occ} \tag{2-16}$$

（2-16）式表明，单房收益 *RVP* 的增长率，等于平均房价 *ADR* 增长率与出租率 *OCC* 增长率之和[①]。而根据决策方程式，*RVP* 的变化仅取决于 *ADR* 和 *OCC* 这两个变量的变化。因此，由（2-15）和（2-16）式，可得平均房价 *ADR* 增长对单房收益 *RVP* 增长的贡献率为：

$$CR_{adr} = \frac{ROI_{adr}}{ROI_{adr} + ROI_{OCC}} \times 100\% \tag{2-17}$$

$$CR_{adr} = \frac{ROI_{adr}}{ROI_{rvp}} \times 100\% \tag{2-18}$$

出租率 *OCC* 增长对单房收益 *RVP* 增长的贡献率为：

$$CR_{OCC} = \frac{ROI_{OCC}}{ROI_{adr} + ROI_{OCC}} \times 100\% \tag{2-19}$$

① 在利用实际数据进行计算时，ROI_{adr} 加上 ROI_{occ} 之和与 ROI_{rvp} 数值会有一定差距。这是因为酒店每日可售客房数量（AC）的动态变化，破坏了出租率函数与单房收益函数（决策方程）的连续性所致，不影响公式应用与分析决策。

$$CR_{OCC} = \frac{ROI_{OCC}}{ROI_{rvp}} \times 100\% \quad (2-20)$$

由于增长率数值可为正数（正增长），也可为负数（负增长）；变量 *ADR* 和 *OCC* 的贡献率亦可正（正贡献）可负（负贡献）。正贡献的作用方向与 *RVP* 变化方向相同，相应变量为 *RVP* 变化的同向解释变量。负贡献的作用方向与 *RVP* 变化方向相反，相应变量为 *RVP* 变化的反向解释变量。

【算法演示 3】

【例题】贡献率计算

根据本章“导入案例”中 Y 酒店客房销售数据，计算贡献率 CR_{adr} 和贡献率 CR_{occ}（表 2-8）。

表 2-8　Y 酒店客房销售数据

指标	周一	周二	周三	周四	周五	周六	周日
可售房（间）	337	328	326	336	336	335	333
已售房（间）	228	224	202	332	309	236	143
客房收入（元）	87206	83472	71070	142248	117422	86194	48953

注：完整表格请扫描上方二维码，下载配套 Excel 文件。

【演示】

1. 根据公式（2-1）、（2-2）、（2-4），分别计算 *ADR*、*OCC*、*RVP*。

2. 在 D9 处输入“=（D6-C6）/C6”，点击 Enter（图 2-9）。

1	B	C	D	E	F	G	H	I
2	指标	周一	周二	周三	周四	周五	周六	周日
3	可售房（间）	337	328	326	336	336	335	333
4	已售房（间）	228	224	202	332	309	236	143
5	客房收入（元）	87206	83472	71070	142248	117422	86194	48953
6	*ADR*（元）	382	373	352	428	380	365	342
7	*OCC*（%）	68	68	62	99	92	70	43
8	*RVP*（元）	259	254	218	423	349	257	147
9	*ROIadr*（%）	—	=(D6-C6)/C6					
10	*ROIocc*（%）	—						
11	*ROIrvp*（%）	—						
12	*CRadr*（%）	—						
13	*CRocc*（%）	—						

图 2-9　周二 ROIadr 计算

3. 鼠标指向 D9 右下角顶点，出现黑色“+”号。左键按住鼠标，往下拖至 D11，松开鼠标又迅速按住，往右拖至 I11，可得环比增长率 *ROIadr*、*ROIocc*、*ROIrvp* 全部数值（图 2–10）。

1	B	C	D	E	F	G	H	I
2	指标	周一	周二	周三	周四	周五	周六	周日
3	可售房（间）	337	328	326	336	336	335	333
4	已售房（间）	228	224	202	332	309	236	143
5	客房收入（元）	87206	83472	71070	142248	117422	86194	48953
6	*ADR*（元）	382	373	352	428	380	365	342
7	*OCC*（%）	68	68	62	99	92	70	43
8	*RVP*（元）	259	254	218	423	349	257	147
9	*ROIadr*（%）	—	-3	-6	22	-11	-4	-6
10	*ROIocc*（%）	—	1	-9	59	-7	-23	-39
11	*ROIrvp*（%）	—	-2	-14	94	-17	-26	-43
12	*CRadr*（%）	—						
13	*CRocc*（%）	—						

图 2–10　全部 *ROIadr*、*ROIocc*、*ROIrvp* 计算

4. 在 D12 输入“=D9/D$11”，点击 Enter，得到周二 *CRadr* 数值（图 2–11）。

1	B	C	D	E	F	G	H	I
2	指标	周一	周二	周三	周四	周五	周六	周日
3	可售房（间）	337	328	326	336	336	335	333
4	已售房（间）	228	224	202	332	309	236	143
5	客房收入（元）	87206	83472	71070	142248	117422	86194	48953
6	*ADR*（元）	382	373	352	428	380	365	342
7	*OCC*（%）	68	68	62	99	92	70	43
8	*RVP*（元）	259	254	218	423	349	257	147
9	*ROIadr*（%）	—	-3	-6	22	-11	-4	-6
10	*ROIocc*（%）	—	1	-9	59	-7	-23	-39
11	*ROIrvp*（%）	—	-2	-14	94	-17	-26	-43
12	*CRadr*（%）	—	=D9/D$11					
13	*CRocc*（%）	—						

图 2–11　周二 *CRadr* 计算

5. D12 右下角“+”下拖至 D13，紧接着右拖至 I13，得到全部 *CRadr*、*CRocc* 值（图 2–12）。

1	B	C	D	E	F	G	H	I
2	指标	周一	周二	周三	周四	周五	周六	周日
3	可售房（间）	337	328	326	336	336	335	333
4	已售房（间）	228	224	202	332	309	236	143
5	客房收入（元）	87206	83472	71070	142248	117422	86194	48953
6	*ADR*（元）	382	373	352	428	380	365	342
7	*OCC*（%）	68	68	62%	99%	92%	70%	43%
8	*RVP*（元）	259	254	218	423	349	257	147
9	*ROIadr*（%）	—	-3	-6	22	-11	-4	-6
10	*ROIocc*（%）	—	1	-9	59	-7	-23	-39
11	*ROIrvp*（%）	—	-2	-14	94	-17	-26	-43
12	*CRadr*（%）	—	155	39	23	65	15	15
13	*CRocc*（%）	—	-57	65	63	40	89	91

图 2-12　全部 *CRadr*、*CRocc* 计算

最终计算结果如表 2-9 所示。

表 2-9　Y 酒店 *CRadr* 和 *CRocc* 计算结果

指标	周一	周二	周三	周四	周五	周六	周日
可售房（间）	337	328	326	336	336	335	333
已售房（间）	228	224	202	332	309	236	143
客房收入（元）	87206	83472	71070	142248	117422	86194	48953
ADR（元）	382	373	352	428	380	365	342
OCC（%）	68	68	62	99	92	70	43
RVP（元）	259	254	218	423	349	257	147
ROI_{adr}（%）	—	-3	-6	22	-11	-4	-6
ROI_{occ}（%）	—	1	-9	59	-7	-23	-39
ROI_{rvp}（%）	—	-2	-14	94	-17	-26	-43
CR_{adr}（%）	—	155	39	23	65	15	15
（%）CR_{occ}	—	-57	65	63	40	89	91

【同步练习 3】

【习题】贡献率计算

X 酒店 6 月 25 日至 7 月 2 日客房销售数据如下，分别计算每日 CR_{adr} 和 CR_{occ}（表 2-10）。

表 2-10　X 酒店客房销售数据

指标	0625（周日）	0626（周一）	0627（周二）	0628（周三）	0629（周四）	0630（周五）	0701（周六）	0702（周日）
可售房（间）	294	295	296	298	299	299	303	303
已售房（间）	105	123	131	163	176	183	218	188
客房收入（元）	44107	55677	69489	75860	76206	76293	93021	86227

注：完整表格请扫描上方二维码，下载配套 Excel 文件。

二、数量增长 IAS 决策

1. 数量增长 IAS 决策过程

根据酒店收益管理二维决策矩阵（表 1-3），数量维度收益管理决策的目标是推动数量增长，这在价格管理上是追求平均房价最高化，在容量管理上是追求满房销售、减少客房空置。按照收益管理决策方程及其贡献率分解，目标变量（*RVP*）变化取决于工具变量（*ADR* 和 *OCC*）的贡献。为更好地发现问题（I）、分析问题（A）、解决问题（S）——本书将这一决策流程称为“IAS 决策”，首先需将目标变量和工具变量做可视化处理，然后以 *RVP* 走势为观察点，依据工具变量对 *RVP* 变化的贡献率，找出导致 *RVP* 变化的原因，并聚焦“主要方面”、寻求重点突破，在参考 *OCC*、*ADR* 具体数值的基础上做出相应的收益管理决策。

数量增长 IAS 决策的一般过程如下：

（1）数据可视化处理。

绘制双轴散点图或折线图等，将 *ADR*、*OCC* 和 *RVP* 走势可视化。

（2）I：*RVP* 如何变化？

观察 *RVP* 走势变化，判断环比是上涨还是下跌。

（3）A：导致 *RVP* 变化的原因是什么？

根据 CR_{adr}、CR_{occ}，分析导致 *RVP* 变化的原因，找出主要方面。

（4）S：如何决断以提高 *RVP* 水平？

抓住主要方面，结合 *OCC* 水平，以阻止 *RVP* 下滑、促进 *RVP* 上涨为目标，提出收益管理决策（以及相应的营销思路）。

2. 数量增长 IAS 决策例解

现在回到本章“导入案例”，解决其提出的三个问题。这三个问题由表及里、层层递进，遵循了酒店收益管理的 IAS 决策过程。由于案例给出的是典型数据，反映了 Y 酒店客房每周销售的一般规律。既然是“一般规律”，就意味着具有稳定性与反复性特征，在通常情况下会不断地重复出现，这是收益管理IAS决策的前提与基础。而在一般情况下的既有水平上寻求RVP的最大化提升，则是收益管理IAS决策的目标。如果将一般情况下的既有容量（或销量）称为“流量”，剩余容量称为“存量”，那么基于“一般规律”的收益管理策略不外乎以下三种思路：

（1）存量开发

存量开发就是维持既有容量销售现状，通过开发剩余容量、增加客房销售总收入，从而寻求*RVP*的最大化提升。当流量*RVP*水平较高且增长态势较好时，可以采用存量开发策略。

（2）流量优化

流量优化就是分析现有流量运营存在的问题，提出相应的优化方案。当流量*RVP*下跌、市场环境不理想时，通常可采用流量优化策略。

（3）双管齐下

双管齐下就是既做存量开发，又做流量优化，最大限度地提高*RVP*水平。当市场需求环境比较理想时，可采取“双管齐下”策略。

【算法演示4】

【例题】数量增长IAS决策

1. 数据整理

根据表2-9的计算结果，将Y酒店每日IAS决策数据整理如下（表2-11）。

表2-11　Y酒店数量增长IAS决策数据整理

指标	周一	周二	周三	周四	周五	周六	周日
ADR（元）	382	373	352	428	380	365	342
OCC（%）	67.66	68.29	62	99	92	70	43
RVP（元）	259	254	218	423	349	257	147
ROI_{rvp}（%）	—	-2	-14	94	-17	-26	-43
CR_{adr}（%）	—	155	39	23	65	15	15
CR_{occ}（%）	—	-57	65	63	40	89	91

2. 可视化呈现

将Y酒店*ADR*、*OCC*、*RVP*走势绘制成双轴折线图（图2-13）。由图可知，*RVP*在周四达到最高点，此后逐步下滑，周日达到最低点。为实现*RVP*环比正增长，需要进行每日IAS决策，以下选择三个典型日期（周二、周四、周六）进行阐述。

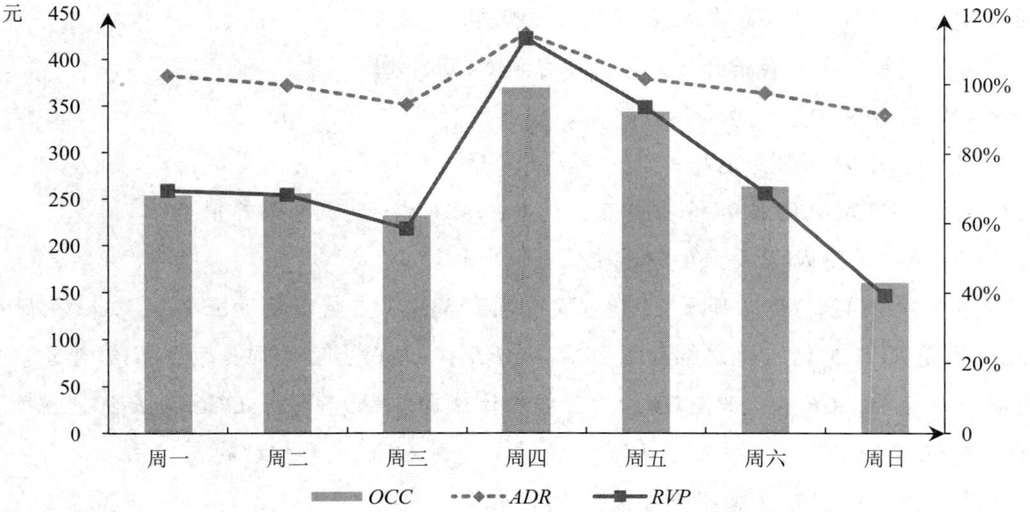

图 2–13　Y 酒店客房营收指标数据变化

3. 周二 IAS 决策

（1）I：*RVP* 如何变化？

周二 *RVP* 环比微跌约 2 个百分点（1.67%），数值 254 元，比周一房价下跌 5 元。

（2）A：导致 *RVP* 下降的原因是什么？

根据表 2.2.1–0–2，CR_{adr} 等于 155%，贡献率为正值（正贡献）。意味着 *ADR* 作用方向与 *RVP* 变化方向相同，*ADR* 是 *RVP* 变化的同向解释变量，即 *ADR* 下降造成了 *RVP* 下跌。CR_{adr} 超过 100%，说明 *ADR* 拉动 *RVP* 下跌的动能非常大。

CR_{occ} 等于 −57%，贡献率为负值（负贡献），意味着 *OCC* 作用方向与 *RVP* 变化方向相反，*OCC* 是 *RVP* 变化的反向解释变量。说明 *OCC* 上涨构成 *RVP* 下跌的阻力。从 *ROI* 数据看，周二 *OCC* 上升约 1%，*ADR* 下降约 3%。*OCC* 的上拉力量不及 *ADR* 的下拉力量，*RVP* 最终跌 1.67%。

主要结论：*ADR* 下降造成了 *RVP* 微跌。

（3）S：如何决断以提高 *RVP* 水平？

i 流量方面：周二 *ADR* 下降可能促成了 *OCC* 上升，但 *OCC* 上升不足以抵消 *ADR* 下降对 *RVP* 的影响，最终造成 *RVP* 下跌。因此，“稳 *ADR*”是防止流量 *RVP* 下滑的必要手段。

ii 存量方面：稳住流量 *ADR* 可能使 *OCC* 保持在 68% 左右，仍有 32% 的房量闲置。减少空置存量从而拉高 *OCC*，是提升 *RVP* 的重要举措。

iii 综合决策：由于周二 *RVP*、*ADR*、*OCC* 实际变化值并不大，分别仅为 −4.3 元、−9.8 元、0.6%，且出租率也达到 68.29%，因此可考虑维持既有流量现状，主要通过存

量开发拉高 *OCC*[①]，以寻求 *RVP* 的最大化提升。

最终决策：采取存量开发策略，拉存量 *OCC*。

4. 周四 IAS 决策

（1）I：*RVP* 如何变化？

周四 *RVP* 环比暴涨 94 个百分点，绝对数 423 元，达到一周峰值。

（2）A：导致 *RVP* 暴涨的原因是什么？

根据表 2-12，CR_{adr} 等于 23%，CR_{occ} 等于 63%。贡献率均为正值，意味着 *ADR*、*OCC* 都是 *RVP* 变化的同向解释变量。即 *ADR* 和 *OCC* 上涨共同推动了 *RVP* 上涨。从贡献率数值看，CR_{occ} 几乎是 CR_{adr} 的三倍。计算贡献值[②]可知，*OCC* 为 *RVP* 上涨贡献了大约 60 个百分点。说明周四 *RVP* 上涨主要是由 *OCC* 上升拉动的。

主要结论：*OCC* 大幅提升导致了 *RVP* 暴涨。

（3）S：如何决断以提高 *RVP* 水平？

i 流量方面：*RVP* 暴涨主要由 *OCC* 提升带来，且市场需求旺盛，*OCC* 接近满房。根据决策方程，"拉 *ADR*" 成为进一步提高 *RVP* 的必然选择。具体操作思路上，要根据预订进度与容量留存情况，把握好客房提价节奏，稳步实现 *OCC* 与 *ADR* 最大化提升。

ii 存量方面：*OCC* 接近满房，库存容量非常有限。收益管理决策一目了然，就是要在市场需求旺盛的背景下，分析容量留存的客观原因，采用换档销售等结构化营销手段，以最优价格实现满房销售。

iii 综合决策：采取双管齐下策略，流量拉 *ADR*、存量拉 *OCC*。

5. 周六 IAS 决策

（1）I：*RVP* 如何变化？

周六 *RVP* 环比大跌 26%，绝对数 257 元，跌 92 元。

（2）A：导致 *RVP* 大跌的原因是什么？

周六 ROI_{adr} 为 −4%（见表 2-9），对 *RVP* 下跌的贡献率为 15%；ROI_{occ} 为 −23%，对 *RVP* 下跌的贡献率为 89%。可见 *ADR* 和 *OCC* 同时下降导致 RVP 大跌 26 个百分点，而其中 23 个百分点[③]是由 *OCC* 下降造成的。

主要结论：*OCC* 大幅下降导致 *RVP* 大跌。

---

① 为提高进一步流量 *RVP* 水平，可以采取"结构优化"方法，对流量的市场结构与产品结构做具体分析与决策，此处不作赘述。

② *OCC* 贡献值等于 *RVP* 增长率乘以 *OCC* 贡献率。

③ *OCC* 贡献值 $=ROIrvp \cdot CRocc = 26\% \cdot 89\% = 23\%$。

（3）S：如何决断以提高 *RVP* 水平？

i 流量方面：既然 *RVP* 大跌的主因是 *OCC* 大幅下降，那么“稳 *OCC*”就是必要举措。“稳 *OCC*”的重要手段是降 *ADR*。但周六 ROI_{adr} 为 −4%，ROI_{occ} 为 −23%；后者降幅大约都是前者的 6 倍。用降 *ADR* 方式稳 *OCC* 未必能达到预期。由于周六 *OCC* 高达 70%，可考虑维持既有流量现状，不做数量增长干预。

ii 存量方面：周六客房存量 30%，周日上升到 57%。为进一步提升 *RVP* 水平，需要减少空置存量，拉高存量 *OCC*。

iii 综合决策：采取存量开发策略，拉存量 *OCC*。

Y 酒店以上数量增长 IAS 决策过程与结论，如表 2-12 所示。

表 2-12　Y 酒店数量增长 IAS 决策

IAS 过程	指标		周二		周四		周六	
			数值	IAS 描述	数值	IAS 描述	数值	IAS 描述
I	观测指标	ROI_{rvp}	−2%	*RVP* 微跌	94%	*RVP* 暴涨	−26%	*RVP* 大跌
A	归因指标	CR_{adr}	155%	*ADR* 下降造成 *RVP* 微跌	23%	*OCC* 快速提升是主因	15%	*OCC* 下降是主因
		CR_{occ}	−57%		63%		89%	
S	参考指标	*OCC*	68%	$60\% < OCC < 80\%$	99%	$OCC \geqslant 80\%$，接近满房	70%	$60\% < OCC < 80\%$，且处于下降通道
	收益管理决策		初始决策	流量稳 *ADR* 存量拉 *OCC*	—	流量拉 *ADR* 存量拉 *OCC*	—	流量稳 *OCC* 存量拉 *OCC*
			最终决策	存量开发拉 *OCC*	—	流量拉 *ADR* 存量拉 *OCC*	—	存量开发拉 *OCC*

数量增长 IAS 决策，实际上就是基于决策方程对优先使用价格工具（*ADR*）还是容量工具（*OCC*）做出决断。一般情况下，当 $OCC \leqslant 60\%$ 时，应优先使用容量工具，努力提升出租率（*OCC*）。当 $OCC \geqslant 80\%$ 时，应优先使用价格工具，稳出租率（*OCC*）、拉高均价（*ADR*）。当 $60\% < OCC < 80\%$ 时，需依据 CR_{adr}、CR_{occ} 等数据的具体情况，通过 IAS 过程做出收益管理决策。

【同步练习 4】

【习题】数量增长 IAS 决策

1. 数据整理

根据【同步练习 3】表 2-10 的计算结果，整理决策数据并填写表 2-13。

表 2-13　X 酒店数量增长决策数据整理

指标	0625（周日）	0626（周一）	0627（周二）	0628（周三）	0629（周四）	0630（周五）	0701（周六）	0702（周日）
ADR（元）	420	453	530	467	433	417	427	459
OCC（%）	36	42	44	55	59	61	72	62
RVP（元）	150	189	235	255	255	255	307	285
ROI_{rvp}（%）	—							
CR_{adr}（%）	—							
CR_{occ}（%）	—							

2. 可视化呈现

将 *ADR*、*OCC*、*RVP* 指标走势可视化呈现。

3. 每日 IAS 决策

填写表 2-14 每日指标数值，结合指标走势图进行相应的数量增长 IAS 决策。

表 2-14　X 酒店数量增长 IAS 决策表

IAS 过程	指标		周一		周二		周三	
			数值	*IAS* 描述	数值	*IAS* 描述	数值	*IAS* 描述
I	观测指标	ROI_{rvp}						
A	归因指标	CR_{adr}						
		CR_{occ}						
S	参考指标	*OCC*						
	收益管理决策		初始决策		—		—	
			综合决策		—		—	

注：完整表格请扫描上方二维码，下载配套 Excel 文件。

第三节　结构优化 IAS 决策方法

一、结构优化 IAS 决策过程

以结构性优化追求最大化收益，是收益管理的基本思想之一。结构是质和量的空间组合形式，反映事物构件（局部）之间的数量组合关系。按照“五要素”实施法则，结构主要包括产品结构（如房型结构、房类结构）、市场结构（如散客、团队及其各自结构）等。结构优化决策是在数量增长决策的基础上，将观察视角从时间序列拓展到截面空间，利用截面数据或面板数据[①]研究事物构件的性质，并对其数量组合关系做出

① 时间序列数据，是指按时间顺序排列的同一观测对象在不同时间段或时间点上的数据。截面数据，是指在同一时间段或时间点上的不同观测对象的数据。面板数据，是指不同观测对象在不同时间段或时点上的数据。

收益优化决策。结构优化 IAS 决策的基本方法与数量增长 IAS 决策相同，只是需要将整体与局部结合起来作综合性思考。

二、结构优化 IAS 决策例解

回到本章“导入案例”。Y 酒店客房销售数据，实际是由散客与团队两大细分市场汇总而成，详情见表 2–15。表 2–12 所列收益管理决策，必须通过两大细分市场来落地，这就涉及市场结构优化分析与决策。

表 2–15　Y 酒店客房销售数据的细分市场构成

细分市场	指标	周一	周二	周三	周四	周五	周六	周日
	可售房（间）	337	328	326	336	336	335	333
散客	已售房（间）	189	177	175	298	277	228	137
	客房收入（元）	74781	69033	62617	129525	106853	83776	47251
团队	已售房（间）	39	47	27	34	32	8	6
	客房收入（元）	12425	14439	8454	12723	10569	2419	1702

【算法演示 5】

【例题】结构优化 *IAS* 决策

1. 数据整理

根据表 2–15，将 Y 酒店散客与团队市场每日 IAS 决策数据计算整理如下（表 2–16）。

表 2–16　Y 酒店市场结构优化 IAS 决策数据摘选

市场	指标	周一	周二	周三	周四	周五	周六	周日
散客	营收占比（%）	86	83	88	91	91	97	97
	ADR（元）	396	390	358	435	386	367	345
	OCC（%）	56	54	54	89	82	68	41
	RVP（元）	222	210	192	385	318	250	142
	ROI_{rvp}（%）	—	–5	–9	101	–18	–21	–43
	CR_{adr}（%）	—	28	95	21	64	22	14
	CR_{occ}（%）	—	73	6	65	40	82	91
团队	营收占比（%）	14	17	12	9	9	3	3
	ADR（元）	319	307	313	374	330	302	284
	OCC（%）	12	14	8	10	10	2	2
	RVP（元）	37	44	26	38	31	7	5
	ROI_{rvp}（%）	—	19	–41	46	–17	–77	–29
	CR_{adr}（%）	—	–18	–5	42	69	11	21
	CR_{occ}（%）	—	123	103	48	35	97	84

注：完整表格请扫描上方二维码，下载配套 Excel 文件。

2. 可视化呈现

根据表 2-16 的数据，绘制 Y 酒店营收占比堆积柱状图（图 2-14），以及散客与团队营收指标变化图（图 2-15、图 2-16）。由图 2-14 和表 2-15 可知，Y 酒店客房销售收入主要来源于散客市场，营收占比达到 90% 左右，周末甚至高达 97%。散客市场营收指标走势，与客房总体营收指标走势一致，而团队市场营收占比仅为 10% 左右，周末更低至 2%。

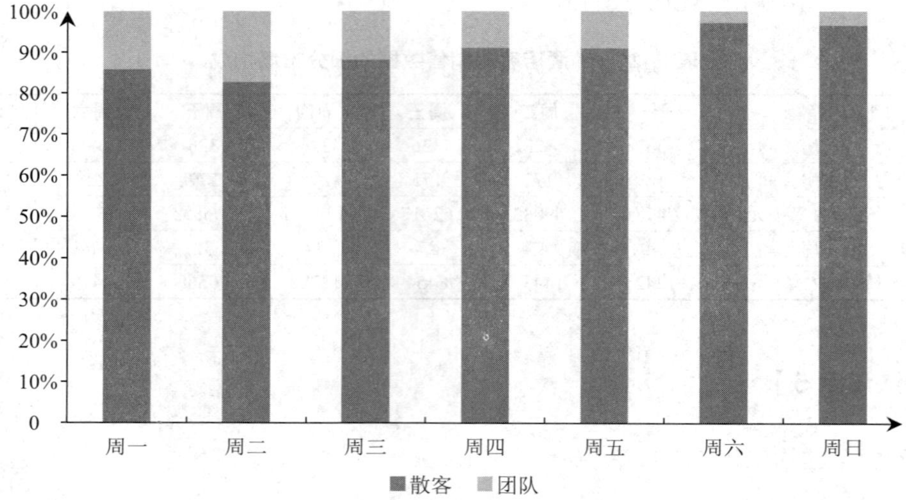

图 2-14　Y 酒店散客与团队营收占比堆积柱状图

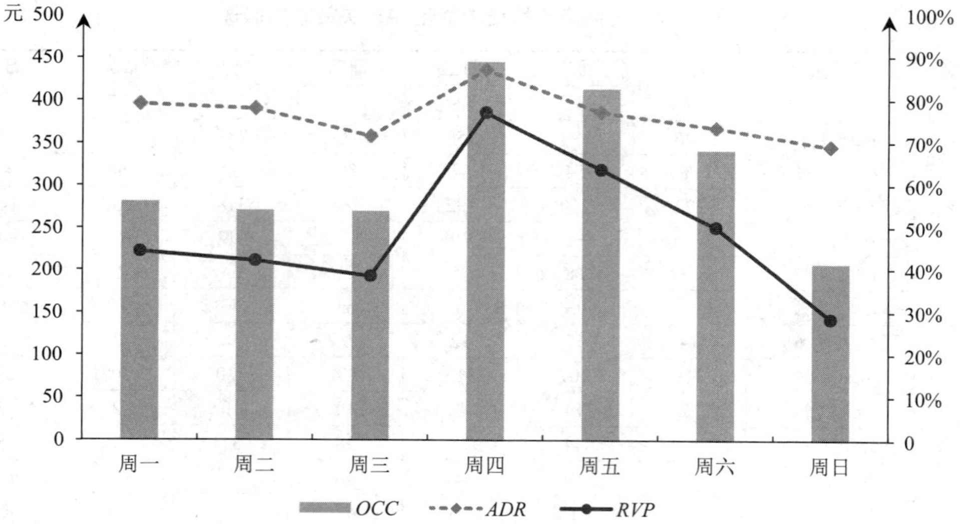

图 2-15　Y 酒店散客市场营收指标数据变化

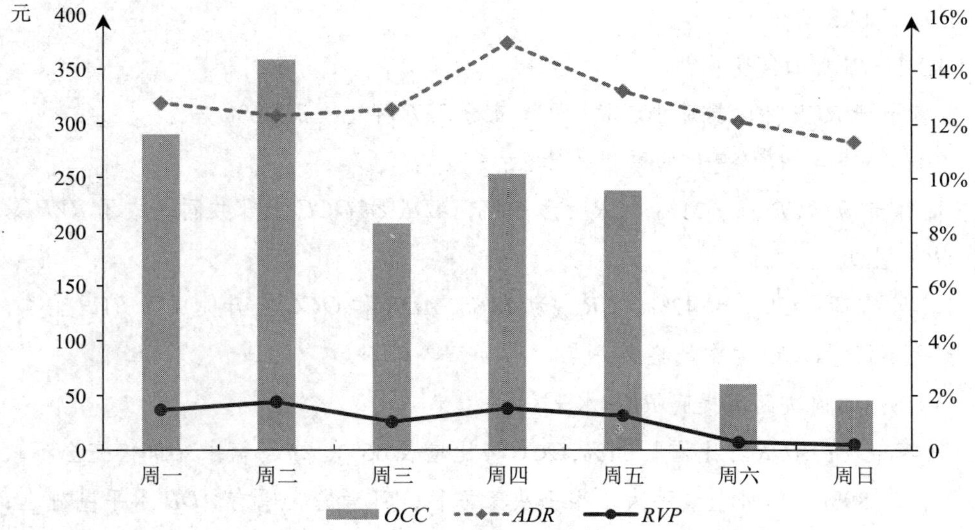

图 2-16 Y 酒店团队市场营收指标数据变化

3. 周二 IAS 决策

(1) I：*RVP* 如何变化？

散客市场 *RVP* 环比下跌 5%，团队市场 *RVP* 环比上涨 19%。

(2) A：导致 *RVP* 变化的原因是什么？

i 散客市场：CR_{adr} 为 28%，CR_{occ} 为 73%，*ADR* 和 *OCC* 下降共同导致了 *RVP* 下跌，其中 *OCC* 下降是主要原因。

ii 团队市场：CR_{adr} 为 −18%，CR_{occ} 为 123%，*OCC* 大幅上升促成了 *RVP* 上涨。*ADR* 下跌 4 个百分点，对 *RVP* 上涨有下拉作用，但力量不及 *OCC* 上升。

(3) S：如何决断以提高 *RVP* 水平？

i 散客市场：*OCC* 环比下降是 *RVP* 下跌主因，“稳 *OCC*”以阻止流量 *RVP* 下滑是首要策略。考虑到 *ADR* 与 *OCC* 同时下降，以价格工具稳 *OCC* 未必有效；加上周二散客 *OCC* 可达 54%，因此可维持散客市场既有流量现状。

ii 团队市场：*ADR* 下降促成了 *OCC* 上升，从而有力推动了 *RVP* 上涨。因此，对团队市场现有流量状况也可不做干预，采取“存量开发”策略提高团队入住率，从而增加客房销售收入达到 *RVP* 提升目的。

iii 综合决策：维持两个细分市场的既有流量现状不做干预，紧盯团队市场做“存量开发”，努力提升团队市场营收占比，从而优化周二营收的市场结构，提升 *RVP* 水平。

最终决策：流量维持现状；存量开发拉团队 *OCC*。

4. 周四 IAS 决策

（1）I：*RVP* 如何变化？

散客市场 *RVP* 环比暴涨 101%，团队市场 *RVP* 环比大涨 46%。

（2）A：导致 *RVP* 变化的原因是什么？

i 散客市场：CR_{adr} 为 21%，CR_{occ} 为 65%，*ADR* 和 *OCC* 上升共同促成了 *RVP* 暴涨，其中 *OCC* 上升是主因。

ii 团队市场：CR_{adr} 为 42%，CR_{occ} 为 48%。*ADR* 和 *OCC* 上升促成了 *RVP* 上涨，两者贡献差不多，*OCC* 的贡献略大一点。

（3）S：如何决断以提高 *RVP* 水平？

i 散客市场：*ADR* 环比增长 21%，*OCC* 环比增长 65%，市场需求对价格完全不敏感。散客入住率 89%，客房余量不大。根据决策方程，可考虑在原有 *ADR* 水平基础上，适当加大价格上涨幅度，稳步拉高 *ADR*。

ii 团队市场：根据表 2-16 配套 Excel 文件数据计算结果，ROI_{adr} 为 20%，ROI_{occ} 为 22%，市场需求对价格也不是太敏感，可以考虑适当提高团队市场价格水平。

iii 综合决策：散客市场平均房价 435 元，比团队市场（374 元）高出 16%，且仍有较大上升空间。散客以 89% 的房量获取了 91% 的营收占比，而团队以 10% 的房量获得 9% 的营收占比。因此，可以根据实际情况，降低甚至取消团队市场容量配给，紧盯散客市场，流量拉 *ADR*，存量拉 *OCC*。

最终决策：盯散客放团队，流量拉 *ADR*、存量拉 *OCC*。

5. 周六 IAS 决策

（1）I：*RVP* 如何变化？

散客市场 *RVP* 环比下跌 21%，团队市场 *RVP* 环比大跌 77%。

（2）A：导致 *RVP* 变化的原因是什么？

i 散客市场：*ADR* 下降 5%，贡献率 22%。*OCC* 下降 17%，贡献率 82%。*ADR* 和 *OCC* 下降共同造成了 *RVP* 下跌，其中 *OCC* 下降是主因。

ii 团队市场：*ADR* 下降 8%，贡献率为 11%。*OCC* 大幅下降 75%，贡献率 97%。显然团队 *RVP* 大跌主要是由 *OCC* 大幅下降导致的。

（3）S：如何决断以提高 *RVP* 水平？

i 散客市场：*RVP* 下跌的主因是 *OCC* 下降。根据决策方程，"稳 *OCC*"或"拉 *OCC*"是应有之策。但 *ADR* 和 *OCC* 同时下降，后者下降幅度超过前者的 3 倍，用降 *ADR* 来拉 *OCC* 未必能达到预期效果。

考虑到周六散客市场入住率达到 68%，处在周四以来的下降通道之中，周日会进一步下降到 41%。对散客市场数量增长的干预效果可能有限。为提高散客市场 *RVP* 水平，需要采用“结构优化”方法，对其具体结构做进一步分析与决策。

ii 团队市场：*OCC* 下降也是 *RVP* 下跌主因，且 *OCC* 下降幅度是 *ADR* 下降幅度的 9 倍，用价格工具拉抬 *OCC* 从而拉高 *RVP* 同样未必有效。

考虑到周六团队市场实际用房量只有 8 间，周日又将降低到 6 间。Y 酒店可能需要重新审视其团队市场与产品适配情况，优化团队细分市场结构、促进存量开发。

iii 综合决策：流量结构优化，对散客市场与团队市场做进一步的结构优化；存量团队开发，即紧盯“合适的”团队细分市场做存量开发，减少客房空置，提高整体入住率。

最终决策：流量结构优化，存量开发拉团队 *OCC*。

Y 酒店以上结构优化 IAS 过程与结论，汇总如表 2-17 所示。

表 2-17　Y 酒店结构优化 IAS 决策表

IAS 过程	指标		周二				周四				周六			
			散客市场		团队市场		散客市场		团队市场		散客市场		团队市场	
			数值	IAS 描述	数值	IAS 描述	数值	IAS 描述	数值	IAS 描述	数值	IAS 描述	数值	IAS 描述
I	观测指标	ROI_{rvp}	−5%	*RVP* 下跌	19%	*RVP* 上涨	101%	*RVP* 暴涨	46%	*RVP* 大涨	−21%	*RVP* 下跌	−77%	*RVP* 大跌
A	归因指标	CR_{adr}	28%	*OCC* 下降主因	−18%	*OCC* 大幅上升促成 *RVP* 上涨	21%	*OCC* 上升是主因	42%	*OCC* 贡献略大	22%	*OCC* 下降是主因	11%	*OCC* 大幅下降是主因
		CR_{occ}	73%		123%		65%		48%		82%		97%	
S	参考指标	*OCC*	54%	$OCC \leq 60\%$	14%	$OCC \leq 60\%$	89%	$OCC \geq 80\%$	10%	$OCC \leq 60\%$	68%	$60\% < OCC < 80\%$	2%	$OCC \leq 60\%$
	数量增长决策		初始决策	拉 *OCC*	—	流量维持存量开发	—	拉 *ADR*	—	拉 *ADR*	—	稳 *OCC*	—	稳 *OCC*
			综合决策	流量维持现状，存量开发拉团队 *OCC*			—	盯散客放团队，流量拉 *ADR*、存量拉 *OCC*			—	流量结构优化，存量开发拉团队 *OCC*		

【同步练习 5】

【习题】结构优化 IAS 决策

1. 数据整理

X 酒店客房销售散客与团队市场细分数据如下（表 2−18），计算并整理结构优化 IAS 决策指标（表 2−18）。

表 2-18　X 酒店客房销售市场细分数据

<table>
<tr><th rowspan="2">细分市场</th><th>指标</th><th>0625
（周日）</th><th>0626
（周一）</th><th>0627
（周二）</th><th>0628
（周三）</th><th>0629
（周四）</th><th>0630
（周五）</th><th>0701
（周六）</th><th>0702
（周日）</th></tr>
<tr><td>可售房（间）</td><td>294</td><td>295</td><td>296</td><td>298</td><td>299</td><td>299</td><td>303</td><td>303</td></tr>
<tr><td rowspan="2">散客</td><td>已售房（间）</td><td>33</td><td>53</td><td>87</td><td>47</td><td>29</td><td>47</td><td>34</td><td>49</td></tr>
<tr><td>客房收入（元）</td><td>20904</td><td>32754</td><td>54287</td><td>33230</td><td>24124</td><td>20961</td><td>24476</td><td>33655</td></tr>
<tr><td rowspan="2">团队</td><td>已售房（间）</td><td>72</td><td>70</td><td>44</td><td>116</td><td>147</td><td>136</td><td>184</td><td>139</td></tr>
<tr><td>客房收入（元）</td><td>23,203</td><td>22923</td><td>15202</td><td>42629</td><td>52082</td><td>55332</td><td>68544</td><td>52572</td></tr>
</table>

注：完整表格请扫描上方二维码，下载配套 Excel 文件。

2. 可视化呈现

绘制 X 酒店散客与团队营收占比堆积柱状图、散客市场营收指标数据变化图、团队市场营收指标数据变化图。

3. 每日 IAS 决策

根据指标数据计算结果与可视化图，填写表 2-19，进行相应的结构优化 *IAS* 决策。

表 2-19　X 酒店结构优化 IAS 决策表

<table>
<tr><th rowspan="3">IAS过程</th><th rowspan="3" colspan="2">指标</th><th colspan="4">周一</th><th colspan="4">周二</th><th colspan="4">周三</th></tr>
<tr><th colspan="2">散客市场</th><th colspan="2">团队市场</th><th colspan="2">散客市场</th><th colspan="2">团队市场</th><th colspan="2">散客市场</th><th colspan="2">团队市场</th></tr>
<tr><th>数值</th><th>IAS描述</th><th>数值</th><th>IAS描述</th><th>数值</th><th>IAS描述</th><th>数值</th><th>IAS描述</th><th>数值</th><th>IAS描述</th><th>数值</th><th>IAS描述</th></tr>
<tr><td>I</td><td>观测指标</td><td>ROI_{rvp}</td><td></td><td></td><td></td><td></td><td></td><td></td><td></td><td></td><td></td><td></td><td></td><td></td></tr>
<tr><td rowspan="2">A</td><td rowspan="2">归因指标</td><td>CR_{adr}</td><td></td><td rowspan="2"></td><td></td><td rowspan="2"></td><td></td><td rowspan="2"></td><td></td><td rowspan="2"></td><td></td><td rowspan="2"></td><td></td><td rowspan="2"></td></tr>
<tr><td>CR_{occ}</td><td></td><td></td><td></td><td></td><td></td><td></td></tr>
<tr><td rowspan="3">S</td><td>参考指标</td><td>OCC</td><td></td><td></td><td></td><td></td><td></td><td></td><td></td><td></td><td></td><td></td><td></td><td></td></tr>
<tr><td colspan="2" rowspan="2">数量增长决策</td><td>初始决策</td><td></td><td>—</td><td></td><td>—</td><td></td><td>—</td><td></td><td>—</td><td></td><td>—</td><td></td></tr>
<tr><td>综合决策</td><td colspan="3"></td><td>—</td><td colspan="3"></td><td>—</td><td colspan="3"></td></tr>
</table>

注：完整表格请扫描上方二维码，下载配套 Excel 文件。

Ⅰ. RMS 操作

一、营收绩效评估指标数据查询

1. 营收绩效指标实时数据展示

"分析—日历概览"页面，直观展示了本月今日之前的出租率（*OCC*）、单房收益（*RVP*）、平均房价（*ADR*），以及出租数、客房收入等数据。页面右侧的灰色表列是图例标注（图 I-1）。

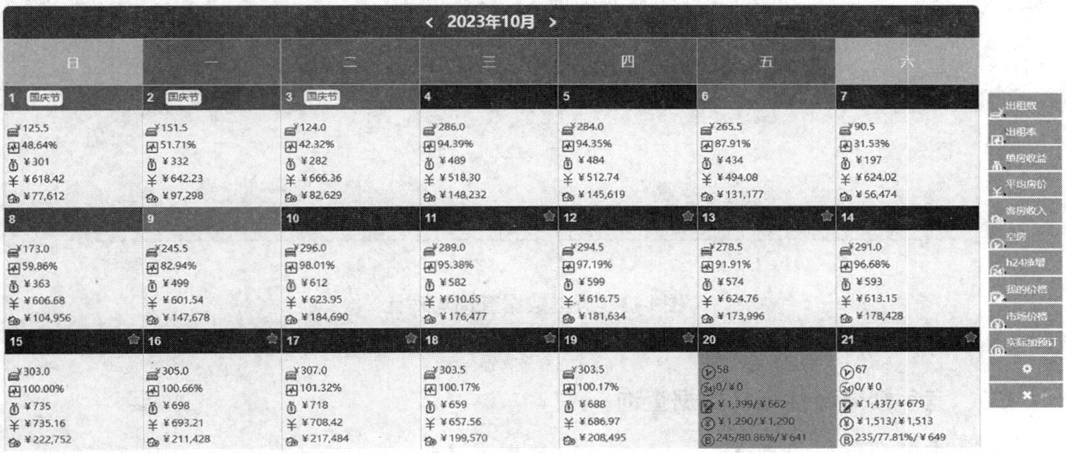

图 I–1　日历概览数据展示

2. 营收绩效指标历史数据对比

"报表—数据对比"页面，可以选择"天、月、年"及不同的"市场"或"渠道"，勾选"平均房价""出租率""单房收益"等指标，通过"条件一"后面的"添加"与"查询"按钮，以表格或"图表"形式显示（并"导出"）历史数据，从而进行数据对比（图 I-2）。

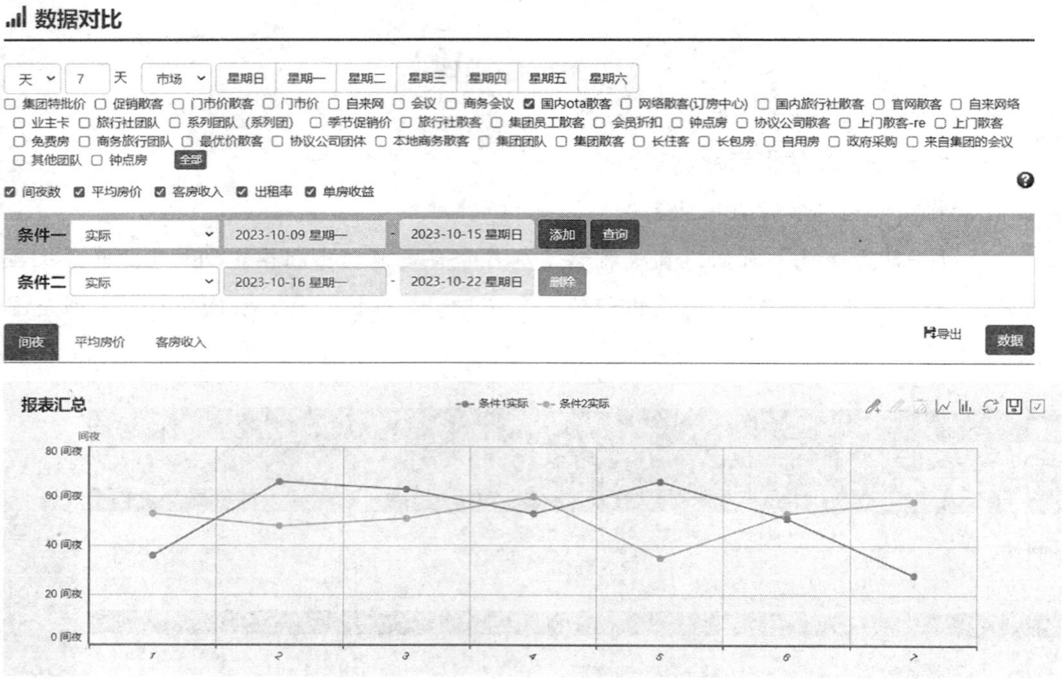

图 I–2　历史数据查询与对比

二、竞争绩效评估指标数据查询

1. 竞争群酒店信息录入

"市场表现—信息录入"页面，点击"竞争群设置"，可以设置竞争酒店信息（图 I–3）。

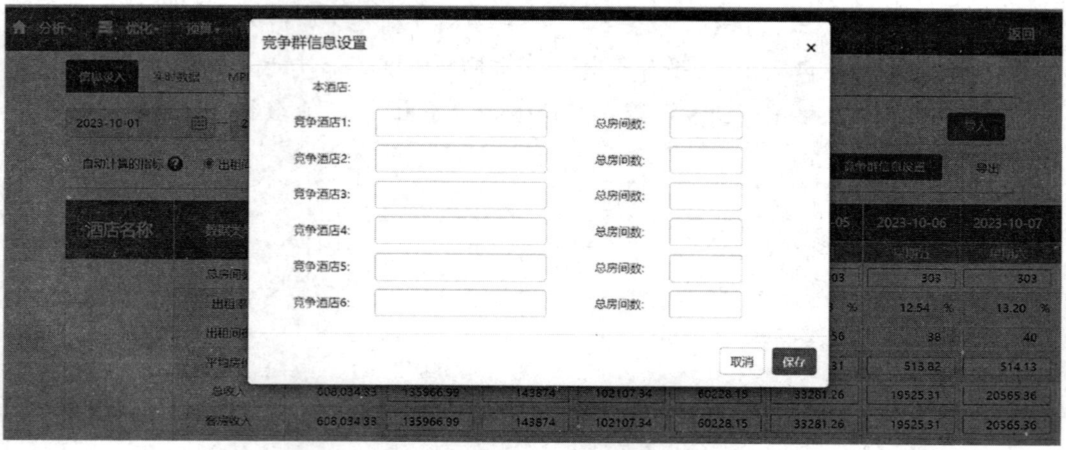

图 I–3　设置竞争群酒店信息

2. 竞争绩效评估指标数据对比

“市场表现—*MPI/ARI/RGI*”页面，选择“按月”“按年”或自定义时段，选择 *MPI*、*ARI* 或 *RGI*，点“查询”，可以表格或“图表”形式显示（并“导出”）相应指标的历史数据（图 I-4）。

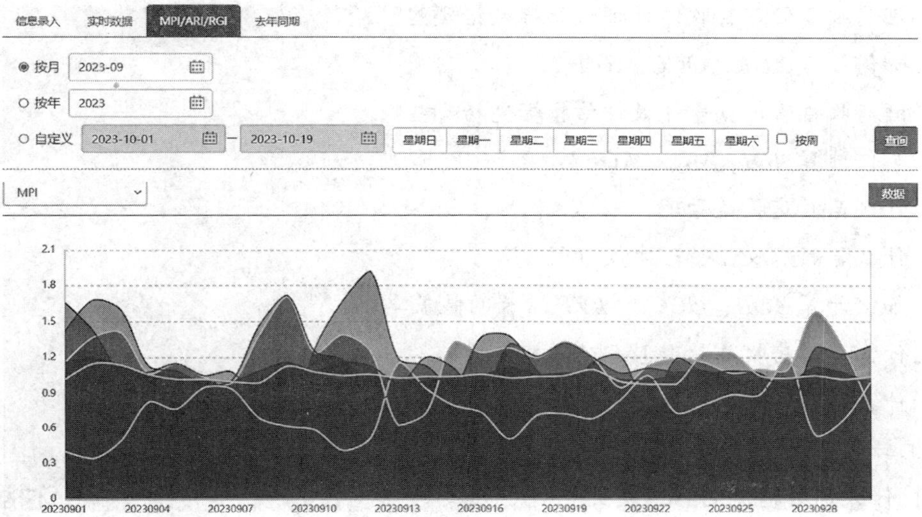

图 I-4　查询与对比 *MPI/ARI/RGI* 数据

3. 营收绩效评估指标数据对比

“市场表现—去年同期”页面，选择“按月”“按年”或自定义时段，选择 *ADR*、*RevPar* 或 *OccPct*，点“查询”，可以表格或“图表”形式显示（并“导出”）相应指标的历史数据（图 I-5）。

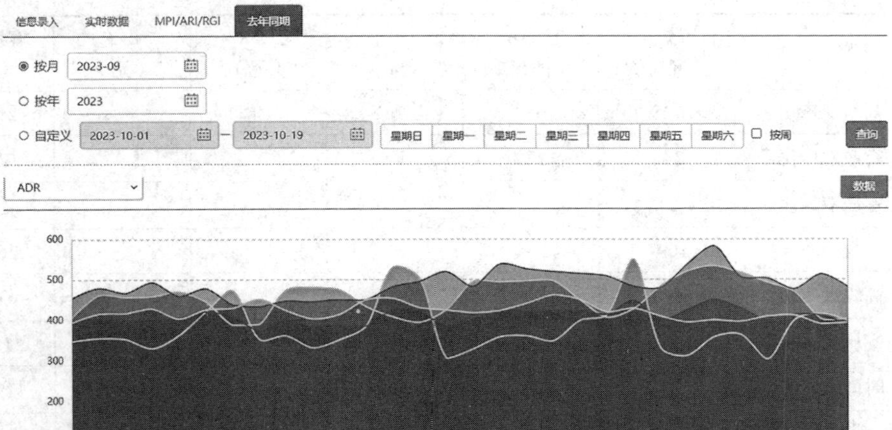

图 I-5　查询与对比 *ADR/RVP/OCC* 数据

Ⅱ. 练习与思考

一、练习题

1. 酒店收益管理营收绩效评估指标包括哪些?

2. 如何计算 *ADR*、*OCC*、*RVP*?

3. 酒店收益管理竞争绩效评估指标包括哪些?

4. 如何计算 *ADI*、*MPI*、*RGI*?

5. 什么是酒店收益管理“三算式”?

6. 什么是酒店收益管理决策方程?

7. 如何计算 *ADR*、*OCC* 对 *RVP* 增长的贡献率?

8. 什么是酒店收益管理 IAS 决策?

9. 什么是存量开发?什么是流量优化?

10. 什么是数量增长 IAS 决策?

11. 什么是结构优化 IAS 决策?

二、思考题

Z 酒店每周双床房、大床房销售的典型数据如表 2–ii 所示，回答以下问题:

1. 计算各类房型的 *OCC*、*ADR* 和 *RVP*，填入表格内。

2. 根据表格数据，Z 酒店房型结构是否需要优化调整?

表 2–ii　Z 酒店客房销售典型数据

房型		可售房（间夜）	已售房（间夜）	*OCC*（%）	*ADR*（元）	*RVP*（元）	客房收入（元）
双床房	高级双床房	728	620				215491
	行政双床房	348	129				48702
	零压双床房	21	5				1758
	小计	1097	754				265950
大床房	高级大床房	564	528				191492
	零压大床房	79	40				15514
	时尚大床房	42	33				12448
	小计	685	601				219454
合计		1782	1355				485405

第三章

客房定价与价格优化

章节导读

本章聚焦收益函数方程 $R=p \cdot Q$ 中的“p”，讲述价格管理。从客房定价的基本原理与一般方法切入，分别阐释运营成本与基础价格测算、基准价格确定与差别定价、动态变价以及线性价格反应函数的价格优化等问题。由线及面、从静至动、层层递进，逐步呈现价格管理的时空过程与算法轮廓。

学习目标

1. 掌握客房定价原理与基础价格测算方法。
2. 掌握产品差异与竞争力比对定价方法。
3. 掌握边际贡献推算目标出租率的方法。
4. 了解常见的市场细分及其价格定位。
5. 掌握差别价格体系的确定方法。
6. 掌握市场季节的聚类分析方法。
7. 了解简单变价法与分层变价法。
8. 掌握变价空间与季节变价系数的算法。
9. 掌握价格弹性以及弧弹性与点弹性算法。
10. 了解 Logistic 以及一元线性价格反应函数的特点。
11. 掌握基准价格的点弹性修正方法。
12. 了解基于弧弹性的最优价格推算方法。

内容导引

逻辑主线	内容	要点
客房价格	定价原理与方法	产品价值决定基础价格→成本导向定价 价值理解决定心理价格→需求导向定价 市场竞争决定均衡价格→竞争导向定价
	客房定价与反推出租率	运营成本→基础价格→明确价格管理底线 产品差异与竞争力比对定价→确定实际价格 实际价格反推出租率→明确容量管理底线
	市场细分与差别定价	需求的空间差异→市场细分→差别定价
价格优化	需求变化与动态变价	需求的时间差异→季节变价→随机变价
	基于线性函数的价格优化	需求变化→点弹性修正基准价格 线性函数的最优价格→变价空间与变价策略

导入案例

每年3月（经营淡季）的第一、二周，*OTA*散客对高级双床房需求的价格反应函数为Q=102.12−0.0796p。今年3月*OTA*散客的相应需求预测见下表。请在去年价格基础上，根据今年的需求预测，对每日房价做出修正。

年 \ DOW		1	2	3	4	5	6	7	1	2	3	4	5	6	7
去年	价格	383	402	369	375	775	940	531	479	537	542	511	1031	1221	685
	间夜	72	69	93	83	33	27	56	62	54	48	59	20	17	38
今年	需求	87	73	102	84	42	23	49	69	56	53	62	18	15	34
	价格														

第一节　客房定价基本方法

一、客房定价的基本原理

价格理论聚焦价格形成机制及其变动规律，是微观经济学的核心理论之一。微观经济学研究消费者、生产者和市场之间的关系，认为商品价格都是由消费者需求、生产者供给与市场交易三个要素共同决定的。消费者决定需求曲线，生产者决定供给曲线，市场交易决定竞争关系。客房产品定价的基本原理，需要从消费者、生产者与市场竞争三个方面寻找答案。

1. 产品价值决定基础价格

价值是价格的基础，价格是价值的货币表现。所谓“基础价格”，是指由产品价值直接决定的、没有叠加供求关系影响的价格。在其他条件不变的情况下，产品价值越大，基础价格越高；产品价值越小，基础价格越低。酒店客房产品的价值可以理解为使用价值或效用（满足人的欲望的能力），主要受环境条件、建筑面积、设计装修、设施设备、物品配置、服务配备等因素影响，并且以土地成本、建筑与硬件设施成本、劳动成本等货币化形式表现出来，从而决定着客房产品的基础价格。基础价格涉及各种成本、费用以及目标利润，一般为客房产品的下限价格（即盈亏平衡价格或目标利润价格）。

2. 价值理解决定心理价格

价值理解即效用判断，是指消费者对商品或服务使用价值的理解与主观判断，或者说是对消费特定商品或服务能够获得的满足感的评估与判断。价值理解是一种个体性的主观评判，与消费者的消费情境、需要程度、收入水平、心理偏好、经济环境等因素有关，因人、因事、因时、因地而有所不同。例如，在日常消费与极端情境下（如地处无人区缺水环境），相同消费者对同一瓶矿泉水的价值理解是不同的；不同消费者因自身情况不同，愿意为其支付的最高价格也是不一样的。客房产品也是如此。心理价格是消费者在特定情境下愿意支付的最高价格，一般为商品或服务（包括客房产品）的上限价格。

3. 市场竞争决定均衡价格

市场是商品或服务得以买卖的交易场所与制度安排。买、卖双方的存在是交易发生的前提，也是市场得以存在的必要条件。买方是无数的消费者（公众），卖方是众多的生产者（企业、厂商）。生产者以一定价格向消费者提供商品或服务，并为追求利润最大化而与其他企业展开竞争。消费者基于特定需求向生产者购买商品或服务，并为争取最大化利益而自主选择厂商。众多生产者相互竞争和无数消费者自主选择的结果，就是逐步形成市场均衡价格。在微观经济学中，均衡价格位于消费者需求曲线与生产者供给曲线的交叉点，是自由竞争环境下买卖双方达到均衡状态的行业平均价格。对处于市场竞争中的特定酒店企业而言，如果其客房产品的市场价格（即实际成交价格）等于均衡价格，则可获取行业平均利润或收益。如果其市场价格高于均衡价格，则可获得行业超额利润或收益。

二、客房定价的一般方法

从经济行为“三要素”出发，客房产品定价存在生产者、消费者和市场三个维度，即客房价格由产品价值、价值理解和市场竞争共同决定。客房产品定价由此包括三种方法，即成本导向定价（生产者维度）、需求导向定价（消费者维度）和竞争导向定价（市场维度）。其中的逻辑关系，如图 3-1 所示。

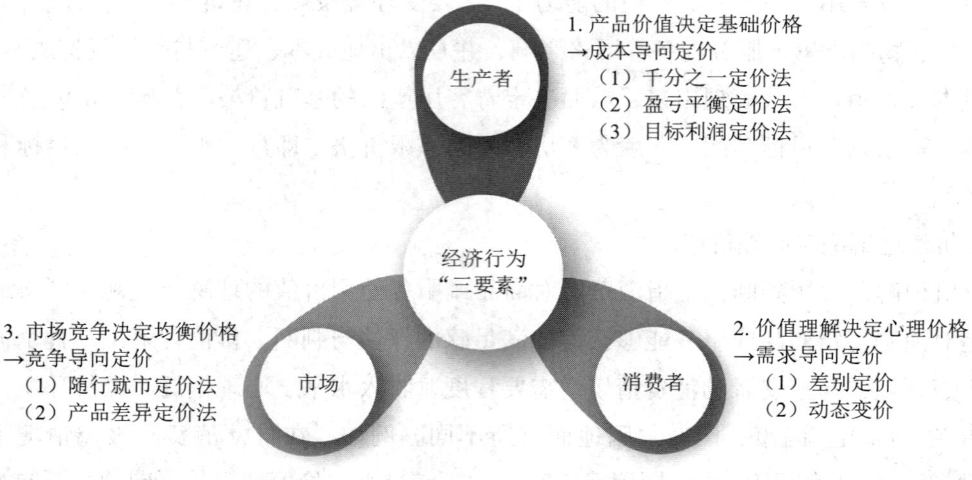

图 3-1　定价原理与定价方法

1. 成本导向定价

（1）千分之一定价法

千分之一定价法也称“千分之一律”，是以酒店建造总成本为依据，对客房价格的一般水平进行估算的方法。酒店建造总成本包括土地使用费用、建造装修成本，以及设备采购安装、经营用品采购配置成本等。千分之一定价法的计算公式是：

$$客房价格 = \frac{酒店建造总成本}{酒店客房总数} \times 1‰ \tag{3-1}$$

投资建造新酒店时，往往采用千分之一律估算客房价格的大致水平。例如，某酒店建造总成本预算为 1 亿元，客房总数 200 间。代入公式（3-1）计算，可得该酒店客房价格的一般水平为 500 元 / 间。

千分之一定价法隐含的假设条件，是酒店客房平均出租率 60%，且 5 年回收建造总成本。以此计算客房价格可得乘数 1/1095，约等于 1‰。演算过程如下：

$$客房价格 = \frac{酒店建造总成本}{酒店客房总数 \times 60\% \times 365 \times 5}$$
$$= \frac{酒店建造总成本}{酒店客房总数} \times \frac{1}{1095}$$
$$\cong \frac{酒店建造总成本}{酒店客房总数} \times 1‰$$

（2）盈亏平衡定价法

盈亏平衡定价法即“保本点定价法”或保本价计算法，是根据客房运营业务的总成本确定保本点的价格水平，以明确客房价格管理的低价边界。客房业务的运营总成本包括固定成本与变动成本，摊到每间夜（每间房每一天）即为单位成本（每间夜成本）。再将税费考虑进去，盈亏平衡定价法的计算公式为：

$$盈亏平衡价 = \frac{单位成本}{1-税率} \tag{3-2}$$

按照规定，酒店住宿服务一般纳税人按照 6% 的税率计征增值税，小规模纳税人增值税率为 3%。

（3）目标利润定价法

目标利润定价法即目标回报（target-return）定价法，是根据客房运营业务的总成本与目标利润，来确定客房价格平均水平的定价方法。将客房运营业务的目标利润分摊到每间房每一天，可得到单位目标利润（每间夜目标利润）；再将住宿服务的税费考虑进去，目标利润定价的计算公式可表示为：

$$目标利润价 = \frac{单位成本 + 单位目标利润}{1-税率} \tag{3-3}$$

2. 需求导向定价

（1）差别定价法

差别定价法也称“空间差异定价法”，就是根据客房产品市场需求的“空间”差异来确定酒店客房价格。消费者是客房价格的实际支付者，是客房价格赖以存在的“空间”。客房需求的空间差异就是消费者差异。消费者的经济能力与消费偏好不同，对同一客房产品的价值理解与效用评估不同，其愿意支付的最高价格（心理价格）也就大不相同。差别定价法就是根据消费者对相同产品的心理价格差异，采用科学的、合理的方式，对不同的消费者收取不同的费用——以不同价格销售相同产品。所谓“科学的、合理的方式”，就是对所有消费者一视同仁、公平公正的方式，能够规避引发“消费歧视”“消费者歧视”等道德或法律风险的方式。

（2）动态变价法

动态变价法也称“时间差异定价法”，是根据客房产品市场需求的时间差异来动态地调整客房价格。酒店客房产品需求的时间差异是显而易见的。例如，位于旅游城市或旅游风景区的度假酒店，其客房产品需求会随旅游季节的变化而变化。当地旅游市场进入旺季时，旅游者大量涌入，酒店客房产品需求会变得旺盛，甚至供不应求、“一房难求”。而当地旅游市场进入淡季时，旅游者可能数量寥寥，客房产品的需求也随之转淡，空置率高企。不仅是旅游城市或度假酒店，各地、各类酒店的市场需求，都或多或少具有季节性或随机性差异。动态变价就是要预测并跟随市场需求的动态变化，对原有价格做出因应性调整——而不是制订新的价格。因此，严格来说，动态变价不是定价方法，而是一种价格优化方法。

3. 竞争导向定价

（1）随行就市定价法

随行就市定价法也称“通行价格定价法”，具体包括两种定价方式。其一是“平均价格定价法”，就是参考竞争群酒店客房的平均价格，来确定本酒店客房的市场价格。其基本思想是使客房价格与竞对房价平均水平保持一致，避免与竞争对手发生激烈对抗而陷入削价竞争、过度竞争的不利局面，并防止因价格过高而导致目标客群流失的潜在风险。另外，由于竞对酒店的平均价格水平接近于市场均衡价格，而后者又是供需双方反复博弈后的结果，所以比较容易为消费者所接受。

“平均价格定价法”有助于维护市场秩序、稳定目标客流，为本酒店获取市场平均利润提供一般性保障。但它忽略了本酒店可能存在的竞争优势，是一种略为保守的定价策略。当本酒店相较于竞对酒店具有相当强的竞争优势时，可以采取随行就市定价法的第二种方式——“价格追随定价法”。即基于本酒店客观存在的竞争优势，采用或追随竞争群领导（领先）企业的价格，以此确定本酒店的客房产品价格。有效实施价格追随定价法的关键，是要对本酒店的竞争优势进行科学、合理、充分的评估，不然有可能陷入客流稀少、空置过高的被动局面。

（2）产品差异定价法

个体意味着差异，消费者的个体特征与需求偏好是千差万别的。通过研究目标客群的消费心理与需求特征，设计开发强用户感知、高价值理解的差异化产品，可以提高产品竞争力与市场感召力，使企业在市场竞争中占据有利地位。产品差异化，因此成为市场营销与竞争应对的基本策略。在任一竞争群中，酒店企业之间的产品差异都是客观存在的，只不过这种差异性的市场价值大小各异。产品差异定价法，就是在对本酒店客房产品进行系统摸排，以及与竞对产品做差异性与竞争力比对的基础上，客观评估其市场价值并比对竞争对手价格，确定本酒店客房产品的市场价格。其操作方法如表 3-1 所示。

表 3-1　产品差异定价法

产品摸排		基础价格策略	竞争力比对	市场价格确定
类型	特征			
引流产品	存在物理欠缺或设计短板、市场竞争力弱	价格可低至盈亏平衡价附近	从客房面积、舒适度与景观环境等方面，对三类客房产品做竞争力比对	引流价比对定价
守价产品	产品数量多、销售量占比高的主力房型	以目标利润价为价格底线		主力房型价格比对定价
增收产品	产品差异化价值高、市场竞争力强	努力趋近心理上限价格		竞对高价比对定价

产品差异定价法的基本思想，就是将产品差异的需求适配性与市场竞争力统一起来，判断其差异化价值并确定其市场价格，从而发挥本酒店产品的竞争优势，最大化企业收益。产品差异定价的基础是产品摸排，即对本酒店客房产品进行全面的摸底调查，掌握不同房型的物理特征与长短优缺，并确定相应的基础价格策略。酒店“主力”房型通常为“守价”产品，一般以目标利润价为价格底线。存在明显的物理欠缺或设计短板、市场竞争力薄弱的房型，通常作为“引流”产品，价格可低至盈亏平衡价附近。而产品差异化价值高、市场竞争力强的房型，往往被视为“增收”产品而采取高溢价策略。对产品差异化价值及其市场竞争力做出科学评估，是有效实施产品差异定价法的关键所在。

第三节　客房定价与反推出租率

一、测算客房运营成本

1. 客房运营成本分类

（1）固定成本（FC）

固定成本（FC：Fixed Cost）是指在一定时期和一定业务量范围内，成本总额不会随着客房销售量变化而发生改变的成本。主要包括固定资产折旧、设施设备折旧、物业租金、人员费用、管理费用、贷款利息等。客房运营的年固定成本总额一般是保持不变的。采用成本导向定价时，需要将年固定成本总额分摊到每间夜，计算单位（每间夜）固定成本。其算法公式是：

$$单位固定成本=\frac{年固定成本总额}{酒店客房总数（间）\times 年均出租率 \times 365（夜）} \quad (3\text{-}4)$$

由于分子保持不变，而分母中的“年均出租率”是变化的，单位固定成本与客房出租率呈反向变动关系。即酒店年均出租率越高，客房销售的间夜数量越多，单位固定成本就越小；反之亦然。

（2）变动成本（VC）

变动成本（VC：Variable Cost），是指在相关范围内，成本总额会随着客房销量变化而呈线性变动的成本。对制造业企业而言，其变动成本一般是指各种变动生产要素的费用支出，如原材料支出、能源成本、运输费用和劳务成本等。而客房运营业务的变动成本，则主要包括水电费成本、客用易耗品成本、布草洗涤费用等。每间住房（occupied）每天消耗的这些成本费用数量小且差别不大。但随着住房数量的增加，成本费用会随之增加。换句话说，客房运营业务的单位变动成本是相对固定的，但变动成本总额会随客房销量的增加而增加。

2. 运营成本与客房价格

按照客房定价的基本原理与一般方法，在不考虑税费的情况下，客房的保本价（盈亏平衡价）就等于单位固定成本与单位变动成本之和，这是客房运营业务的价格下限。由于单位固定成本随着销量增加而下降，保本价格线也是随着销量增加而下降（图 3-2）。在市场机制作用下，竞争群会逐渐形成市场均衡价格。以市场均衡价格作为实际成交价格，可获取市场平均利润。其中，酒店客房销量越大，单位利润就越高。但收益管理定价的最终目标，不是确保本酒店获取市场平均利润，而是要尽可能地洞悉消费者的心理价格，将客房产品的市场价格最大限度地逼近上限价格，从而实现酒店收益与企业利润最大化。

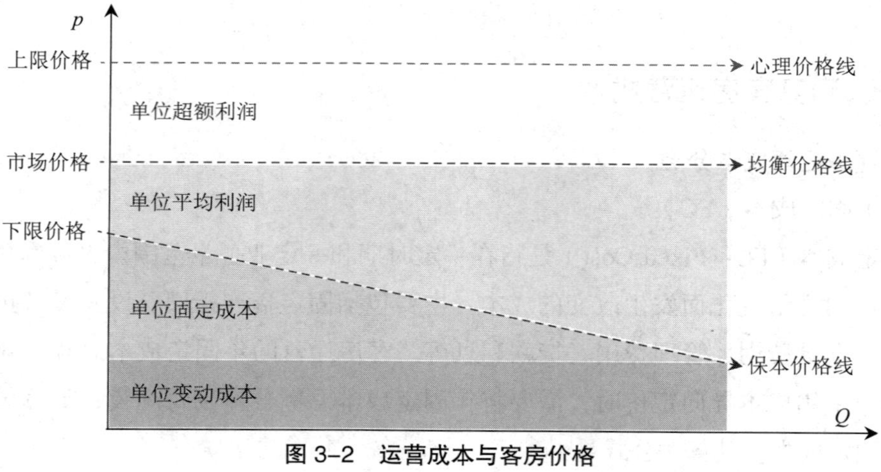

图 3-2　运营成本与客房价格

3. 测算客房运营总成本

【算法演示 1】

【例题】运营成本测算

M 酒店共有 100 间客房，物业租金每年 100 万元。装修费用总额 1100 万元，设备采购安装费用总额 600 万元，回收期均为十年。其他费用如表 3–2 所示。假设客房年出租率 60%，测算 M 酒店的年运营成本。

表 3–2　M 酒店年运营成本测算

项目		平均金额（元）	人数（人）	月数	金额（元）	备注
薪资	店长	28000	1	12		—
	运营管理	13800	1	12		—
	部门管理	11800	3	12		—
	行政事务	4600	4	12		—
	前台服务	4200	5	12		—
	客房服务	3800	15	12		—
	PA 保洁	3600	3	12		—
	酒店安保	3700	4	12		—
	财务人员	4800	5	12		—
	设备维护	4200	4	12		
	其他人员	4200	3	12		—
福利	食宿补贴	800	48	12		每人每月餐补 200 元、住宿补贴 600 元
	交通补贴	300	48	12		每人每月交通补贴 300 元
	其他福利	5500	48	—		每人每年生日礼金 500 元，节日礼金 5000 元
网络使用费		—	—	—		每年 15000 元
管理费用		35000	—	12		企业管理费，管理规费
物业租金		—	—	—		每年 100 万元
装修折旧		—	—	—		装修费用总额 1100 万元，10 年回收
设备折旧		—	—	—		设备采购总费用 600 万元，10 年回收
年固定成本合计						—
布草洗涤费用		8	—	—	—	按平均每间夜 8 元测算
客房易耗品		8	—	—	—	按平均每间夜 8 元测算

续表

项目	平均金额（元）	人数（人）	月数	金额（元）	备注
维护维修	5	—	—	—	按平均每间夜 5 元测算
水费	2.5	—	—	—	按单价 5 元 / 吨，每间夜消耗 0.5 吨水测算
电费	13.5	—	—	—	按单价 0.9 元 / 度，每间夜消费 15 度电测算
单位变动成本		年变动成本合计			按出租率 60% 测算年变动成本
年运营成本合计					—

注：请扫描上方二维码，下载配套 Excel 文件。

【演示】

1. 在 G3 输入“=D3×E3×F3”，点击“Enter”，算出“店长”年薪资总额（图 3-3）。

1	B	C	D	E	F	G	H
2	项目		平均金额（元）	人数（人）	月数	金额（元）	备注
3		店长	28000	1	12	=D3×E3×F3	—
4		运营管理	13800	1	12		—
5		部门管理	11800	3	12		—
6		行政事务	4600	4	12		—
7		前台服务	4200	5	12		—
8	薪资	客房服务	3800	15	12		—
9		PA保洁	3600	3	12		—
10		酒店安保	3700	4	12		—
11		财务人员	4800	5	12		—
12		设备维护	4200	4	12		—
13		其他人员	4200	3	12		—

图 3-3　计算“店长”年薪资总额

2. G3 右下角“+”下拉，计算出其他人员年薪资总额。

3. 计算员工福利费用、管理费用。

4. 在 G18 处填入网络使用费“15000”元，G20 处填入年物业租金“1000000”元，G21、G22 分别填入装修折旧“1100000”元、设备折旧“600000”元。

5. 在 G22 输入“=SUM（G3：G21）”，点击“确定”，得到年固定成本合计值（图 3-4）。

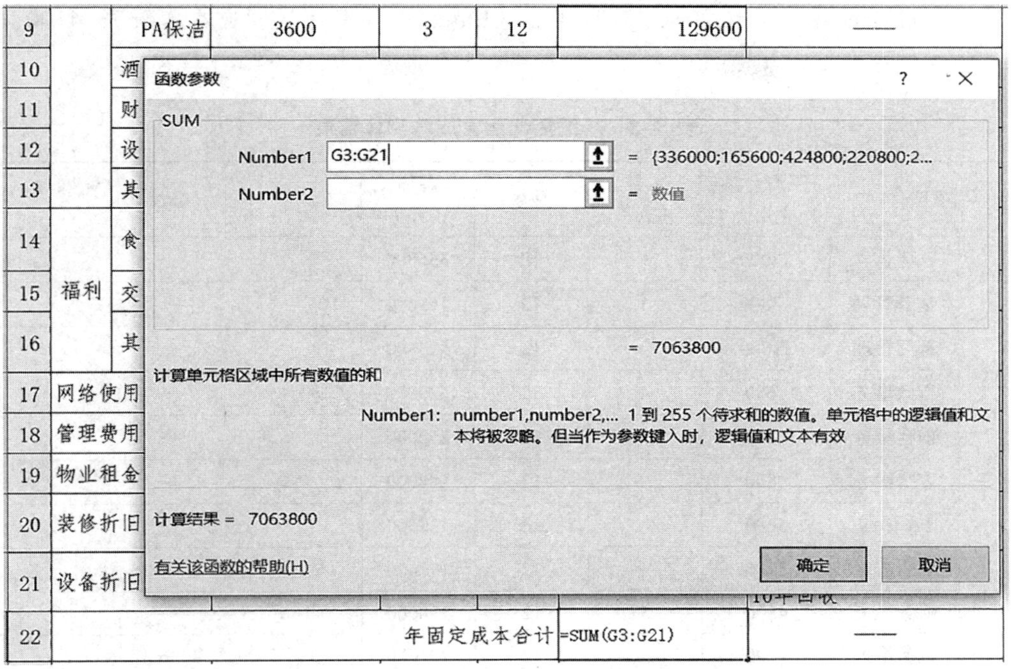

图 3–4 计算年固定成本总额

6. 在 D28 处输入“=SUM（D23：D27）”，点击“Enter”，得到单位变动成本。

7. 在 G28 处输入“=D28×100×365×0.6”，点击“Enter”，得到年变动成本总额（图 3–5）。

19	物业租金	—	—	—	1000000	每年100万元
20	装修折旧	—	—	—	1100000	装修费用总额1100万元，10年回收
21	设备折旧	—	—	—	600000	设备采购总费用600万元，10年回收
22			年固定成本合计		7063800	—
23	布草洗涤费用	8	—	—	—	按平均每间夜8元测算
24	客房易耗品	8	—	—	—	按平均每间夜8元测算
25	维护维修	5	—	—	—	按平均每间夜5元测算
26	水费	2.5	—	—	—	按单价5元/吨，每间夜消耗0.5吨水测算
27	电费	13.5	—	—	—	按单价0.9元/度，每间夜消费15度电测算
28	单位变动成本	37	年变动成本合计		=D28×100×365×0.6	按出租率60%测算年变动成本
29	年运营成本合计					—

图 3–5 计算年变动成本总额

8. 在 G31 处输入"=G29+G23"，点击"Enter"，得到年运营成本总额 7874100 元。计算结果如表 3-3 所示。

表 3-3 M 酒店年运营成本测算结果

项目		平均金额（元）	人数（人）	月数	金额（元）	备注
薪资	店长	28000	1	12	336000	—
	运营管理	13800	1	12	165600	—
	部门管理	11800	3	12	424800	—
	行政事务	4600	4	12	220800	—
	前台服务	4200	5	12	252000	—
	客房服务	3800	15	12	684000	—
	PA 保洁	3600	3	12	129600	—
	酒店安保	3700	4	12	177600	—
	财务人员	4800	5	12	288000	—
	设备维护	4200	4	12	201600	—
	其他人员	4200	3	12	151200	—
福利	食宿补贴	800	48	12	460800	每人每月餐补 200 元、住宿补贴 600 元
	交通补贴	300	48	12	172800	每人每月交通补贴 300 元
	其他福利	5500	48	—	264000	每人每年生日礼金 500 元，节日礼金 5000 元
网络使用费		—	—	—	15000	每年 15000 元
管理费用		35000	—	12	420000	企业管理费，管理规费
物业租金		—	—	—	1000000	每年 100 万元
装修折旧		—	—	—	1100000	装修费用总额 1100 万元，10 年回收
设备折旧		—	—	—	600000	设备采购总费用 600 万元，10 年回收
年固定成本合计					7063800	—
布草洗涤费用		8	—	—	—	按平均每间夜 8 元测算
客房易耗品		8	—	—	—	按平均每间夜 8 元测算
维护维修		5	—	—	—	按平均每间夜 5 元测算
水费		2.5	—	—	—	按单价 5 元 / 吨，每间夜消耗 0.5 吨水测算
电费		13.5	—	—	—	按单价 0.9 元 / 度，每间夜消费 15 度电测算
单位变动成本		37	年变动成本合计		810300	按出租率 60% 测算年变动成本
年运营成本合计					7874100	—

【同步练习 1】

【习题】运营成本测算

N 酒店共有 120 间客房，物业租金每年 132 万元。装修费用支出 1200 万元，设备采购安装费用 720 万元，回收期均为十年。其他费用如表 3-4 所示。假设客房年出租率 60%，测算 N 酒店的年运营成本。

表 3-4　N 酒店年运营成本测算

项目		平均金额（元）	人数（人）	月数	金额（元）	备注
薪资	店长	28800	1	14		—
	运营管理	14800	1	14		—
	部门管理	12800	3	14		—
	行政事务	4500	4	14		
	前台服务	4300	6	14		—
	客房服务	4100	18	14		—
	PA 保洁	3700	4	14		—
	酒店安保	4200	5	14		—
	财务人员	4500	6	14		—
	设备维护	4300	5	14		—
	其他人员	4000	3	14		—
福利	食宿补贴	1200	56	12		每人每月餐补 400 元、住宿补贴 800 元
	交通补贴	500	56	12		每人每月交通补贴 500 元
	其他福利	7000	56	—		每人每年生日礼金 1000 元，节日礼金 6000 元
网络使用费		—	—	—		每年 15000 元
管理费用		38000	—	12		企业管理费，管理规费
物业租金		—	—	—		每年 132 万元
装修折旧		—	—	—		装修费用总额 1200 万元，10 年回收
设备折旧		—	—	—		设备采购总费用 720 万元，10 年回收
年固定成本合计						—
布草洗涤费用		7.9	—	—	—	按平均每间夜 7.9 元测算
客房易耗品		10	—	—	—	按平均每间夜 10 元测算
维护维修		5	—	—	—	按平均每间夜 5 元测算
水费		2.9	—	—	—	按单价 5.8 元 / 吨，每间夜消耗 0.5 吨水测算

续表

项目	平均金额（元）	人数（人）	月数	金额（元）	备注
电费	16.2	—	—	—	按单价 1.08 元 / 度，每间夜消费 15 度电测算
单位变动成本		年变动成本合计			按出租率 60% 测算年变动成本
年运营成本合计					—

注：请扫描上方二维码，下载配套 Excel 文件。

二、测算客房的基础价格

准确测算客房运营成本，有助于在不同市场环境与出租率水平下，明确相应盈亏平衡点与目标利润点的价格水平，把握客房运营与收益管理的平均价格底线。为达到这一目标，需要在客房运营成本测算的基础上，将“年固定成本合计”摊到每间夜计算出“单位固定成本”，然后根据盈亏平衡定价法（算式 3–2）和目标利润定价法（算式 3–3），计算不同出租率水平与特定利润目标下客房运营的基础价格。

【算法演示 2】

【例题】客房基础价格测算

M 酒店共有 100 间客房，物业租金每年 100 万元。装修费用支出 1100 万元，设备采购安装费用 600 万元，回收期均为十年。其他费用如表 3–2 所示。

1. 按年出租率 60%、税率 6%，年目标利润 200 万元，测算盈亏平衡价与目标利润价（表 3–5）。

2. 按税率 6%、年目标利润 200 万元，测算不同出租率水平下的盈亏平衡价与目标利润价。

表 3–5　M 酒店客房基础价格测算

（单位：元）

出租率	单位固定成本	单位变动成本	税率	盈亏平衡价	单位目标利润	目标利润价
100%			6%			
90%			6%			
80%			6%			
70%			6%			
60%			6%			

续表

出租率	单位固定成本	单位变动成本	税率	盈亏平衡价	单位目标利润	目标利润价
50%			6%			
40%			6%			
30%			6%			
20%			6%			

注：完整表格请扫描上方二维码，下载配套 Excel 文件。

【演示】

1. 在配套 Excel 文件中，“单位变动成本”位于 D28。在“算法套表”的 L3 格输入“=D28”，引用单位变动成本。

2. 在配套 Excel 文件中，“年固定成本合计”位于 G22，在“算法套表”的 K3 格输入“=G22/（100×365×J3）”，点击“Enter”，得到单位固定成本（图 3–6）。

1	J	K	L	M	N	O	P
2	出租率	单位固定成本	单位变动成本	税率	盈亏平衡价	单位目标利润	目标利润价
3	60%	=G22/（100×365×J3）	37	6%			

图 3–6　计算单位固定成本

3. 根据算式（3–2），在“算法套表”的 N3 格输入“=（K3+L3）/（1–M3）”，点击“Enter”，得到盈亏平衡价（图 3–7）。

1	J	K	L	M	N	O	P
2	出租率	单位固定成本	单位变动成本	税率	盈亏平衡价	单位目标利润	目标利润价
3	60%	323	37	6%	=（K3+L3）/（1-M3）		

图 3–7　计算盈亏平衡价

4. 在“算法套表”O3 格输入“=2000000/（100×365×J3）”，点击“Enter”，得到单位目标利润（图 3–8）。

1	J	K	L	M	N	O	P
2	出租率	单位固定成本	单位变动成本	税率	盈亏平衡价	单位目标利润	目标利润价
3	60%	323	37	6%	382	=2000000/（100×365×J3）	

图 3–8　计算单位目标利润

5. 在“算法套表”P3 格输入“=（K3+L3+O3/（1–M3）”，点击“Enter”，得到目

标利润价（图 3-9）。

1	J	K	L	M	N	O	P
2	出租率	单位固定成本	单位变动成本	税率	盈亏平衡价	单位目标利润	目标利润价
3	60%	323	37	6%	382	91	=(K3+L3+O3)/(1-M3)

图 3-9 计算目标利润价

6. 复制“算法套表”K3 至 P3，点击 K11（对应出租率 60%），右击鼠标选择“选择性粘贴”—“数值”—“确定”（图 3-10），填充表 3-5 数值。

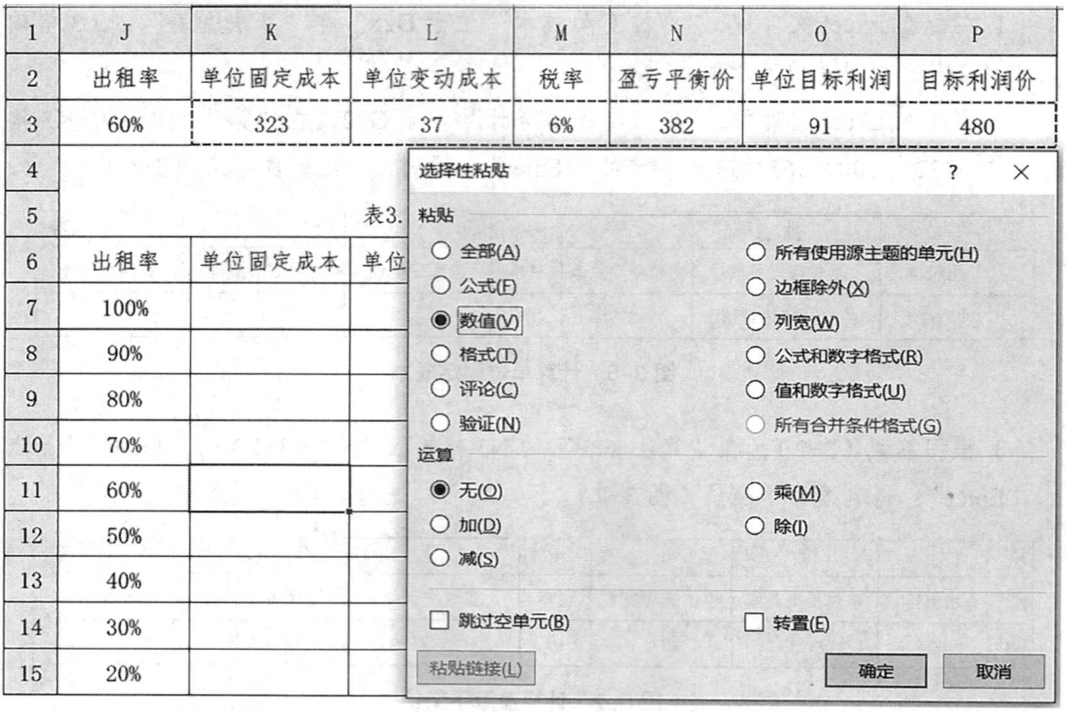

图 3-10 选择性粘贴数值

7. 将“算法套表”J3 格数值“60%”更改为“100%”，点击“Enter”，得到出租率相应的盈亏平衡价与目标利润价（图 3-11）。采用选择性粘贴，复制到表 3-5。

1	J	K	L	M	N	O	P
2	出租率	单位固定成本	单位变动成本	税率	盈亏平衡价	单位目标利润	目标利润价
3	100%	194	37	6%	245	55	304

图 3-11 更改出租率套算相应价格

8. 重复以上操作，得到表 3-6 所示的计算结果。

表 3-6 M 酒店客房基础价格测算结果

（单位：元）

出租率	单位固定成本	单位变动成本	税率	盈亏平衡价	单位目标利润	目标利润价
100%	194	37	6%	245	55	304
90%	215	37	6%	268	61	333
80%	242	37	6%	297	68	370
70%	276	37	6%	333	78	417
60%	323	37	6%	382	91	480
50%	387	37	6%	451	110	568
40%	484	37	6%	554	137	700
30%	645	37	6%	726	183	920
20%	968	37	6%	1069	274	1360

【同步练习 2】

【习题】客房基础价格测算（表 3-7）

N 酒店共有 120 间客房，物业租金每年 132 万元，装修费用支出 1200 万元，设备采购安装费用 720 万元，回收期均为十年。其他费用如表 3-4 所示。

1. 按年出租率 60%、税率 6%，年目标利润 240 万元，测算盈亏平衡价与目标利润价。

2. 按税率 6%、年目标利润 240 万元，测算不同出租率水平下的盈亏平衡价与目标利润价。

表 3-7 N 酒店客房基础价格测算

（单位：元）

出租率	单位固定成本	单位变动成本	税率	盈亏平衡价	单位目标利润	目标利润价
100%			6%			
90%			6%			
80%			6%			
70%			6%			
60%			6%			

续表

出租率	单位固定成本	单位变动成本	税率	盈亏平衡价	单位目标利润	目标利润价
50%			6%			
40%			6%			
30%			6%			
20%			6%			

注：完整表格请扫描上方二维码，下载配套 Excel 文件。

三、确定客房的市场价格

1. 产品摸排与策略设定

按照产品差异定价法的操作要领，首先需要对客房产品进行系统摸排，掌握不同房型的物理特征与长短优缺（参见表 3-1），以判断其差异化价值并确定基础价格策略，以及相应的收益管理与客房销售策略。以下继续以 M 酒店为例进行算法演示。

【算法演示 3】

【例题】产品摸排与策略设定

M 酒店位于 D 市湖滨路。南面为凤栖湖生态旅游区，风景秀丽；北面为城市景观，远眺青山。酒店共有客房 100 间；其中双床房 60 间、大床房 40 间。经过系统摸排，M 酒店客房产品的物理特征，以及相应的价格等级与策略设定，如表 3-8 所示。

【同步练习 3】

【习题】产品摸排与策略设定

N 酒店共有 120 间客房，含双床房、大床房各 60 间。其房型结构大致如表 3-9 所示。请进行以下操作：

1. 利用携程旅行网的“位置区域”与“星级价格”搜索键，在你喜欢或你熟悉的区域，搜索 4 家主力房型“线上支付、无早（不含早餐）”价格在 700~900 元的酒店。

2. 以目标区域内你喜欢或熟悉的一家酒店为参考，根据表 3-9，丰富并完善“N 酒店”信息，与上述 4 家酒店组成竞争群。

3. 参照【算法演示 3】，填写表 3-9，对“N 酒店”进行产品摸排与策略设定。表格中的房型名称及其数量可以视情况修改，但客房总数保持在 120 间不变。

表 3-8　M 酒店客房产品摸排与策略设定

序号	类别	房型	数量（间）	面积（m^2）	朝向	床面规格	窗型	房型特点与景观特征	基础价格策略	收益管理策略	价格等级	销售策略
1	双床房	城景悦享双床房	5	32	西北	1.20m × 2m	落地大窗	靠近电梯，城市灯火	引流产品，保本价附近	低价引流，拓宽价格	1	平级销售，可升级，不可降级
2		全景雅享双床房	5	35	东北			安静，城景，部分湖景			2	可升级，不宜降级
3		城景尊享双床房	20	40	正北			城市灯火，远眺青山	守价产品，以目标利润价为底线	稳住均价和出租率	3	平级销售，可升级，不可降级
4		湖景尊享双床房	20	40	正南			湖光山色，天光云影			4	可升级，谨慎降级
5		城景奢享双床房	5	46	正北	1.38m × 2m		城市灯火，远眺青山	增收产品，努力趋近心理上限价格	争夺高溢价流量	5	可升级，谨慎降级
6		湖景奢享双床房	5	46	正南			湖光山色，天光云影			6	平级销售，谨慎降级
7	大床房	湖景悦享大床房	5	32	西南	1.8m × 2m	落地大窗	靠近电梯，湖光山色	引流产品，保本价附近	低价引流、拓宽价格	1	平级销售，可升级，不可降级
8		全景雅享大床房	5	35	东南			安静，湖景，部分城景			2	可升级，不宜降级
9		城景尊享大床房	10	40	正北			城市灯火，远眺青山	守价产品，以目标利润价为底线	稳住均价和出租率	3	平级销售，可升级，不可降级
10		湖景尊享大床房	10	40	正南			湖光山色，天光云影			4	可升级，谨慎降级
11		城景奢享大床房	5	46	正北	2m × 2m		城市灯火，远眺青山	增收产品，努力趋近心理上限价格	争夺高溢价流量	5	可升级，谨慎降级
12		湖景奢享大床房	5	46	正南			湖光山色，天光云影			6	平级销售，谨慎降级

表 3–9 N 酒店客房产品摸排与策略设定

序号	类别	房型	数量（间）	面积（m^2）	朝向	床面规格	窗型	房型特点与景观特征	基础价格策略	收益管理策略	价格等级	销售策略
1	双床房	高级双床房	5	35							1	
2		行政双床房	10	35							2	
3		豪华双床房	20	42							3	
4		精品双床房	15	42							4	
5		尊贵双床房	10	48							5	
6	大床房	高级大床房	5	35							1	
7		行政大床房	10	35							2	
8		豪华大床房	20	42							3	
9		精品大床房	15	42							4	
10		尊贵大床房	10	48							5	

注：本表高级房（双床或大床）设定为“瑕疵房”（如靠近电梯、内窗或结构缺陷等）。同步练习时可视情况修改房型名称与数量，但客房总数保持 120 间不变。

2. 产品差异与竞争力比对定价

客房产品价值依赖于消费者主观评估与心理判断。酒店位置与周边环境、建筑设计与设施设备、品牌文化与服务质量等，都会对消费者住宿体验以及客房产品竞争力造成不同程度影响。其中，酒店的地理位置、周边环境以及新旧程度等，在一定程度上体现了酒店的市场吸引力与总体竞争力。另外，《旅游饭店星级的划分与评定》（GB/T 14308—2010），从布草规格与质量、床垫软硬程度、温度与相对湿度、隔音效果、窗帘设计与遮光效果等十个方面，对“客房舒适度”进行评分（其分数占比如图 3-12 所示），也可作为客房产品竞争力比对的一种参考。

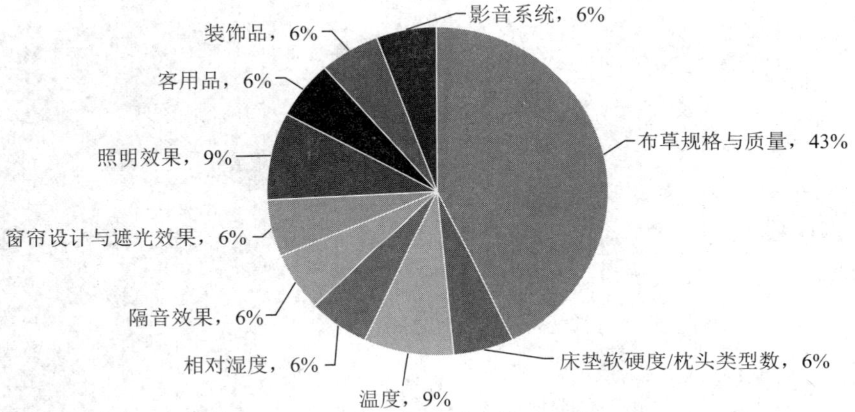

图 3-12 “客房舒适度”的评分项及其分数占比[①]

科学的客房产品差异与竞争力比对定价，需要以充分的现场体验、深入的实地调研为基础，综合分析各竞对酒店的客房产品差异与市场竞争力，通过价格比对分别确定本酒店三类产品价格。具体操作可分以下三步进行。

第一，进行竞争群酒店市场竞争力比对，内容涉及地理位置、周边环境、新旧程度、品牌文化、服务质量、网评分数等，分析竞对酒店的目标市场差异并确定竞对选择的合理性，判断各竞对酒店的市场吸引力与综合竞争力。

第二，选择部分关键性指标（如客房面积、装修时间、客房景观、设施设备等），进行客房产品差异与市场竞争力比对。根据本酒店的产品摸排与策略设定，参考竞对酒店的客房产品价格，分别确定本酒店三类产品的初步价格。

第三，以酒店综合竞争力与“客房舒适度”为重点，深入竞对酒店进行现场调研与实地体验，并结合消费者的网评资料，对竞争群各酒店的产品差异与竞争力情况进行补充与完善，修正并最终确定本酒店三类客房产品的市场价格。

① 注：各评分项分数占比之和大于 100%，为百分数四舍五入取整所致。

【算法演示 4】

【例题】产品差异与竞争力比对定价

M 酒店位于湖滨商圈。商圈南面紧邻凤栖湖生态旅游区。东面为森林公园，与凤栖湖相连。北面与西面为城市与街道。M 酒店竞争群有 A、B、C、D 四家竞争酒店。竞争群各酒店的地理位置以及周边环境如图 3-13 和表 3-10 所示。各酒店的基础条件（软件、硬件）以及客房产品情况，分别如表 3-11 和表 3-12 所示。

请对 M 酒店进行产品差异与竞争力比对定价。

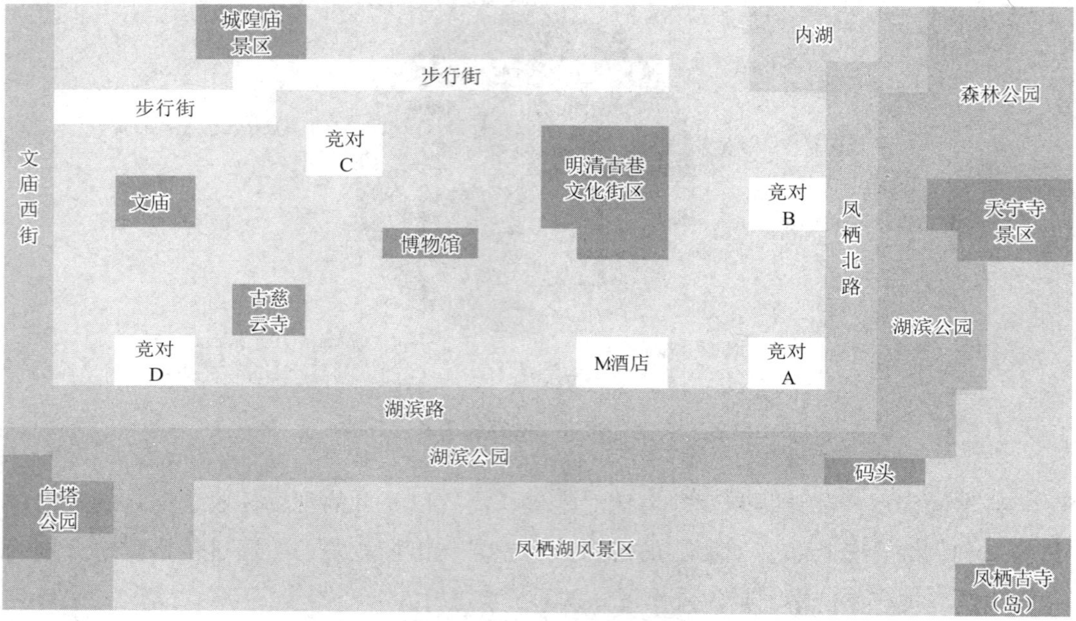

图 3-13　M 酒店竞争群地理位置示意

【演示】

1. M 酒店竞争群总体竞争力比对

（1）地理位置比对

酒店的地理位置决定了周边环境以及相关资源触达情况。根据图 3-13，按照 500 米、1000 米、1500 米和 2500 米的地理半径，将竞争群各酒店可以触达的旅游景点整理如表 3-10 所示。从表中可知，竞争群酒店虽然位置不同、优势各异，但由于湖滨商圈的地理范围不大、旅游景点也相对集中，目标市场的差异性以及对目标客群吸引力差距并不大。从总体上说，各酒店的地理位置竞争力比较接近。

表 3-10 M 酒店竞争群地理位置比对

竞对	地理位置	资源触达			
		500 米内	1000 米内	1500 米内	2500 米内
M 酒店	湖滨路中	湖滨公园、博物馆、明清古巷	古慈云寺、文庙、步行街、城隍庙、森林公园、天宁寺、游船码头	白塔公园	
竞对 A	湖滨路东	湖滨公园、游船码头	古慈云寺、博物馆、明清古巷，步行街、森林公园、天宁寺、游船码头	文庙、城隍庙、白塔公园	
竞对 B	凤栖北路	明清古巷、森林公园、天宁寺	博物馆、步行街、湖滨公园、游船码头	古慈云寺、文庙、城隍庙	白塔公园
竞对 C	步行街南	古慈云寺、文庙、步行街、城隍庙、明清古镇、博物馆	湖滨公园	白塔公园、游船码头、天宁寺、森林公园	
竞对 D	湖滨路西	白塔公园、湖滨公园、古慈云寺、文庙	博物馆、明清古巷、步行街、城隍庙	游船码头	天宁寺、森林公园

（2）基础条件比对

在酒店的新旧程度上，竞对 B 最新（1 年前装修），且为连锁品牌，有地下停车场；但其网评分不是太高，只有 4.7。竞对 D 也较新（3 年前装修），且其智能家居的适用颇具特色，网评分 4.8。竞对 C 有点陈旧（9 年前装修），网评分只有 4.6。竞对 A 也显陈旧（6 年前装修），但其网评分达到 4.9。本酒店 3 年前装修，网评分 4.9；与竞对 A 并列竞争群最高。总的来说，各竞对酒店的基础条件差异还是比较明显的（表 3-11）。

表 3-11 M 酒店竞争群基础条件比对

酒店	新旧程度	设施设备	品牌与文化	网评分数	其他方面
M 酒店	3			4.9 分	
竞对 A	6			4.9 分	
竞对 B	1	地下停车场	连锁品牌	4.7 分	
竞对 C	9			4.6 分	
竞对 D	3			4.8 分	智能家居

2. 产品差异与竞争力比对定价

选择客房面积、装修新旧程度、客房景观等关键指标，对 M 酒店竞争群进行产品差异与竞争力比对。采集常规需求下各酒店的“线上支付、无早”价格，并分别计算房价的“方位差”“梯度差”“房型差”[①]，如表 3-12 所示。

① “方位差”是指客房由于朝向或位置不同发生的价格差；“梯度差”是指客房引流产品、守价产品和增收产品之间的价格差；“房型差”是指不同类别房型（如大床房与双床房）之间的价格差。计算方位差、梯度差与房型差，可以把握客房价格差距，为竞对比对定价提供参考。

表 3–12　M 酒店产品差异与竞争力比对定价

房型类别	价格等级	产品类别	客房面积（m^2）竞对A	竞对B	竞对C	竞对D	M酒店	新旧程度 竞对A	竞对B	竞对C	竞对D	M酒店	环境景观 竞对A	竞对B	竞对C	竞对D	M酒店	其他 竞对A	竞对B	竞对C	竞对D	M酒店
双床房	1	引流产品	32	26	28	30	32	6	1	9	3	3	城景低层	内窗	街景	受限城景	近梯城景		连锁品牌		智能家居	
	2		—	—	—	—	35	6	1	9	3	3	—	—	—	—	安静城景		连锁品牌		智能家居	
	3	守价产品	38	32	35	39	40	6	1	9	3	3	城景中层	城景朝西	城景	城景远山	城景远山		连锁品牌		智能家居	
	4		38	32	—	39	40	6	1	9	3	3	湖景中层	园景朝东	—	园景	湖光山色		连锁品牌		智能家居	
	5	增收产品	45	35	38	43	46	6	1	9	3	3	城景远山	园景朝东	城景	城景远山	城景远山		连锁品牌		智能家居	
	6		45	—	—	43	46	6	1	9	3	3	湖光山色	—	—	湖光山色	湖光山色		连锁品牌		智能家居	
大床房	1	引流产品	32	26	28	30	32	6	1	9	3	3	湖景低层	内窗	街景	受限城景	近梯湖景		连锁品牌		智能家居	
	2		—	—	—	—	35	6	1	9	3	3	—	—	—	—	安静湖景		连锁品牌		智能家居	
	3	守价产品	38	32	35	39	40	6	1	9	3	3	城景中层	城景朝西	城景	城景远山	城景远山		连锁品牌		智能家居	
	4		38	32	—	39	40	6	1	9	3	3	湖景中层	园景朝东	—	园景	湖光山色		连锁品牌		智能家居	
	5	增收产品	45	35	38	43	46	6	1	9	3	3	城景远山	园景朝东	城景	城景远山	城景远山		连锁品牌		智能家居	
	6		45	—	—	43	46	6	1	9	3	3	湖光山色	—	—	湖光山色	湖光山色		连锁品牌		智能家居	

续表

房型类别	价格等级	产品类别	价格						方位差					梯度差					房型差				
			竞对A	竞对B	竞对C	竞对D	竞对均价	M酒店定价	竞对A	竞对B	竞对C	竞对D	平均	竞对A	竞对B	竞对C	竞对D	平均	竞对A	竞对B	竞对C	竞对D	平均
双床房	1	引流产品	588	612	577	608	596	566	—	—	—	—	—	—	—	—	—	—	—	—	—	—	—
	2		—	—	—	—		596	—	—	—	—	—	—	—	—	—	—	—	—	—	—	—
	3	守价产品	664	659	643	687	663	663	—	—	—	—	—	76	47	66	79	67	—	—	—	—	—
	4		722	756	—	745	741	760	58	97	—	58	71	—	—	—	—	—	—	—	—	—	—
	5	增收产品	856	867	778	852	838	867	—	—	—	—	—	192	208	135	165	175	—	—	—	—	—
	6		1038	—	—	958	998	1049	182	—	—	106	144	—	—	—	—	—	—	—	—	—	—
大床房	1	引流产品	604	633	613	628	620	601	—	—	—	—	—	—	—	—	—	—	16	21	36	20	23
	2		—	—	—	—	—	632	—	—	—	—	—	—	—	—	—	—	—	—	—	—	—
	3	守价产品	684	699	661	704	687	687	—	—	—	—	—	80	66	48	76	68	20	40	18	17	24
	4		746	797	—	778	774	785	62	98	—	74	78	—	—	—	—	—	24	41	—	33	33
	5	增收产品	886	899	825	878	872	899	—	—	—	—	—	202	200	164	174	185	30	32	47	26	34
	6		1085	—	—	998	1042	1098	199	—	—	120	160	—	—	—	—	—	47	—	—	40	44

i. 引流产品比对定价

M 酒店有两个引流产品（城景悦享与全景雅享）。相较于竞争对手而言，全景雅享双床房具有一定的面积优势，其价格可以竞对均价定价（596 元）。城景悦享双床房以全景雅享双床房价格的 95% 确定价格（566 元），以超低价引流、宽价。

全景雅享大床房安静、可观湖景，价格以全景雅享双床房加上竞对最高房型差确定，即 596 元加 36 元等于 632 元，高于竞对均价，与竞对 B 接近，低于竞对 D。城景悦享大床房仍以全景雅享大床房价格的 95% 确定价格（601 元），低价引流并拓宽价格。

ii. 守价产品比对定价

M 酒店守价产品在客房面积、新旧程度、客房景观方面均具有一定优势。城景尊享产品以竞对均价定价，双床房为 663 元、大床房为 687 元。而湖景尊享产品的景观优势相对突出，价格以城景尊享叠加竞对最高方位差确定。湖景尊享双床房为 760 元，湖景尊享大床房价为 785 元。

iii. 增收产品比对定价

M 酒店位于湖滨路的中心位置，坐拥湖光山色，远眺城市灯火，其增收产品具有相当强的市场竞争力。城景奢享双床房与大床房可以竞对酒店的最高房价定价，分别为 857 元和 899 元。湖景奢享产品直面竞对 A 湖景产品，在客房景观上不输竞对 A，客房面积与新旧程度略有优势。产品价格可以相应城景房价叠加最高方位差确定。湖景奢享双床房为 1049 元，湖景奢享大床房为 1098 元。

3. M 酒店客房价格的确认与修正

M 酒店三类客房产品的初步定价，如表 3-13 所示。接下来需要通过现场调研或实地体验，对竞争群酒店的产品差异与竞争力情况进行补充与完善，以修正并最终确定 M 酒店客房产品的最终价格。

表 3-13　M 酒店客房产品定价

房型类别	价格等级	产品类别	房型名称	数量（间）	房价（元）				
					M 酒店	竞对 A	竞对 B	竞对 C	竞对 D
双床房	1	引流产品	城景悦享双床房	5	566	578	602	567	598
	2		全景雅享双床房	5	596	—	—	—	—
	3	守价产品	城景尊享双床房	20	663	654	649	633	677
	4		湖景尊享双床房	20	760	712	746	—	735
	5	增收产品	城景奢享双床房	5	867	846	857	768	842
	6		湖景奢享双床房	5	1049	1038	—	—	958

续表

房型类别	价格等级	产品类别	房型名称	数量（间）	房价（元）				
					M 酒店	竞对 A	竞对 B	竞对 C	竞对 D
大床房	1	引流产品	湖景悦享大床房	5	601	594	623	603	628
	2		全景雅享大床房	5	632	—	—	—	—
	3	守价产品	城景尊享大床房	10	687	674	689	651	694
	4		湖景尊享大床房	10	785	736	787	—	768
	5	增收产品	城景奢享大床房	5	899	886	899	825	878
	6		湖景奢享大床房	5	1098	1085	—	—	998

【同步练习 4】

【习题】产品差异与竞争力比对定价

续【同步练习 3】，参照【算法演示 4】，进行 N 酒店竞争群综合竞争力比对分析。N 酒店装修时间假定为距今 2 年。

1. N 酒店竞争群总体竞争力比对

（1）地理位置比对（表 3-14）

表 3-14　N 酒店竞争群地理位置比对

竞对	地理位置	资源触达			
		500 米内	1000 米内	1500 米内	2500 米内
N 酒店					
竞对 A					
竞对 B					
竞对 C					
竞对 D					

（2）基础条件比对（表 3-15）

表 3-15　N 酒店竞争群基础条件比对

酒店	新旧程度	设施设备	品牌与文化	网评分数	其他方面
N 酒店	2				
竞对 A					
竞对 B					
竞对 C					
竞对 D					

2. 产品差异与竞争力比对定价

参照【算法演示 4】，采集常规需求下各竞争酒店“线上支付、无早”价格，利用表 3–16，对 N 酒店进行产品差异与竞争力比对，确定 N 酒店客房产品的初步定价，并填写表 3–17。

表 3–17　N 酒店客房产品定价

<table>
<tr><th rowspan="2">房型类别</th><th rowspan="2">价格等级</th><th rowspan="2">产品类别</th><th rowspan="2">房型名称</th><th rowspan="2">数量（间）</th><th colspan="5">房价（元）</th></tr>
<tr><th>N 酒店</th><th>竞对 A</th><th>竞对 B</th><th>竞对 C</th><th>竞对 D</th></tr>
<tr><td rowspan="6">双床房</td><td>1</td><td rowspan="2">引流产品</td><td>高级双床房</td><td>5</td><td></td><td></td><td></td><td></td><td></td></tr>
<tr><td>2</td><td>行政双床房</td><td>10</td><td></td><td></td><td></td><td></td><td></td></tr>
<tr><td>3</td><td rowspan="2">守价产品</td><td>豪华双床房</td><td>20</td><td></td><td></td><td></td><td></td><td></td></tr>
<tr><td>4</td><td>精品双床房</td><td>15</td><td></td><td></td><td></td><td></td><td></td></tr>
<tr><td>5</td><td rowspan="2">增收产品</td><td>尊贵双床房</td><td>10</td><td></td><td></td><td></td><td></td><td></td></tr>
<tr><td>6</td><td></td><td></td><td></td><td></td><td></td><td></td><td></td></tr>
<tr><td rowspan="6">大床房</td><td>1</td><td rowspan="2">引流产品</td><td>高级大床房</td><td>5</td><td></td><td></td><td></td><td></td><td></td></tr>
<tr><td>2</td><td>行政大床房</td><td>10</td><td></td><td></td><td></td><td></td><td></td></tr>
<tr><td>3</td><td rowspan="2">守价产品</td><td>豪华大床房</td><td>20</td><td></td><td></td><td></td><td></td><td></td></tr>
<tr><td>4</td><td>精品大床房</td><td>15</td><td></td><td></td><td></td><td></td><td></td></tr>
<tr><td>5</td><td rowspan="2">增收产品</td><td>尊贵大床房</td><td>10</td><td></td><td></td><td></td><td></td><td></td></tr>
<tr><td>6</td><td></td><td></td><td></td><td></td><td></td><td></td><td></td></tr>
</table>

表 3–16　N 酒店竞争群产品差异与竞争力比对定价

房型类别	价格等级	产品类别	客房面积（m²）					新旧程度					环境景观					其他				
			竞对A	竞对B	竞对C	竞对D	N酒店	竞对A	竞对B	竞对C	竞对D	N酒店	竞对A	竞对B	竞对C	竞对D	N酒店	竞对A	竞对B	竞对C	竞对D	N酒店
双床房	1	引流产品					35					2										
	2						35					2										
	3	守价产品					42					2										
	4						42					2										
	5	增收产品					48					2										
	6						—					—					—					—
大床房	1	引流产品					35					2										
	2						35					2										
	3	守价产品					42					2										
	4						42					2										
	5	增收产品					48					2										
	6						—					—					—					—

续表

房型类别	价格等级	产品类别	价格（元）						方位差					梯度差					房型差				
			竞对A	竞对B	竞对C	竞对D	竞对均价	N酒店定价	竞对A	竞对B	竞对C	竞对D	平均	竞对A	竞对B	竞对C	竞对D	平均	竞对A	竞对B	竞对C	竞对D	平均
双床房	1	引流产品							—	—	—	—	—	—	—	—	—	—	—	—	—	—	—
	2								—	—	—	—	—	—	—	—	—	—	—	—	—	—	—
	3	守价产品							—	—	—	—	—						—	—	—	—	—
	4													—	—	—	—	—	—	—	—	—	—
	5	增收产品							—	—	—	—	—						—	—	—	—	—
	6													—	—	—	—	—	—	—	—	—	—
大床房	1	引流产品							—	—	—	—	—	—	—	—	—	—					
	2								—	—	—	—	—	—	—	—	—	—	—	—	—	—	—
	3	守价产品							—	—	—	—	—										
	4													—	—	—	—	—					
	5	增收产品							—	—	—	—	—										
	6													—	—	—	—	—					

四、平均房价反推出租率

导入案例

M 酒店某日客房销售情况如下表所示。请计算：

（1）客房出租率是多少？平均房价是多少？是否达到目标利润价？

（2）如果全年保持此平均房价，出租率达到多少就能实现目标利润？

房型类别	双床房						大床房					
房型	城景悦享	全景雅享	城景尊享	湖景尊享	城景奢享	湖景奢享	湖景悦享	全景雅享	城景尊享	湖景尊享	城景奢享	湖景奢享
可售房（间）	5	5	20	20	5	5	5	5	10	10	5	5
房价（元）	566	596	663	760	867	1049	601	632	687	785	899	1098
已售房（间）	5	5	20	10	0	0	5	5	10	0	0	0

1. 边际贡献

边际贡献（CM：contribution margin）也称“边际利润”或“贡献毛益”，是指单位产品销售增量带来的贡献。在客房产品生产运营过程中，每增加一间夜的客房销量，就会带来一定的收入（即边际收益）和变动成本（即单位变动成本）。边际贡献就是边际收益减去单位变动成本后的差额。客房销售的边际收益，大致上等同于客房的销售价格。因此边际贡献的计算公式是：

$$边际贡献 = 价格 - 单位变动成本 \qquad (3-5)$$

回到本节导入案例，回答问题（1）。客房出租率计算结果为 60%；平均房价为 662 元，显然是高于目标利润价的（480 元，参见表 3-6）。导入案例给出的客房销售数据，其实是出租率 60% 情况下收益最低的“价—量”组合。其他量价组合可带来更高的平均房价。

再看问题（2）：如果全年平均房价为 662 元，出租率达到多少就能实现目标利润呢？这就需要利用边际贡献做推算。按照 37 元的单位变动成本（参见表 3-6，根据公式（3-5），首先可计算得出边际贡献等于 625 元。

2. 边际贡献推算出租率

边际贡献是客房价格扣除单位变动成本后的余额。客房价格包含了单位固定成本、单位变动成本和单位利润。在单位利润为零（即目标利润为零）的情况下，边际贡献就等于单位固定成本。为实现盈亏平衡，需要以一定间夜的客房销量去抵补固定成本总额。因此，固定成本总额除以边际贡献，就是盈亏平衡点的客房销量。盈亏平衡点的客房销量除以可售客房间夜总数，就可以求出相应的出租率水平。其计算公式如下：

$$\text{盈亏平衡点出租率}=\frac{\text{年固定成本总额}/\text{边际贡献}}{\text{酒店客房总数（间）}\times 365\text{（夜）}}\times 100\% \qquad (3\text{-}6)$$

同理，目标利润点出租率的计算公式如下：

$$\text{目标利润点出租率}=\frac{\text{（年固定成本总额}+\text{年目标利润）}/\text{边际贡献}}{\text{酒店客房总数（间）}\times 365\text{（夜）}}\times 100\% \qquad (3\text{-}7)$$

如果将税考虑进去，那么客房价格还包含了一定比例的税额，需要从边际贡献中扣除。出租率推算的公式为：

$$\text{目标利润点出租率}=\frac{\text{（年固定成本总额}+\text{年目标利润）}/\text{（边际贡献}-\text{价格}\times\text{税率）}}{\text{酒店客房总数（间）}\times 365\text{（夜）}}\times 100\% \qquad (3\text{-}8)$$

当年目标利润为零时，目标利润点出租率即为盈亏平衡点出租率。

【算法演示5】

【例题】反推出租率

M酒店年固定成本总额706.38万元，年目标利润总额200万元，单位变动成本37元，税率6%。按照662元的客房年均价，测算M酒店盈亏平衡点与目标利润点出租率（表3-18）。

表3-18 M酒店盈亏平衡点和目标利润点出租率测算表

项目	价格（元）	税率	单位变动成本（元）	边际贡献—税额	年固定成本（元）	年目标利润（元）	目标利润点销量（间夜）	目标利润点出租率
金额	662	6%	37		7063800	2000000		
						年目标利润（元）	盈亏平衡点销量（间夜）	目标利润点出租率
						0		

【演示】

1. 打开配套Excel文件，在F3处输入“=C3-C3*D3-E3”，得到“边际贡献—税额”值（图3-14）。

1	B	C	D	E	F	G	H	I	J
2	项目	价格（元）	税率	单位变动成本（元）	边际贡献—税额	年固定成本（元）	年目标利润（元）	目标利润点销量（间夜）	目标利润点出租率
3							2000000		
4	金额	662	6%	37	=C3-C3×D3-E3	7063800	年目标利润（元）	盈亏平衡点销量（间夜）	盈亏平衡点出租率
5							0		

图 3-14　计算“边际贡献—税额”数值

2. 在 I3 处输入“=（G3+H3）/F3”，得到目标利润点销量（间夜）（图 3-15）。

1	B	C	D	E	F	G	H	I	J
2	项目	价格（元）	税率	单位变动成本（元）	边际贡献—税额	年固定成本（元）	年目标利润（元）	目标利润点销量（间夜）	目标利润点出租率
3							2000000	=(G3+H3)/F3	
4	金额	662	6%	37	585	7063800	年目标利润（元）	盈亏平衡点销量（间夜）	盈亏平衡点出租率
5							0		

图 3-15　计算“目标利润点销量”数值

3. 在 J3 处输入“=I3/（100×365）”，得到目标利润点出租率（图 3-16）。

1	B	C	D	E	F	G	H	I	J
2	项目	价格（元）	税率	单位变动成本（元）	边际贡献—税额	年固定成本（元）	年目标利润（元）	目标利润点销量（间夜）	目标利润点出租率
3							2000000	15486	=I3/(100×365)
4	金额	662	6%	37	585	7063800	年目标利润（元）	盈亏平衡点销量（间夜）	盈亏平衡点出租率
5							0		

图 3-16　计算“目标利润点出租率”

4. 在 I5 处输入“=G3/F3”，得到盈亏平衡点销量（图 3-17）。

1	B	C	D	E	F	G	H	I	J
2	项目	价格（元）	税率	单位变动成本（元）	边际贡献—税额	年固定成本（元）	年目标利润（元）	目标利润点销量（间夜）	目标利润点出租率
3							2000000	15486	42%
4	金额	662	6%	37	585	7063800	年目标利润（元）	盈亏平衡点销量（间夜）	盈亏平衡点出租率
5							0	=G3/F3	

图 3-17　计算“盈亏平衡点销量”

5. 在 I5 处输入“=I5/（100×365）”，得到盈亏平衡点出租率（图 3-18）。

1	B	C	D	E	F	G	H	I	J
2	项目	价格（元）	税率	单位变动成本（元）	边际贡献—税额	年固定成本（元）	年目标利润（元）	目标利润点销量（间夜）	目标利润点出租率
3							2000000	15486	42%
4	金额	662	6%	37	585	7063800	年目标利润（元）	盈亏平衡点销量（间夜）	盈亏平衡点出租率
5							0	12069	=I5/(100×365)

图 3-18　计算“盈亏平衡点出租率”

按照 662 元的客房年均价测算，M 酒店盈亏平衡点出租率为 33%，目标利润点出租率为 42%，具体如表 3-19 所示。

表 3-19　M 酒店盈亏平衡点和目标利润点出租率测算结果

项目	价格（元）	税率	单位变动成本（元）	边际贡献—税额	年固定成本（元）	年目标利润（元）	目标利润点销量（间夜）	目标利润点出租率
金额	662	6%	37	585	7063800	2000000	15486	42%
						年目标利润（元）	盈亏平衡点销量（间夜）	目标利润点出租率
						0	12069	33%

【同步练习 5】

【习题】反推出租率

N 酒店年固定成本总额 938.8 万元，年目标利润总额 240 万元，单位变动成本 42 元，税率 6%。

1. 根据同步练习 4 确定的客房价格（表 3-16），按出租率 60% 情况下收益最低的“价—量”组合（表 3-20），计算平均房价。

2. 按照以上平均房价，测算 N 酒店盈亏平衡点与目标利润点的客房出租率（表 3-21）。

表 3-20　N 酒店客房销售情况

类别	双床房					大床房				
房型	高级双床房	行政双床房	豪华双床房	精品双床房	尊贵双床房	高级大床房	行政大床房	豪华大床房	精品大床房	尊贵大床房
数量（间）	5	10	20	15	10	5	10	20	15	10
价格（元）										
销量（间）	5	10	20			5	10	10		

表 3-21　N 酒店盈亏平衡点和目标利润点出租率测算

<table>
<tr><th>项目</th><th>价格（元）</th><th>税率</th><th>单位变动成本（元）</th><th>边际贡献—税额</th><th>年固定成本（元）</th><th>年目标利润（元）</th><th>目标利润点销量（间夜）</th><th>目标利润点出租率</th></tr>
<tr><td rowspan="3">金额</td><td rowspan="3"></td><td rowspan="3">6%</td><td rowspan="3">42</td><td rowspan="3"></td><td rowspan="3">9388000</td><td>2400000</td><td></td><td></td></tr>
<tr><td>年目标利润（元）</td><td>盈亏平衡点销量（间夜）</td><td>目标利润点出租率</td></tr>
<tr><td>0</td><td></td><td></td></tr>
</table>

第三节　市场细分与差别定价

一、 市场细分及其价格定位

1. 市场细分的靶向风险

市场非均质可细分，是实施收益管理的必要条件，也是消费者市场的基本特征。市场非均质反映市场需求的多样性，与消费者市场的广泛性与复杂性紧密相关。消费者市场由范围广泛、人数众多的消费个体组成，其消费需求与价值理解受多种主观与客观因素影响，从而呈现出复杂性、多样性与非均质性。但这种复杂多样的市场需求，从总体上看又存在某些局部的、群体性特征。市场细分就是根据这些局部特征，对消费者进行不同的群体或类别划分。

在市场营销学中，市场细分是 STP 策略的必要环节，也是发现市场机会、靶向目标客群、塑造竞争优势的关键所在。其依据的主要变量包括地理因素、人口因素、心理因素与行为方式等。其中，年龄、收入、性别等入口因素，与人们消费需求的关系最为密切，组合应用时的靶向性能特别突出，因而成为市场细分的基础变量与常用工具。酒店业的许多客房设计、特色打造，以及将劣势转化为优势的推广策略等，都可以从这些人口变量中找到原始依据或营销灵感。然而，市场营销中使用的这些市场细分变量，与特定客群的靶向性关联越明显，其在收益管理中的工具性意义就越不显著。

市场细分是实施差别定价的前提与基础。差别定价法根据不同消费者对相同客房产品的价值理解差异，采用一视同仁、公平公正的方式收取不同的费用。如果说，营销学中市场细分的目的是“量体裁衣”“投其所好”，匹配目标客群需求并为其提供满意的产品；细分变量的靶向性能越突出，就越有利于提高顾客价值，增加产品销售。

那么，收益管理中市场细分的目的则是要“因人而异”“因势利导”，洞悉消费者心理、实施价格“歧视”，通过逼近心理上限的有差别的定价，为企业谋取最大化收益；细分变量的靶向性特征越明显，就越容易引发“消费歧视”“消费者歧视”等道德或法律风险。因此，收益管理的市场细分，应尽量避免使用年龄、收入、性别等靶向性变量——除非是按社会普遍采用的、约定俗成的习惯，给予特定客群相应的价格优惠。

2. 非靶向市场细分与价格定位

为避免潜在的道德与法律风险，收益管理在市场细分上一般采用客群指向性不典型的非靶向变量，包括客群类型（散客、团队）、预订渠道（OTA、GDS、旅行社、第三方代理、订房中心、官网 / 微信），以及支付方式（在线付 / 预付、需担保、到店付 / 现付）等。这些变量相对于人口等变量而言，客群的指向性特征不明显；且任何人都可对预订方式、支付方式等做出自由选择，符合公平公正的原则，因而能够有效地避免道德和法律风险。在价格定位上，一般来说，散客价高于团队价；OTA 渠道价低于（或等于）官网价，高于微信（私域运营）价；预付价低于或等于需担保价，需担保价低于或等于现付价。按客群分类的市场细分及其价格定位，可参考表 3-22。

表 3-22　市场细分与价格定位

细分市场			价格名称	价格代码		含义	价格定位
类	名称			代码	英文		
散客	无协议散客	普通	挂牌价	RAC	Rack	挂牌价	最高价
			无限制最优价	BAR	Best Available Rate	无限制条件最优公开市场散客价	无限制最优价＜挂牌价
			包价	PKG	Package	客房和其他产品、服务打包价	裸房价＜无限制最优价
			限制折扣价	DIS	Rate With Restrictions	限制条件下的 BAR 打折价（如连住价）	限制折扣价＜无限制最优价
			促销价	PRO	Promotion	短期推广价、降级销售价	
		会员	会员价	MEN	Member	集团 / 酒店会员	协议散客价＜会员价≤普通散客价

续表

细分市场			价格名称	价格代码		含义	价格定位
类	名称			代码	英文		
散客	协议散客	休闲协议	休闲协议散客价	WHO	Transient Leisure	即旅行社协议散客价	政府协议价＜公司协议价＜旅行社协议价； 无保留价＜有保留价 （LRA：Last Room Available） （NLRA：Non Last Room Available）
		公司协议	有保留散客价	COR	Transient Corporate LRA	公司协议有保留房	
			无保留散客价	CORN	Transient Corporate NLRA	公司协议无保留房	
		政府协议	有保留散客价	GOV	Transient Government LRA	政府协议有保留房	
			无保留散客价	GOVN	Transient Government NLRA	政府协议无保留房	
		长住协议	长住房价	ETS	Extended-Stay	连住时间比较长（例如大于 14 天）	长包房价＜长住房价＜公司协议价
			长包房价	PER	Permanent	连住时间非常长（例如超过 60 天）	
团队	商务团队		会议团价	GRPM	Meeting Corporate	企业会议（如经销商会、发布会等）	一团一议
			奖励旅游团价	GRPI	Incentive Tour	为表彰奖励举办的会议、考察旅游	
			协议会议团价	GRPC	Conferencing/ Conventions	团体协会主办的大会、学术会议等	
			展会团价	GRPE	Exhibition/Event	展会、交易会、演唱会	
			纯房团价	GRPN	Negotiated Corporate Group	纯房团，无会议消费	
	政府团队		政府团价	GRPG	Government Group	政府会议等	
	休闲团队		单次旅行团价	GRPA	Ad-hoc Tour Group	一次性旅行团	机组价＜系列团价＜一次性团价
			系列旅行团价	GRPS	Series Tour Group	系列旅行团	
	机组		机组价	CREW	Air Crew	航空机组	

资料来源：胡质健老师的培训讲义，内容略有修改。

二、确定客房的差别价格体系

1. 差别定价的经济意义

差别定价是“以不同价格销售同一种产品”，这在微观经济学中称为“价格歧视”

(price discrimination)。如果厂商对每一单位产品都按消费者的心理价格出售，消费者不同则价格不同，即为一级价格歧视（也称完全价格歧视）。如果厂商对不同的购买数量规定不同的价格，消费数量不同则价格不同，为二级价格歧视。如果厂商对同一种产品在不同的市场上（或针对不同客群）规定不同的价格，则为三级价格歧视。显然，酒店收益管理的差别定价属于三级价格歧视。

价格歧视与差别定价的经济意义在于增加厂商总收益。如图 3-19 所示，厂商如果实行单一价格 p1，在需求函数作用下可获取收益 R1，总收益也为 R1。厂商如果对不同细分市场分别收取价格 p1、p2、p3，在需求函数作用下可分别获得收益 R1、R2 和 R3，总收益等于三者之和，增加了 R2 和 R3 两块收益，高于单一价格的 R1 收益。如果厂商能够洞悉消费者的心理价格，对每一位消费者收取其愿意支付的最高价格，实行完全价格歧视，那么厂商的总收益将达到理论极限值的理想状态。

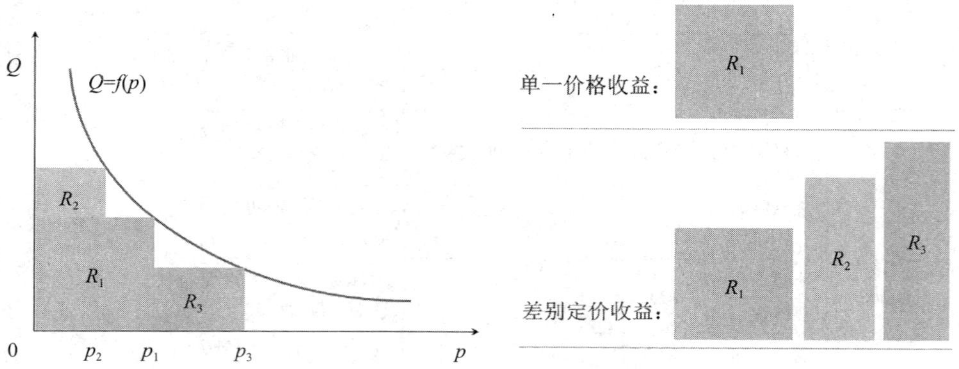

图 3-19　差别定价的经济意义

2. 确定无协议散客差价体系

通过产品差异与竞争力比对确定市场价格并经过调研修正之后，需要依据市场细分变量建立客房产品的差别价格体系，包括不同客群类型（散客、团队）价格、不同获客渠道价格、不同支付方式价格等。其中“无协议散客”的系列价格最为关键，因为它是客房产品价格的基本内容，也是团队系列价格的参照标准。

无协议散客包括普通散客和会员散客。普通散客对应着五种价格（见表 3-22），如“限制折扣价”“包价”“促销价”等，其中最为重要的是“无限制最优价”（BAR）。BAR 是差别价格体系与动态变价的基准价格，具有“牵一发而动全身”的价格地位，它一般作为 OTA 散客价。“促销价”为短期推广价或降级销售价。随机变价大多采用促销价方式进行。会员散客是酒店私域运营的主要对象。不同等级的散客会员，可以享受不同的价格折扣优惠。折扣率的高低，取决于客房产品特点、单房毛利以及酒店营销策略等。酒店通常会根据客房特点与销售策略，对不同的房型规定不同的最高折扣率。

确定无协议散客的差别价格体系，首先可制订不同房型、不同等级的会员折扣率或折扣系数（等于1减去折扣率）。多数酒店不同等级会员的价格折扣率，由低到高大致为5%、8%、12%、15%和20%。其次需要在“预付、无早”OTA渠道价的基础上，确定含早价差与支付方式价差，包括单早差、双早系数与现付差等。单早差是房价包含一份早餐与不含早餐的价格差，有固定差和变动差两种形式。固定单早差一般就是一份早餐的价格，变动单早差的价差会因房型不同而发生变化。双早系数是指两份早餐的乘数值，也有固定系数与变动系数两种形式。其计算公式是：

$$\text{双早系数}=\frac{\text{双早房价}-\text{无早房价}}{\text{单早房价}-\text{无早房价}} \tag{3-9}$$

单早差与双早系数有四种组合方式，即固定单早差与固定双早系数、固定单早差与变动双早系数、变动单早差与固定双早系数、变动单早差与变动双早系数。可根据市场环境情况、客房产品特点以及营销策略变化灵活使用。

现付差是现付价格（到店支付）与预付价格（线上支付）的价格差，一般为预付价格的5%左右。其使用也视市场环境与营销策略而定。市场需求旺盛时，往往要求预付而取消现付；市场需求疲软时，现付价格可等于预付价格。

含早价差与支付方式价差是差别定价的重要依托，也是客房营销的重要手段。除早餐成本与利润因素外，确定本酒店的单早差、双早系数与现付差需要更多地考虑竞争环境。通常的做法是采集、计算并参照竞争群其他酒店的相应数据，并结合本酒店的营销策略做综合评估与决断。

【算法演示6】

【例题】确定客房的差价体系

采集M酒店竞争群各酒店三类客房产品的预付无早价、预付单早价、预付双早价以及现付（到店付）价格，如表3-23所示。

1. 计算各竞对酒店的单早差、双早系数与现付差。
2. 确定M酒店的单早差、双早差、现付差。
3. 确定M酒店的会员折扣体系。

表 3-23 M 酒店竞争群客房价差比对

房型类别	价格等级	产品类别	M 酒店			竞对 A			竞对 B			竞对 C			竞对 D		
			单早差（元）	双早系数	现付差（元）	单早差（元）	双早系数	现付差（元）	单早差（元）	双早系数	现付差（元）	单早差（元）	双早系数	现付差（元）	单早差（元）	双早系数	现付差（元）
双床房	1	引流产品	60	1.5	—	52	2	—	45	2	10	35	2	10	48	2	—
	2		60	1.7	—	—	—	—	—	—	—	—	—	—	—	—	—
	3	守价产品	60	2	33	62	2	33	65	2	33	35	2	32	48	2	20
	4		60	2	38	62	2	36	65	2	38	—	—	—	48	2	20
	5	增收产品	60	2.4	—	74	2	42	85	2	43	35	2.8	39	48	2.25	43
	6		60	2.4	—	74	2	52	—	—	—	—	—	—	48	2.25	48
大床房	1	引流产品	60	1.5	—	52	2	—	45	2	10	35	2	10	48	2	—
	2		60	1.7	—	—	—	—	—	—	—	—	—	—	—	—	—
	3	守价产品	60	2.0	34	62	2	34	65	2	35	35	2	32	48	2	20
	4		60	2.0	39	62	2	37	65	2	40	—	—	—	48	2	20
	5	增收产品	60	2.4	—	74	2	44	85	2	45	35	3	39	48	2.50	43
	6		60	2.4	—	74	2	54	—	—	—	—	—	—	48	2.50	48

注：完整表格请扫描上方二维码，下载配套 Excel 文件。

【演示】

1. 计算 M 酒店竞对 A、B、C、D 的单早差、双早系数与现付差，如表 3-23 所示。

2. 竞对 A 和竞对 B 采取变动单早差、固定双早系数的做法。双早系数均为 2。增收产品的单早差高于守价产品，守价产品的单早差高于引流产品。两家酒店的现付差大约为房价的 5%。其中竞对 A 的引流产品不支持现付，竞对 B 现付差 10 元。竞对 C 和竞对 D 采取的是固定单早差、变动双早系数的方式。单早差分别为 35 元和 48 元。引流产品与守价产品的双早系数均为 2，增收产品的双早系数为 2.25 至 2.8。

M 酒店与竞对 A 相邻，综合竞争力也与其接近，含早差与现付差主要考虑竞对 A。采用的方式是固定单早差、变动双早系数的方法。引流价双早系数设为 1.5 和 1.7，守价产品双早系数为 2，增收产品双早系数为 2.4。由于引流产品和增收产品房量有限（单房型只有 5 间），因此不设现付价，均要求预付。增收产品的现付差为房价的 5%。

3. M 酒店会员含钻石卡、白金卡、金卡与银卡四个等级。引流产品不设价格折扣，其他产品折扣系数如表 3-24 所示。

表 3-24　M 酒店差别定价系数

房型类别	价格等级	产品类别	房型	数量（间）	普通散客				会员散客折扣系数			
					预付无早（元）	单早差（元）	双早系数	现付差（元）	钻石卡	白金卡	金卡	银卡
双床房	1	引流产品	城景悦享	5	566	60	1.5	—	0	0	0	0
	2		全景雅享	5	596	60	1.7	—	0	0	0	0
	3	守价产品	城景尊享	20	663	60	2	33	95%	96%	97%	98%
	4		湖景尊享	20	760	60	2	38	92%	94%	95%	96%
	5	增收产品	城景奢享	5	867	60	2.4	—	88%	90%	92%	95%
	6		湖景奢享	5	1049	60	2.4	—	85%	88%	90%	92%
大床房	1	引流产品	湖景悦享	5	601	60	1.5	—	0	0	0	0
	2		全景雅享	5	632	60	1.7	—	0	0	0	0
	3	守价产品	城景尊享	10	687	60	2.0	34	95%	96%	97%	98%
	4		湖景尊享	10	785	60	2.0	39	92%	94%	95%	96%
	5	增收产品	城景奢享	5	899	60	2.4	—	88%	90%	92%	95%
	6		湖景奢享	5	1098	60	2.4	—	85%	88%	90%	92%

【同步练习 6】

【习题】确定客房的差价体系

1. 采集 N 酒店竞争群各酒店三类客房产品的预付无早价、预付单早价、预付双早价以及现付（到店付）价格，计算其单早差、双早系数与现付差，填写表 3-25。

2. 确定 N 酒店的单早差、双早差、现付差。

3. 确定 N 酒店的会员折扣系数，填写表 3-26。

表 3–25　N 酒店竞争群客房价差比对

房型类别	价格等级	产品类别	N 酒店			竞对 A			竞对 B			竞对 C			竞对 D		
			单早差（元）	双早系数	现付差（元）	单早差（元）	双早系数	现付差（元）	单早差（元）	双早系数	现付差（元）	单早差（元）	双早系数	现付差（元）	单早差（元）	双早系数	现付差（元）
双床房	1	引流产品															
	2																
	3	守价产品															
	4																
	5	增收产品															
	6																
大床房	1	引流产品															
	2																
	3	守价产品															
	4																
	5	增收产品															
	6																

注：完整表格请扫描上方二维码，下载配套 Excel 文件。

表 3–26　N 酒店差别定价系数

房型类别	价格等级	产品类别	房型	数量（间）	普通散客				会员散客折扣系数			
					预付无早（元）	单早差（元）	双早系数	现付差（元）	钻石卡	白金卡	金卡	银卡
双床房	1	引流产品	高级	5								
	2		行政	10								
	3	守价产品	豪华	20								
	4		精品	15								
	5	增收产品	尊贵	10								
	6		—	—	—	—	—	—	—	—	—	—
大床房	1	引流产品	高级	5								
	2		行政	10								
	3	守价产品	豪华	20								
	4		精品	15								
	5	增收产品	尊贵	10								
	6		—	—	—	—	—	—	—	—	—	—

第四节 需求变化与动态变价

一、需求的周期性与季节划分

需求不确定性波动是酒店市场的基本特征。这种需求波动既有周期性规律，又有随机性诱因（如大型会事、天气变化或各种偶发性事件等）。通常把需求的周期性波动称为市场的季节性。季节的本意是“一年里的某个有特点的时期”，如“农忙季节、严寒季节”[①]，常指“四季”“节气”等。需求的季节性当然与气象学的“四季”“节气”有关——例如，立夏一过，气温升高，避暑胜地酒店需求趋旺；小雪之后，大雪封山，避暑胜地酒店需求转弱；但其背后，是社会生产和人们消费行为随着季节、时令变化的规律性。所谓“春生、夏长、秋收、冬藏，天之正也”[②]。春季耕种、夏季生长、秋季收获、冬季储藏，就是这一规律性的真实写照。

市场季节不同，供求关系也不相同。按照“市场竞争决定均衡价格”的定价原理，不同的市场季节会有不同的均衡价格。这是实施季节性变价与价格优化的理论基础。而科学、合理的市场季节划分，又是季节变价与价格优化的前提。由于需求的季节性变化最终会转化并反映为客房销量的周期性变化，根据客房销售间夜数据进行季节划分，是顺理成章的思路。与基于市场需求量数据的季节划分相比，前者在数据获取上更具便利性优势。两者的差别只是数据选用不同，操作方法是一样的。

市场季节划分可采用统计学的“聚类分析”方法，用SPSS软件演算完成。聚类分析（Cluster Analysis）也称群集分析，就是将特性相近的变量或观察单位进行归类，相应地进行变量聚类（即指标聚类）或样品（即个案，观察单位）聚类。聚类分析包括三种方法：第一种是两步聚类法（two step cluster），其前提条件是各变量相互独立，服从多元正态分布或联合多分类正态分布。第二种是K类中心聚类法（K-means cluster），就是先将n个观察单位分为K类，并确定K个初始类中心，然后依据最小欧式距离原则迭代计算进行归类。这种方法对大样本的样品聚类非常有效。第三种是系统聚类法（hierarchical cluster），也称分层聚类法，是最常用的一种聚类方法。其思想是先把每一个样品看作一类，然后将性质最接近（距离最小）的样品合并为新的小类，再将已聚合的小类按其类间距离合并为新类，以此类推，最后把所有子类都聚合

① 引自：中国社会科学院语言研究所词典编辑室编.现代汉语词典（第5版）[M].北京：商务印书馆，2005.
② 出自《鬼谷子·持枢》。

到一个大类之中。SPSS 可输出冰柱图或谱系图（树状结构图），以反映系统聚类的结果。市场季节划分一般采用系统聚类法。

【算法演示 7】

【例题】市场季节划分

G 酒店近四年来每月客房销售间夜数如表 3-27 所示。

1. G 酒店客房月销售数据有无规律性?

2. 利用 SPSS 软件，采用系统聚类分析法，对 M 酒店进行市场季节划分。

表 3-27 G 酒店客房销售月间夜数

月份	第一年（间夜）	第二年（间夜）	第三年（间夜）	第四年（间夜）
1 月	2741	3467	3572	2773
2 月	2353	3766	3392	2983
3 月	3742	4523	4517	4612
4 月	4311	4537	4366	4545
5 月	4557	4551	4161	4532
6 月	4583	4537	4159	4393
7 月	4860	4856	4736	4891
8 月	5003	4932	4903	4922
9 月	4243	4413	4203	4161
10 月	4569	4838	4530	4679
11 月	4379	4710	4216	4656
12 月	3772	4182	3500	4153

注：请扫描上方二维码，下载配套 Excel 文件。

【演示】

1. 将 G 酒店客房月销售间夜数据绘制成折线图（图 3-20）。可以发现四条数据线粘连，且波动特征相似，规律性一目了然。

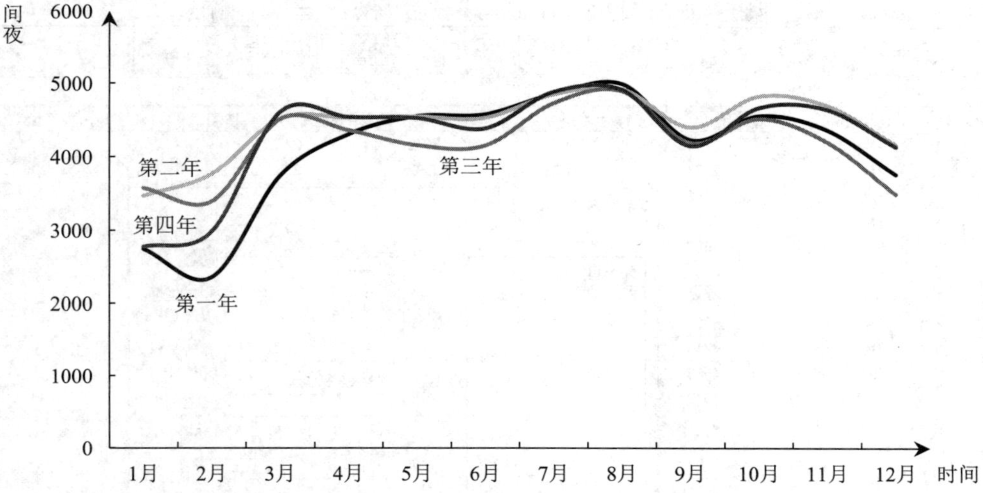

图 3–20　G 酒店客房销售月间夜数折线图

2. 打开 SPSS 软件，点击“文件”—“导入数据”—“Excel”，导入配套 Excel 文件数据（图 3–21）。

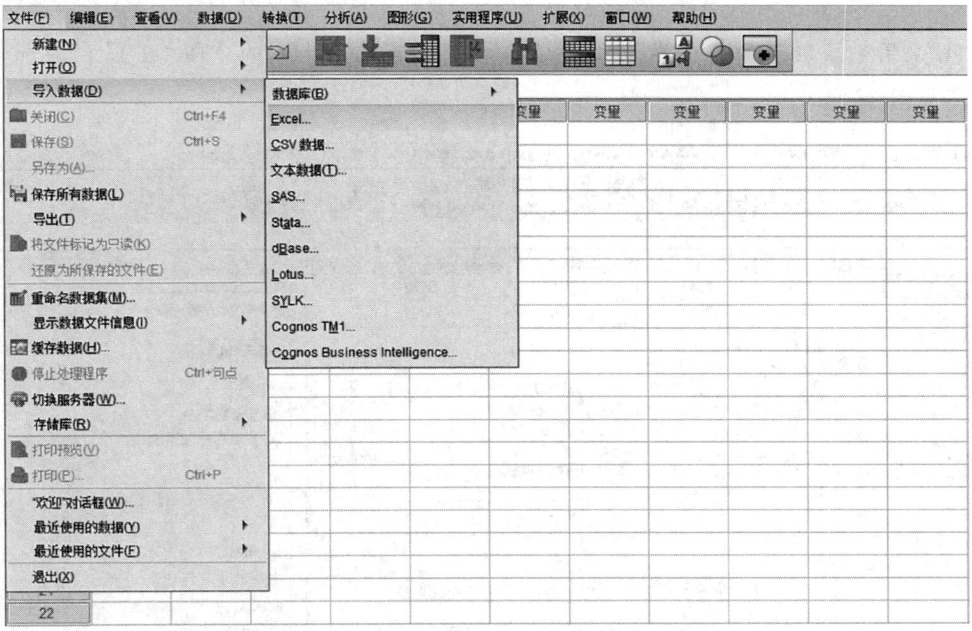

图 3–21　将 Excel 数据导入 SPSS

3. 点击“分析”—“聚类”—“系统聚类”，出现“系统聚类分析”选项框。点击选项框中间的箭头，将左边方框内的“第一年”“第二年”“第三年”“第四年”，选入“变量”下方的小方框（图 3–22）。

图 3–22 选择分析变量

4. 采用系统默认的"个案"(即样品)聚类。点击右上方的"图(T)",勾选"谱系图"(图 3–23)。

图 3–23 勾选"谱系图"

5. 点击“继续”—“确定”，即可得到聚类分析结果。在“查看器”页面左边的“输出”目录中，分别点击“垂直冰柱图”“谱系图”，可定位到相应图片（图 3-24、图 3-25）。

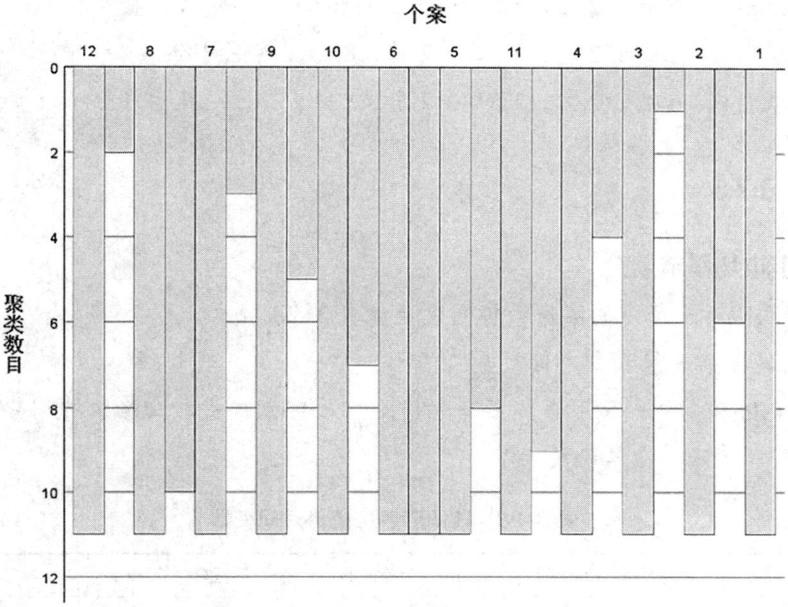

图 3-24 “垂直冰柱图”输出结果

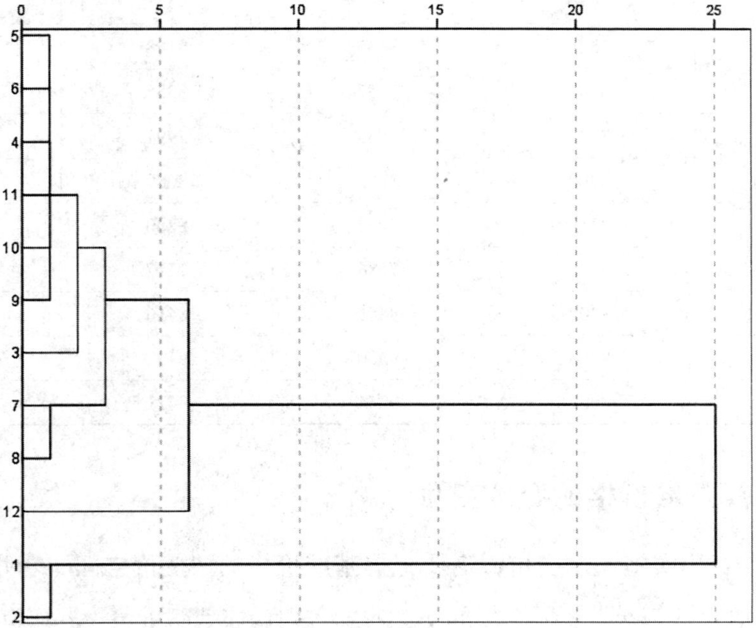

图 3-25 “谱系图”输出结果

6. 由“垂直冰柱图”和“谱系图”的聚类分析结果，可知G酒店的市场季节划分如下：

（1）2季划分：1月、2月；其他月份。

（2）3季划分：1月、2月；12月；其他月份。

（3）4季划分：1月、2月；12月，7月、8月；其他月份。

（4）5季划分：1月、2月；12月，7月、8月；3月；其他月份。

【同步练习7】

【习题】市场季节划分

H酒店近四年来每月的客房销售间夜数如表3-28所示。

1. 绘制H酒店客房销售月间夜数折线图，并分析其变化规律。

2. 利用SPSS软件，采用系统聚类分析法，对H酒店进行市场季节划分。

（注：需要去除异常年份数据）

表3-28 H酒店客房销售月间夜数

月份	第一年（间夜）	第二年（间夜）	第三年（间夜）	第四年（间夜）
1月	7510	7681	7935	7714
2月	6227	6790	7609	54
3月	8476	9161	9353	2804
4月	7825	8431	8188	603
5月	8260	8157	8358	1824
6月	7925	7646	7991	1982
7月	8960	8663	8689	1348
8月	9018	9053	8880	3252
9月	7528	7686	7217	4975
10月	8302	8885	8416	6552
11月	8864	9350	9137	5249
12月	8001	9164	8521	4949

二、测算基准价格的变价空间

根据需求变化实施动态变价，需要把握基准价格的“变价空间”，明确价格下行（降价）的底线。这就要求考虑渠道成本（佣金）和目标利润价格（或盈亏平衡价格），分别计算“返佣前底价”与“渠道红价”（即最低销售限价）。其计算公式分别是：

$$\text{返佣前底价}=\frac{\text{目标利润价}}{1-\text{渠道佣金率}} \tag{3-10}$$

$$\text{渠道红价}=\frac{\text{返佣前底价}}{(1-\text{最高促销折扣率})\times(1-\text{最高会员折扣率})} \tag{3-11}$$

目前OTA平台佣金比例一般为10%~15%，多数为12%，不同平台、不同酒店会有差异。当促销折扣与会员折扣同时发生时，不同酒店在不同环境下也会有不同政策。有的（有时）是“折扣联用”，即所谓的“折上再折”。有的（有时）是“折扣择高”，即选择其中的高折扣率项打折。公式（3-11）是“折扣联用”情形下的算法（渠道红价A）。如果将促销折扣计入变价空间，或者说渠道红价不考虑促销折扣，则可令最高促销折扣率为0，以最高会员折扣率计算渠道红价（渠道红价B）。

渠道实际价格（渠道实价）与渠道红价之间的价差，就是动态变价的行动空间即变价空间，反映一定目标下当前价格可以变动的范围，其计算公式是：

$$\text{变价空间}=\frac{\text{目标价}-\text{可变价}}{\text{可变价}}\times 100\% \tag{3-12}$$

此处目标价为渠道红价，可变价为渠道实价。变价空间为正数，表示上行空间。反之，为下行空间。如果渠道实价为1000元，变价空间为-10%，则表示目前价格还可以有10%（即100元）的下行空间。变价空间如果不计入促销折扣，可定义为变价空间A；如果计入促销折扣，可定义为变价空间B。其计算公式为：

$$\text{变价空间 A}=\frac{\text{渠道红价 A}-\text{渠道实价}}{\text{渠道实价}}\times 100\% \tag{3-13}$$

$$\text{变价空间 B}=\frac{\text{渠道红价 B}-\text{渠道实价}}{\text{渠道实价}}\times 100\% \tag{3-14}$$

【算法演示8】

【例题】测算预付红价与变价空间

M酒店的OTA佣金率为12%。其不同房型的“预付”“无早”渠道价格（预付实价），以及促销最高折扣率与会员最高折扣率，如表3-29所示。按照出租率60%情况下的目标利润价（480元），测算M酒店的预付红价与变价空间。

表 3-29 M 酒店预付红价与变价空间测算

房型类别	价格等级	产品类别	房型	数量（间）	预付实价（元）	变价空间		预付红价		促销最高折扣率	会员最高折扣率	返佣前底价（元）	目标利润价（元）
						A	B	A	B				
双床房	1	引流产品	城景悦享	5	566					-10%	0		480
	2		全景雅享	5	596					0	0		480
	3	守价产品	城景尊享	20	663					8%	5%		480
	4		湖景尊享	20	760					12%	8%		480
	5	增收产品	城景奢享	5	867					15%	12%		480
	6		湖景奢享	5	1049					20%	15%		480
大床房	1	引流产品	湖景悦享	5	601					-10%	0		480
	2		全景雅享	5	632					0	0		480
	3	守价产品	城景尊享	10	687					8%	5%		480
	4		湖景尊享	10	785					12%	8%		480
	5	增收产品	城景奢享	5	899					15%	12%		480
	6		湖景奢享	5	1098					20%	15%		480

注：1. 预付红价 A 考虑促销折扣，预付红价 B 不考虑促销折扣。

2.-10% 的促销最高折扣率，是根据公式 3-11，按 545 元的返佣前底价，496 元的渠道红价、0% 的会员最高折扣率倒推得出，不具实际操作意义。

【演示】

1. 打开配套 Excel 文件，在 N4 处输入“=O4/（1%~12%）”，点击“Enter”，右下角“+”下拉，得到各类双床房返佣前底价（图 3-26）。

1	B	C	D	E	F	G	H	I	J	K	L	M	N	O
2	房型类别	价格等级	产品类别	房型	数量（间）	预付实价（元）	变价空间		预付红价		促销最高折扣率	会员最高折扣率	返佣前底价（元）	目标利润价（元）
3							A	B	A	B				
4	双床房	1	引流产品	城景悦享	5	566					-10%	0	=O4/(1-12%)	480
5		2		全景雅享	5	596					0	0		480
6		3	守价产品	城景尊享	20	663					8%	5%		480
7		4		湖景尊享	20	760					12%	8%		480
8		5	增收产品	城景奢享	5	867					15%	12%		480
9		6		湖景奢享	5	1049					20%	15%		480

图 3-26 计算返佣前底价

2. J4 处输入“=N4/（（1-L4）×（1-M4））”，点击“Enter”，右下角“+”下拉，得到各类双床房预付红价 A（图 3-27）。

1	B	C	D	E	F	G	H	I	J	K	L	M	N	O
2	房型类别	价格等级	产品类别	房型	数量（间）	预付实价（元）	变价空间		预付红价		促销最高折扣率	会员最高折扣率	返佣前底价（元）	目标利润价（元）
3							A	B	A	B				
4	双床房	1	引流产品	城景悦享	5	566			=N4/((1-L4)×(1-M4))		-10%	0	545	480
5		2		全景雅享	5	596					0	0	545	480
6		3	守价产品	城景尊享	20	663					8%	5%	545	480
7		4		湖景尊享	20	760					12%	8%	545	480
8		5	增收产品	城景奢享	5	867					15%	12%	545	480
9		6		湖景奢享	5	1049					20%	15%	545	480

图 3–27 计算预付红价 A

3. G4 处输入“=（J4–G4）/G4”，点击“Enter”，右下角“+”下拉，得到双床房的变价空间 A（图 3–28）。

1	B	C	D	E	F	G	H	I	J	K	L	M	N	O
2	房型类别	价格等级	产品类别	房型	数量（间）	预付实价（元）	变价空间		预付红价		促销最高折扣率	会员最高折扣率	返佣前底价（元）	目标利润价（元）
3							A	B	A	B				
4	双床房	1	引流产品	城景悦享	5	566	=(J4-G4)/G4		496		-10%	0	545	480
5		2		全景雅享	5	596			545		0	0	545	480
6		3	守价产品	城景尊享	20	663			624		8%	5%	545	480
7		4		湖景尊享	20	760			674		12%	8%	545	480
8		5	增收产品	城景奢享	5	867			729		15%	12%	545	480
9		6		湖景奢享	5	1049			802		20%	15%	545	480

图 3–28 计算变价空间

4. K4 处输入 =“J4”。K5 处输入“=N5/（1–M5）”，点击“Enter”，右下角“+”下拉，得到各类双床房预付红价 B（图 3–29）。

1	B	C	D	E	F	G	H	I	J	K	L	M	N	O
2	房型类别	价格等级	产品类别	房型	数量（间）	预付实价（元）	变价空间		预付红价		促销最高折扣率	会员最高折扣率	返佣前底价（元）	目标利润价（元）
3							A	B	A	B				
4	双床房	1	引流产品	城景悦享	5	566	-12%		496	496	-10%	0	545	480
5		2		全景雅享	5	596	-9%		545	=N5/(1-M5)	0	0	545	480
6		3	守价产品	城景尊享	20	663	-6%		624		8%	5%	545	480
7		4		湖景尊享	20	760	-11%		674		12%	8%	545	480
8		5	增收产品	城景奢享	5	867	-16%		729		15%	12%	545	480
9		6		湖景奢享	5	1049	-24%		802		20%	15%	545	480

图 3–29 计算预付红价 B

5. I4 处输入“=（K4–G4）/G4”，点击“Enter”，右下角“+”下拉，得到双床房的变价空间 B（图 3–30）。

1	B	C	D	E	F	G	H	I	J	K	L	M	N	O
2	房型类别	价格等级	产品类别	房型	数量（间）	预付实价（元）	变价空间		预付红价		促销最高折扣率	会员最高折扣率	返佣前底价（元）	目标利润价（元）
3							A	B	A	B				
4	双床房	1	引流产品	城景悦享	5	566	-12%	=(K4-G4)/G4	496	496	-10%	0	545	480
5		2		全景雅享	5	596	-9%		545	545	0	0	545	480
6		3	守价产品	城景尊享	20	663	-6%		624	574	8%	5%	545	480
7		4		湖景尊享	20	760	-11%		674	593	12%	8%	545	480
8		5	增收产品	城景奢享	5	867	-16%		729	620	15%	12%	545	480
9		6		湖景奢享	5	1049	-24%		802	642	20%	15%	545	480

图 3-30 计算变价空间 B

6. 重复以上操作，可计算得到各类大床房的预付红价与变价空间。具体如表 3-30 所示。

表 3-30 M 酒店预付红价与变价空间测算结果

房型类别	价格等级	产品类别	房型	数量（间）	预付实价（元）	变价空间		预付红价		促销最高折扣率	会员最高折扣率	返佣前底价（元）	目标利润价（元）
						A	B	A	B				
双床房	1	引流产品	城景悦享	5	566	−12%	−12%	496	496	−10%	0	545	480
	2		全景雅享	5	596	−9%	−9%	545	545	0	0	545	480
	3	守价产品	城景尊享	20	663	−6%	−13%	624	574	8%	5%	545	480
	4		湖景尊享	20	760	−11%	−22%	674	593	12%	8%	545	480
	5	增收产品	城景奢享	5	867	−16%	−29%	729	620	15%	12%	545	480
	6		湖景奢享	5	1049	−24%	−39%	802	642	20%	15%	545	480
大床房	1	引流产品	湖景悦享	5	601	−17%	−17%	496	496	−10%	0	545	480
	2		全景雅享	5	632	−14%	−14%	545	545	0%	0	545	480
	3	守价产品	城景尊享	10	687	−9%	−16%	624	574	8%	5%	545	480
	4		湖景尊享	10	785	−14%	−24%	674	593	12%	8%	545	480
	5	增收产品	城景奢享	5	899	−19%	−31%	729	620	15%	12%	545	480
	6		湖景奢享	5	1098	−27%	−42%	802	642	20%	15%	545	480

【同步练习 8】

【习题】测算预付红价与变价空间

N 酒店的 OTA 佣金比例为 12%。其不同房型的“预付”“无早”渠道价格（预付实价），如表 3-31 所示。

1. 根据同步练习 6（表 3–26）确定的会员散客折扣系数，在表 3–31 中填写不同房型的“会员最高折扣率”。

2. 参考表 3–30，确定表 3–31 中不同房型的“促销最高折扣率”。

3. 按照出租率 60% 情况下的目标利润价（522 元），测算 N 酒店的预付红价与变价空间。

表 3–31　N 酒店预付红价与变价空间测算

房型类别	价格等级	产品类别	房型（间）	数量（间）	预付实价（元）	变价空间		预付红价		促销最高折扣率	会员最高折扣率	返佣前底价（元）	目标利润价（元）
						A	B	A	B				
双床房	1	引流产品	高级	5									522
	2		行政	10									522
	3	守价产品	豪华	20									522
	4		精品	15									522
	5	增收产品	尊贵	10									522
	6												
大床房	1	引流产品	高级	5									522
	2		行政	10									522
	3	守价产品	豪华	20									522
	4		精品	15									522
	5	增收产品	尊贵	10									522
	6												

三、确定季节 / 随机变价系数

动态变价是在明确变价空间的基础上，根据市场需求变化与容量留存情况，动态地调整客房产品价格，以期实现最大化收益。由于市场需求变化兼具季节性与随机性特点，动态变价也相应分为季节变价与随机变价。其基本方法就是对客房产品的基准价格 BAR，即无协议普通散客的“无限制最优价”，施以一定的变价系数，从而产生季节基准价或随机价格变化。

为兼顾市场的季节性与需求的随机性，并尽量保持客房价格的相对稳定，一般采用季节变价与随机变价分层联动的方法，称为“分层变价法”。分层变价法依次考虑季节因素与随机因素，先季节变价，再随机变价。当季节转换时，以一定的季节变价系数乘以基准价格 BAR，得到当季基准价。在此基础上，再根据市场需求的随机性变化与容量库存情况，施以不同的随机变价系数，以达到短期促销或适时增收的目的。

季节变价系数一般不低于 1 加上变价空间 A（即不包含促销折扣）之和。其具体数值的确定需考虑竞争因素，尽量与竞争群平均水平保持一致。这就要求采集竞对酒店的客房价格、计算相应变价系数以作参照。变价系数的算法公式是：

$$变价系数=\frac{变价后价格}{变价前价格} \tag{3-15}$$

在下行变价的情况下，随机变价等同于短期促销，其系数不低于 1 减去最高促销折扣率。以 M 酒店湖景奢享大床房为例（表 3-30），分层变价时，其季节变价系数不低于 0.73，随机变价系数不低于 0.80。当变价空间受基准价 BAR 季节性下行挤压，不足以支撑原有随机变价系数（或促销折扣）时，应以不考虑促销折扣的渠道红价 B（即表 3-30 中的预付红价 B），以及基准价 BAR 下行变价之后的当季基准价，重新测算变价空间，并对随机变价系数做出相应调整。

如果市场需求不存在明显的季节性差异，可将变价系数与客房出租率、在手预订挂钩，根据不同出租率水平选用不同的变价系数，即采用“简单变价法”。这种方法相对粗糙，但简便易行，其操作示例如表 3-32 所示。简单变价法也应把握变价空间，以明确变价底线。其变价系数应不低于 1 加上变价空间 B（即包含促销折扣）之和。以 M 酒店湖景奢享大床房为例（表 3-30），简单变价法下其变价系数不低于 0.58。简单变价法存在的主要问题，一是可能会因变价过度引发竞争酒店的应激反应，二是可能会因变价过频影响酒店产品或品牌形象。当市场需求存在比较明显的季节差异时，一般采用分层变价法。

表 3-32　简单变价法示例

		双床房				大床房			
OCC	名称	高级	行政	豪华	湖景	高级	行政	豪华	湖景
30%~40%	变价系数	0.7	0.85	0.85	0.8	0.7	0.85	0.85	0.8
	价格（元）	419	627	746	842	433	644	827	983
40%~50%	变价系数	0.8	0.9	0.9	0.85	0.8	0.9	0.9	0.85
	价格（元）	478	664	790	894	494	682	876	1045
50%~60%	变价系数	0.90	0.95	0.95	0.90	0.90	0.95	0.95	0.90
	价格（元）	538	701	834	947	556	720	924	1106
60%~65%	BAR	598	738	878	1052	618	758	973	1229

续表

		双床房				大床房			
OCC	名称	高级	行政	豪华	湖景	高级	行政	豪华	湖景
65%~75%	变价系数	1.05	1.05	1.05	1.05	1.05	1.05	1.05	1.05
	价格（元）	628	775	922	1105	649	796	1022	1290
75%~85%	变价系数	1.1	1.1	1.1	1.1	1.1	1.1	1.1	1.1
	价格（元）	658	812	966	1157	680	834	1070	1352
85%~90%	变价系数	1.2	1.2	1.2	1.2	1.2	1.2	1.2	1.2
	价格（元）	718	886	1054	1262	742	910	1168	1475
90%~95%	变价系数	1.3	1.3	1.3	1.3	1.3	1.3	1.3	1.3
	价格（元）	777	959	1141	1368	803	985	1265	1598

【算法演示 9】

【例题】季节 / 随机变价系数的确定

M 酒店竞争群市场需求的淡、平、旺三季比较明显。采集竞对 A、竞对 B 的 OTA 散客月度平均房价数据，如表 3-33 所示。

1. M 酒店竞争群淡、平、旺三季如何划分？

2. 计算竞对 A、B 的季节变价系数。

3. 确定 M 酒店的季节变价系数与淡季最低随机变价系数。

表 3-33　竞对 A、B 月度平均房价

月份	1 月	2 月	3 月	4 月	5 月	6 月	7 月	8 月	9 月	10 月	11 月	12 月
竞对 A（元）	701	721	779	843	841	816	865	880	812	896	761	642
竞对 B（元）	638	608	742	760	741	738	804	841	761	845	734	627

【演示】

1. 参照【算法演示 7】，利用表 3-33 数据与 SPSS 统计软件进行聚类分析，得到了谱系图 3-31。可知 M 酒店竞争群市场季节划分为：淡季 12 月、1 月、2 月，旺季 7 月、8 月、10 月，其他月份为平季。

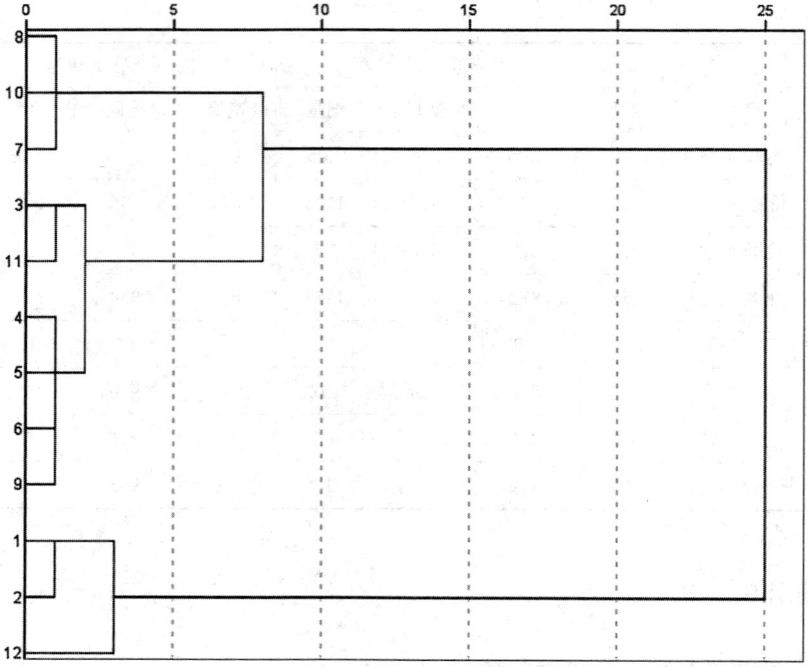

图 3-31　聚类分析谱系图

2. 用简答算术平均法，分别计算竞对 A、竞对 B 的季节均价。以平季均价为基础，按照公式 3-13，分别计算竞对A、竞对B的淡季和旺季变价系数。结果如表 3-34 所示。

表 3-34　竞对 A、B 季节变价系数测算

季节	月份	季节均价（元）		变价系数
淡季	12 月、1 月、2 月	竞对 A	688	0.85
		竞对 B	625	0.84
平季	3 月、4 月、5 月、6 月、9 月、11 月	竞对 A	809	—
		竞对 B	746	—
旺季	7 月、8 月、10 月	竞对 A	880	1.09
		竞对 B	830	1.11

3. 参照表 3-34，M 酒店的淡季变价系数可为 0.85，旺季变价系数可为 1.11。淡季以 0.85 的系数实施季节变价之后，变价空间 A 不足以支撑原有短期促销折扣率，需采用预付红价 B 重新计算变价空间，设定随机变价系数。

（1）以平季基准价（即预付实价），乘以淡季变价系数，得到淡季基准价。

（2）根据公式（3-12），用淡季基准价和渠道预付红价 B 计算得到淡季变价空间。变价空间为正数的，说明其基准价低于预付红价。

（3）所有引流产品和城景尊享守价产品，最低随机变价系数设为1（也可按实际情况略低于1），其余产品的最低随机变价系数按（1+变价空间）计算得出。

（4）取消守价产品的会员折扣。城景奢享和湖景奢享房型的最高会员折扣，分别降低到5%和8%。

最终结果如表3-35所示。

表3-35 M酒店淡季最低随机变价系数测算

房型类别	价格等级	产品类别	房型	数量（间）	平季基准价（元）	淡季变价系数	淡季基准价（元）	淡季变价空间	预付红价B（元）	最低随机变价系数	会员最低折扣系数	返佣前底价（元）	目标利润价（元）	备注
双床房	1	引流产品	城景悦享	5	566	0.85	481	3%	496	1.00	1.00	545	480	
	2		全景雅享	5	596	0.85	507	8%	545	1.00	1.00	545	480	
	3	守价产品	城景尊享	20	663	0.85	564	2%	574	1.00	1.00	545	480	取消会员折扣
	4		湖景尊享	20	760	0.85	646	-8%	593	0.92	1.00	545	480	取消会员折扣
	5	增收产品	城景奢享	5	867	0.85	737	-16%	620	0.84	0.95	545	480	会员最高折扣率降低到5%
	6		湖景奢享	5	1049	0.85	892	-28%	642	0.72	0.92	545	480	会员最最高折扣率降低到8%
大床房	1	引流产品	湖景悦享	5	601	0.85	511	-3%	496	1.00	1.00	545	480	
	2		全景雅享	5	632	0.85	537	1%	545	1.00	1.00	545	480	
	3	守价产品	城景尊享	10	687	0.85	584	-2%	574	1.00	1.00	545	480	取消会员折扣
	4		湖景尊享	10	785	0.85	667	-11%	593	0.89	1.00	545	480	取消会员折扣
	5	增收产品	城景奢享	5	899	0.85	764	-19%	620	0.81	0.95	545	480	会员最高折扣率降低到5%
	6		湖景奢享	5	1098	0.85	933	-31%	642	0.69	0.92	545	480	会员最高折扣率降低到8%

【同步练习 9】

【习题】季节 / 随机变价系数的确定

假定 N 酒店市场需求分淡、平、旺三季，淡季变价系数为 0.85。根据同步练习 8（表 3-31）数据，计算其淡季最低随机变价系数，填写表 3-36。

表 3-36　N 酒店淡季最低随机变价系数测算

房型类别	价格等级	产品类别	房型	数量（间）	平季基准价（元）	淡季变价系数	淡季基准价（元）	淡季变价空间	预付红价 A/B（元）	最低随机变价系数	会员最低折扣系数	返佣前底价（元）	目标利润价（元）	备注
双床房	1	引流产品	高级	5		0.85							522	
	2		行政	10		0.85							522	
	3	守价产品	豪华	20		0.85							522	
	4		精品	15		0.85							522	
	5	增收产品	尊贵	10		0.85							522	
	6													
大床房	1	引流产品	高级	5		0.85							522	
	2		行政	10		0.85							522	
	3	守价产品	豪华	20		0.85							522	
	4		精品	15		0.85							522	
	5	增收产品	尊贵	10		0.85							522	
	6													

第五节　基于线性函数的价格优化

一、价格优化的基本问题

1. 基准价格 BAR_0 的价格地位

价格管理是一个由线及面、从静至动，时空统一的立体化过程。测算运营成本和基础价格，是从成本、利润角度明确价格底线。产品差异与竞争力比对定价，是从市场竞争角度确定基准价格线 BAR_0。以 BAR_0 为基础，通过非靶向细分变量实施差别定价，可将基准价格线拓展到不同的细分市场层面，从而建立起静态的基本价格空间截面体系。在此基础上，根据市场的季节性或需求的随机性变化，在不同季节或不同时点 t，对基准价格线 BAR_0 施以不同的变价系数，得到基准变价 BAR_t，连带其关联的不同细分市场差别价格，就可使静态价格面“动”起来，形成动态的价格时空变化体系。

价格管理的以上逻辑，如图 3-32 所示。由图可知，在价格由线及面、从静到动的动态变化过程中，基准价格线 BAR_0 起着基础性与引导性作用。基准价格 BAR_0 不同，同一时点的差别价格不同，不同时点的季节基价（基准变价）BAR_t 以及随机价格也不同。基准价格 BAR_0 变了，差别定价与基准变价 BAR_t 也随之发生变化。因此，基准价格 BAR_0 是整个价格体系的核心。

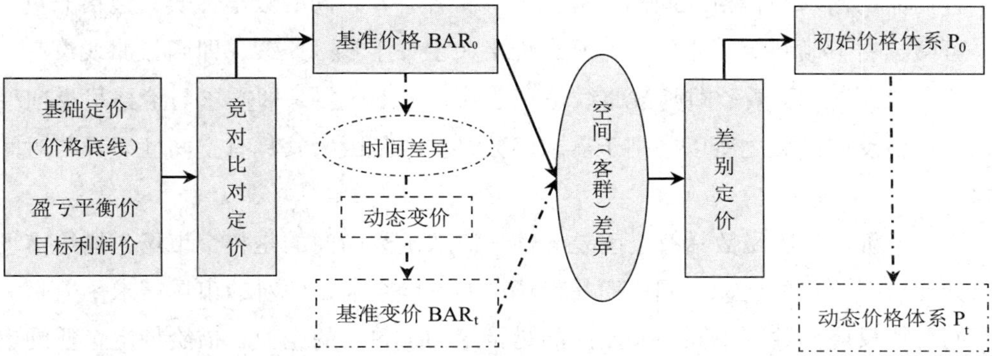

图 3-32　价格管理的基本逻辑

2. 价格优化的基本问题

科学、合理地修正基准价格 BAR_0，是价格优化的基本问题。所谓“BAR（Best Available Rate）”，即“无限制条件最优公开市场散客价”，简称“无限制最优价”（参见表 3-22）。由于它是所有价格的参照基准，也称“基准价”。“无限制条件”就是不附加任何限制条件，如“连住 3 晚”“不可取消”“金卡会员”等。“公开市场散客价”，一般就是 OTA 散客价。这里的关键在于“最优”。什么是“最优价”？从收益管理的角度讲，“最优价”就是有助于实现最大化收益的价格。

在把握反映成本与利润的基础价格底线的基础上，通过竞争群产品差异与竞争力比对确定基准价格线，可以达到联结市场、体现酒店客房产品市场价值、初步明确实际售价的目的。但这种通过竞对比对确定的基准价格线，是否能够帮助企业在一定条件下实现最大化收益，仍然是未知数。只有经过一段时间的实际运营与数据积累，发现市场运行的实际规律，找到相应的价格反应函数之后，才可能发现“最优”并做出针对性修正与相应的价格优化。

需特别指出的是，所谓“最优价”，只存在于特定的市场情境、特定的细分客群，以及有限的时间长度内——可能是几周、几天甚至几小时。不存在一个或几个固定不变的、长期有效的最优价格。价格“优化”的过程，就是在不同的市场环境下、在特定的时间长度内，基于不同细分市场的运营数据，不断发现“最优”、不断修正系列基准价格的动态过程。

二、价格反应函数与价格弹性

1. 价格反应函数

价格反应函数也称价格反应曲线，类似于经济学上的需求函数（需求曲线），反映了一种商品的需求与价格之间的对应关系。两者有着相同的数学性质，包括非负、连续、可微、右下倾斜等。非负，即所有价格大于等于零。连续，即函数曲线没有“断点”或“跳跃”。可微，即函数曲线是平滑的。右下倾斜，即需求与价格呈反向变动关系。价格反应函数之所以区别于需求函数，主要是因为其具有空间性差异与时间性局限。

第一，价格反应函数具有空间差异性。需求函数面向的是整个市场，描绘市场总需求如何应对价格的变动。同一商品市场中的不同企业，面对的市场需求函数是一样的。而价格反应函数则不同，其面向的是特定的、单一的企业，描绘特定企业的市场需求如何应对价格的变动。同一商品市场的不同企业，其价格反应函数可能截然不同；同一企业的相同产品在不同的细分市场，价格反应函数也可能完全不同。

第二，价格反应函数具有时间局限性。价格反应函数反映一定时间长度内特定企业的市场需求与价格变动的关系，其有效时长可能是几周、几天甚至几小时。在不同时间区间内，价格反应函数可能会大不相同。也许本周是一个价格反应函数，下周又变成另外一个函数；甚至上午是一个价格反应函数，到下午又发生变化。这意味着同一价格在不同时间点上的需求不同，从而导致价格反应函数曲线的位移（图 3-33）。这就能解释现实生活中高（低）*ADR* 伴随高（低）*OCC* 的现象。这也是前文所述，“特定企业的产品需求与价格之间，更似一种既有反向变动规律又具较大结构自由度的数量组合关系”[①] 的原因所在。

---

① 详见第一章第二节之“2. 以结构性优化实现最大化收益”。

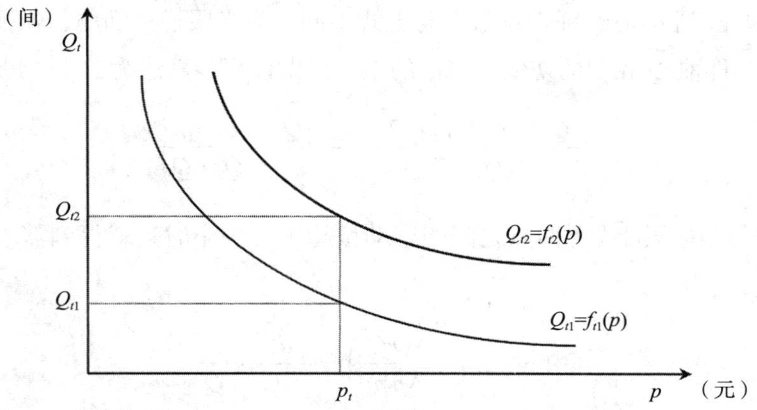

图 3-33 价格反应函数曲线的时点位移

2. 需求的价格弹性

价格反应函数从企业层面描绘了需求与价格之间的对应关系。这个“反应”是需求对价格变化的反应，其程度可用“弹性”（elasticity）系数来度量。如果两个经济变量存在函数关系，弹性系数就等于因变量变动比例与自变量变动比例之商，反映自变量变动 1% 会引起因变量变动的百分数。具体到价格反应函数，其需求价格弹性（e_d）的计算公式是：

$$需求的价格弹性系数（e_d）= -\frac{需求量的变动比例}{价格的变动比例} \tag{3-16}$$

由于需求与价格呈反向关系，弹性系数 e_d 实际上是负值。为方便比较，e_d 习惯取正数，故公式（3-14）右端添加了负号。$e_d>1$，称为富有弹性，说明需求对价格变动具有敏感性；$e_d<1$，称为缺乏弹性，说明需求对价格变动不敏感。$e_d=1$，称为单位弹性，$e_d=0$，为完全无弹性，$e_d=\infty$，为完全弹性。

需求的价格弹性可分为“弧弹性”（arc elasticity）与“点弹性”（point elasticity）。前者表示价格反应函数曲线两点之间的弹性，后者表示曲线某一点上的弹性。假定价格反应函数为 $Q=f(p)$，ΔQ 和 Δp 分别表示需求的变动量和价格的变动量，则需求的价格弧弹性的计算公式为：

$$e_d = -\frac{\Delta Q/Q}{\Delta p/p} = -\frac{\Delta Q}{\Delta p}\cdot\frac{p}{Q} \tag{3-17}$$

假设价格从 p_0 到 p_1，相应需求由 Q_0 变为 Q_1，则弧弹性公式为：

$$e_d = -\frac{\Delta Q/Q}{\Delta p/p} = -\frac{Q_1-Q_0}{p_1-p_0}\cdot\frac{p_0}{Q_0} \tag{3-18}$$

当价格从 p_1 到 p_0 时，弹性系数会与上式不同。为克服这一问题，弧弹性通常采用"中点公式"，即取 Q 和 p 的初值与终值的中点值做计算。算法为：

$$e_d = -\frac{\Delta Q}{\Delta p} \cdot \frac{(p_1+p_0)/2}{(Q_1+Q_0)/2} = -\frac{\Delta Q}{\Delta p} \cdot \frac{p_1+p_0}{Q_1+Q_0} \tag{3-19}$$

当价格反应函数曲线上两点之间的变动量趋于无限小时，就得到需求的价格点弹性。其计算公式为：

$$e_d = -\lim_{\Delta p \to 0}\left(-\frac{\Delta Q/Q}{\Delta p/p}\right) = -\frac{dQ}{dp} \cdot \frac{p}{Q} \tag{3-20}$$

3. Logistic 价格反应函数

Logistic 价格反应函数是具有普遍意义的价格反应函数。它描述了消费需求应对价格变化的一般规律，真实地、全局地刻画了需求的价格反应特征。用 Q 代表特定酒店客房产品的市场需求，p 代表该酒店的客房价格。则 Logistic 价格反应函数方程式为：

$$Q(p) = \frac{c}{1+ae^{bp}} \tag{3-21}$$

式中 a、b、c 是参数，且均大于 0。其中 b 反映市场需求对价格的敏感性；b 值越大，市场需求对价格越敏感。c 一般为酒店拥有的客房总数。假定 c 等于 500，a 等于 0.00025；b 分别等于 0.009、0.015、0.018 时，其 *Logistic* 价格反应函数曲线如图 3-34 所示。可以看出，*Logistic* 价格反应函数是一条倒"*S*"形曲线，两端平缓、中间陡峭。b 值越大，曲线中间段越陡峭，需求 Q 对价格 p 的反应越敏感；b 值越小，曲线中间段越平缓，需求 Q 对价格 p 的反应越欠敏感（图 3-34）。

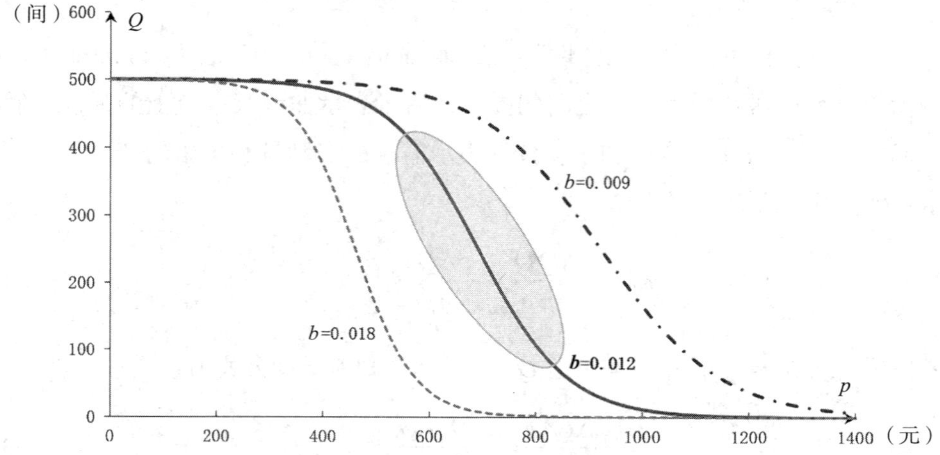

图 3-34　Logistic 价格反应函数图像

在同一条曲线中，价格越靠近中间段区域，需求的价格弹性越大。价格越靠近曲线两端，需求的价格弹性越小。例如，当 b 等于 0.012 时，价格越靠近图中椭圆阴影部分，需求的价格弹性越大；而价格低于 400 元或大于 1000 元时，需求的价格弹性越小。函数曲线的中间段区域可看作市场价格区域。这意味着，客房价格越接近市场价格，其需求的价格弹性越高；客房价格越高于或低于市场价格，其需求的价格弹性越低。这符合消费者价格反应的一般规律。

4. 一元线性价格反应函数

一元线性价格反应函数是非常有用的局部价格反应模型。它假定需求（Q）与价格（p）呈线性关系。无论基础价格是多少，价格的增量变化引起的需求改变都是相同的。这虽然不符合现实的一般情况，尤其在市场竞争环境下——根据 Logistic 价格反应函数，价格非常接近竞争者价格，需求的价格弹性越大；但也并非完全不符合实际，在特定的时段与条件下是有可能存在的。一元线性价格反应函数是最容易处理的市场反应模型，常用于特定情境下的相应分析与决策。其方程式为：

$$Q(p) = \mathrm{D} - ap \tag{3-22}$$

其中 $Q \geqslant 0$，$D > 0$，$a > 0$。一元线性价格反应函数为一条右下倾斜的直线（图 3-35）。价格越低（如图中 A 点），相应的点弹性系数越小；价格越高（如图中 B 点），相应的点弹性系数越大。

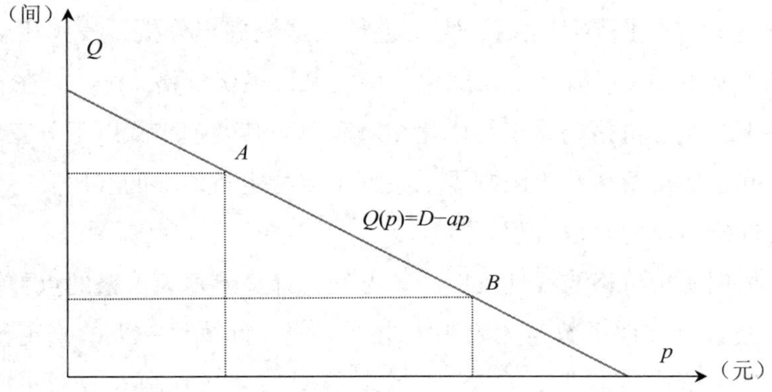

图 3-35　一元线性反应函数与点弹性

将一元线性价格反应函数代入收益函数方程，绘制相应的点弹性曲线 $e_d(p)$ 与收益曲线 $R(p)$ 如图 3-36 所示，从中可得出以下结论：

第一，价格 p 越高，相应的点弹性 $e_d(p)$ 越大；这与图 3-35 一致。

第二，当点弹性 e_d 等于 1 时，其价格 p^* 为“最优价格”，此时收益函数 $R(p)$ 到达

极值点 $R(p^*)$。

第三，当点弹性 e_d 小于 1 时，价格增长会带来收益 $R(p)$ 增长。

第四，当点弹性 e_d 大于 1 时，价格增长会造成收益 $R(p)$ 下降。

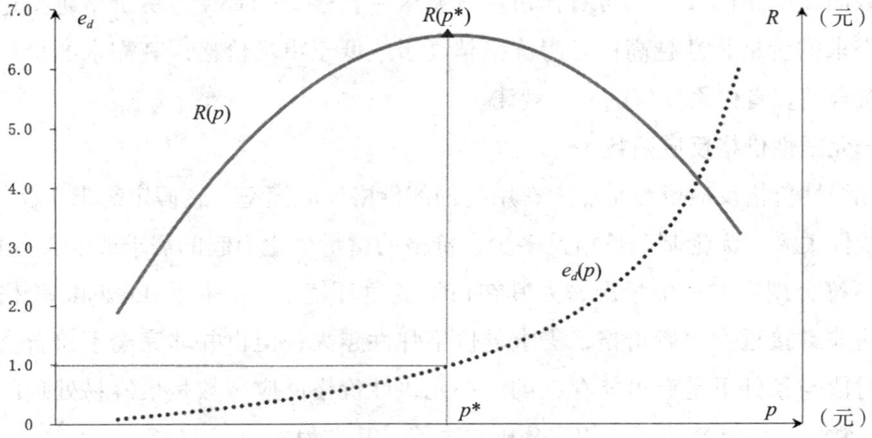

图 3-36　点弹性与收益函数

三、线性价格反应函数的价格优化

1. 点弹性与基准价格修正

利用产品差异与竞争力比对定价法，确定不同客房产品的基准价格 BAR_0，并经过一定时间实际运营与数据累积之后，需要进行数据挖掘与分析，找到相应的价格反应函数，对基准价格 BAR_0 进行修正与优化，使之贴近最优价格“p^*”。在一元线性价格反应函数条件下，基准价格的修正与优化相对简单。其处理步骤以下分三步进行。

第一步，基于历史价格与无限制需求数据（或特定条件下的客房实际销售量），分析并拟合出线性价格反应函数方程。①

第二步，根据历史价格与线性反应函数方程，计算出每天价格的点弹性系数。

第三步，结合点弹性系数与无限制需求预测值，计算每一天的修正价格。根据点弹性公式（3-20）倒推，可得：

$$p = (e_d * Q) / \left(-\frac{dQ}{dp}\right) \tag{3-23}$$

需要特别注意的是，价格修正与优化的对象是基准价格“BAR”，需选取“无限制最优价”的相应数据，即“OTA 散客”市场细分块的“渠道实价”与无限制需求数据。

① 详见“第四章第三节的一元线性回归分析”。

如果将其他市场细分块（如会员散客、协议散客等）数据混在一起，则其价格指标为平均房价，而非基准价格。

【算法演示 10】

【例题】基准价格 BAR 的修正

X 酒店拥有高级双床房 120 间。每年 3 月是其经营淡季，一般不对 OTA 散客预订附加限制条件。根据历史统计数据拟合，3 月前两周，OTA 散客对高级双床房需求的价格反应函数为 Q=102.12−0.0796p。具体销售情况以及未来同期（目标期）的需求预测，如表 3–37 所示。

1. 计算历史同期每日价格的点弹性。

2. 计算目标期（未来同期）的每日修正价格。

表 3–37　X 酒店房价房量数据与需求预测

周	天	历史同期			目标期	
		基准价格（元）	销售间夜	点弹性	无限制需求	修正价格（元）
1	1	383	72		87	
	2	402	69		73	
	3	369	93		102	
	4	375	83		84	
	5	775	33		42	
	6	940	27		36	
	7	531	56		49	
2	1	479	62		69	
	2	537	54		56	
	3	542	48		53	
	4	511	59		62	
	5	1031	20		18	
	6	1221	17		15	
	7	685	38		43	

【演示】

1. 由于 X 酒店的 3 月份为经营淡季，不对 OTA 散客预订做任何限制，且每日客房销售间夜数都低于客房总数 120 间，可认为客房销售间夜数等于市场实际需求数。

2. 酒店当期的价格反应函数为 Q=102.12−0.0796p，Q 对 p 的导数等于（−0.0796），即 $\frac{dQ}{dp}=-0.0796$。

3. 打开配套 Excel 文件（表 3−37），在 F4 处输入“=0.0796*（D4/E4）”，点击“Enter”，右下角“+”下拉，得到各价格的点弹性（图 3−37）。

1	B	C	D	E	F	G	H
2	周	天	历史同期			目标期	
3			基准价格（元）	销售间夜	点弹性	无限制需求	修正价格（元）
4	1	1	383	72	=0.0796×(D4/E4)	87	
5		2	402	69		73	
6		3	369	93		102	
7		4	375	83		84	
8		5	775	33		42	
9		6	940	27		36	
10		7	531	56		49	

图 3−37 计算点弹性

4. 根据公式（3−23），$p=(e_d\times Q)/\left(-\frac{dQ}{dp}\right)=(e_d\times Q)/0.0796$。

5. 在 H4 处输入“=F4*G4/0.0796”，点击“Enter”，右下角“+”下拉，得到每日修正价格（图 3−38）。

1	B	C	D	E	F	G	H
2	周	天	历史同期			目标期	
3			基准价格（元）	销售间夜	点弹性	无限制需求	修正价格（元）
4	1	1	383	72	0.42	87	=F4×G4/0.0796
5		2	402	69		73	
6		3	369	93		102	
7		4	375	83		84	
8		5	775	33		42	
9		6	940	27		36	
10		7	531	56		49	

图 3−38 计算修正价格

6. 最终计算结果见表 3−38。

表 3-38　X 酒店目标期的修正价格

周	天	历史同期			目标期	
		基准价格（元）	销售间夜	点弹性	无限制需求	修正价格（元）
1	1	383	72	0.42	87	462
	2	402	69	0.46	73	425
	3	369	93	0.32	102	405
	4	375	83	0.36	84	379
	5	775	33	1.87	42	987
	6	940	27	2.77	36	1254
	7	531	56	0.75	49	464
2	1	479	62	0.62	69	533
	2	537	54	0.79	56	557
	3	542	48	0.90	53	599
	4	511	59	0.69	62	537
	5	1031	20	4.11	18	928
	6	1221	17	5.72	15	1078
	7	685	38	1.43	43	775

【同步练习 10】

【习题】基准价格 BAR 的修正

Y 酒店拥有豪华双床房 110 间。每年 2 月份是其经营淡季，一般不对 OTA 散客预订附加限制条件。根据历史统计数据拟合，2 月份中间两周，OTA 散客对豪华双床房的价格反应函数为 Q=255.52−0.2704p。具体销售情况及未来同期（目标期）需求预测见表 3-39。

1. 计算历史同期每日价格的点弹性。

2. 计算目标期（未来同期）的每日修正价格。

表 3-39　Y 酒店房价房量数据与需求预测

周	天	历史同期			目标期	
		基准价格（元）	销售间夜	点弹性	无限制需求	修正价格（元）
2	1	717	61		68	
	2	747	46		52	
	3	828	30		32	
	4	804	38		41	
	5	703	75		68	
	6	692	79		72	
	7	560	93		103	
3	1	733	52		61	
	2	731	54		67	
	3	768	42		53	
	4	676	82		88	
	5	659	86		77	
	6	714	63		58	
	7	548	105		112	

2. 计算最优价格与变价空间

基于点弹性对基准价格做出的修正，实际上是依据价格反应函数赋予的价格弹性，在原有价格基础上根据需求变化做出的变价反应，并没有解决价格最优问题。换句话说，利用点弹性修正后的基准价格，是在价格反应函数基础上，根据需求变化计算出的修正价格，而不一定就是极值点处的最优价格 p^*。

例如，从表 3-38 中就可以发现，X 酒店三月份前两周每一天的点弹性多数小于 1，部分时间大于 1，均与 1 有较大的距离。而根据图 3-36，点弹性等于 1 为最优价格，此时收益曲线到达极值点。点弹性小于 1 表明价格偏低，价格上涨会带来收益上升。点弹性大于表明价格偏高。价格上升会造成收益下降。X 酒店周一到周四的基准价格都是偏低的，还有上升的空间。那么，X 酒店当期的最优价格是多少，每一天的变价空间还有多大，这需要做进一步计算。

【算法演示 11】

【例题】变价空间与价格优化策略[①]

X 酒店拥有高级双床房 120 间。每年 3 月是其经营淡季，一般不对 OTA 散客预订附加限制条件。根据历史统计数据拟合，3 月前两周，OTA 散客对高级双床房需求的价格反应函数为 Q=102.12−0.0796p。具体销售情况以及未来同期（目标期）的需求预测，如表 3−37 所示。

1. 计算目标期的每日最优价格 p^*。

2. 计算利用点弹性进行价格修正之后目标期的每日变价空间。

3. 比较历史同期、目标期价格修正之后以及每日最优价销售的期间总收益。

4. 目标期每日价格优化的总体策略是什么？

【演示】

1. 计算目标期的每日最优价格 p^*

（1）数学计算法

目标期的最优价格 p^* 是收益函数达到极值点的价格。收益函数为 $R=p\cdot Q$，价格反应函数为 $Q=102.12-0.0796p$，很容易用数学演算得到最优价格 p^*。过程如下：

$$R=p\cdot Q=p\cdot(102.12-0.0796p)$$

$$R=102.12p-0.0796p^2$$

根据一元二次函数的极值定理，当 $p=-\dfrac{b}{2a}$ 时，函数取极值点。此处 $a=-0.0796$，$b=102.12$。代入计算，p 等于 641.46，Q 等于 51.06。两数均取整，可得每日最优价格为 641 元，最大收益为 32691 元。

（2）Excel 规划求解法

利用 Excel 的“数据—规划求解”工具，可免去数学计算过程得出结果。方法如下（图 3−39）：

①新建一个 Excel 文档，在 B2、B3、B4 格分别输入 p、Q、R。

②在 C3 格输入价格反应函数：“=102.12−0.0796*C2”，点击“Enter”。

① 本例题展示基于一元线性价格反应函数的最优价格算法。基于弧弹性的最优价格算法可参见本章思考题的脚注。

1	B	C
2	p	
3	Q	=102. 12-0. 0796×C2
4	R	

图 3-39　输入价格反应函数方程

③在 C4 处输入收益函数：“=102.12×C2−0.0796×C2^2”，点击“Enter”（图 3-40）。

1	B	C
2	p	
3	Q	102. 12
4	R	=102. 12 C2-0. 0796×C2^2

图 3-40　输入收益函数方程

④点击“数据”—“线性规划”，在规划求解参数表中，设置目标为“C4”，即收益 R。“通过更改可变单元格”设置为“C2”（即价格 p）（图 3-41）。

1	B	C
2	p	
3	Q	102. 12
4	R	0

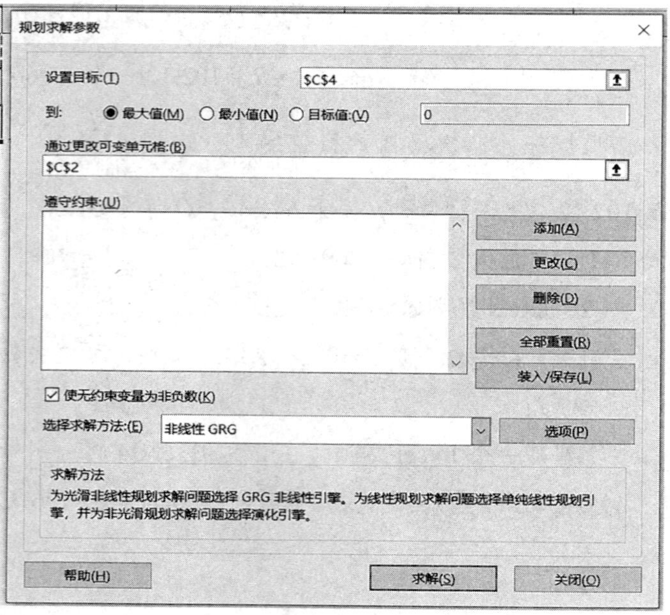

图 3-41　设置规划求解参数

⑤ X 酒店拥有的高级双床房只有 120 间，因此需添加约束条件 Q≤120。在“遵守约束”框右边点击“添加”。然后在跳出的添加约束框内，“单元格引用”处输入“\$C\$3”，“约束”处输入“120”。然后点击“确定”—“求解”（图 3-42）。

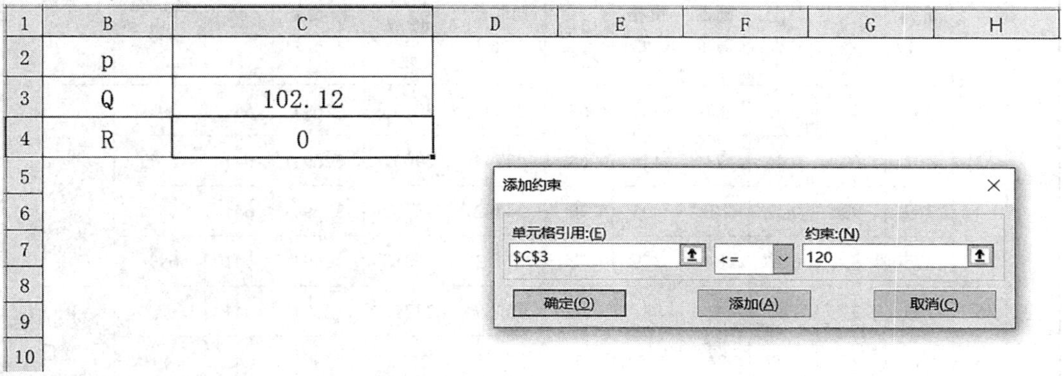

图 3-42 输入约束条件

⑥规划求解的输出结果如（图 3-43）所示，与数学计算结果一致。

1	B	C
2	*p*	641.46
3	*Q*	51.06
4	*R*	32752.81

图 3-43 规划求解的结果

2. 根据公式（3-12），利用点弹性进行价格修正，计算目标期每日变价空间，结果见表 3-40。可知 X 酒店目标期周一至周四房价仍有上行空间，而周五至周日房价偏高。

3. X 酒店历史同期、目标期价格修正之后以及每日最优价销售的期间总收益，如表 3-40 所示。如果按照每日最优价销售，期间总收益最高。而价格经点弹性修正之后，期间总收益会低于历史同期。

4. 目标期每日价格优化的总体策略应该是：周一至周四逐步上行变价，慢慢往最优价靠拢。周五至周日（第 1 周周日除外）逐步下行变价，适度降低现有价格水平。

表 3-40　X 酒店的收益比较与价格优化策略

周	天	历史同期			目标期			收益比较			最优价格（元）	价格修正后的变价空间	价格优化策略
		基准价格（元）	销售间夜	点弹性	非限制性需求	修正价格（元）	价格修正后的需求	历史同期收益（元）	价格修正后收益（元）	最优价格收益（元）			
1	1	383	72	0.42	87	462	65	27543	30196	32691	641	39%	逐步上行变价
	2	402	69	0.46	73	425	68	27744	29037	32691	641	51%	
	3	369	93	0.32	102	405	70	34342	28302	32691	641	58%	
	4	375	83	0.36	84	379	72	31113	27285	32691	641	69%	
	5	775	33	1.87	42	987	24	25587	23258	32691	641	−35%	逐步下行变价
	6	940	27	2.77	36	1254	2	25388	2911	32691	641	−49%	
	7	531	56	0.75	49	464	65	29726	30260	32691	641	38%	逐步上行变价
2	1	479	62	0.62	69	533	60	29710	31822	32691	641	20%	逐步上行变价
	2	537	54	0.79	56	557	58	29012	32187	32691	641	15%	
	3	542	48	0.90	53	599	54	26023	32607	32691	641	7%	
	4	511	59	0.69	62	537	59	30150	31884	32691	641	19%	
	5	1031	20	4.11	18	928	28	20628	26204	32691	641	−31%	逐步下行变价
	6	1221	17	5.72	15	1078	16	20762	17609	32691	641	−41%	
	7	685	38	1.43	43	775	40	26028	31332	32691	641	−17%	
期间总收益								383757	374895	457674	—		

【同步练习 11】

【习题】变价空间与价格优化策略

Y 酒店拥有豪华双床房 110 间。每年 1 月是其经营淡季，一般不对 OTA 散客预订附加限制条件。根据历史统计数据拟合，1 月中间两周，OTA 散客对豪华双床房的价格反应函数为 $Q=255.52-0.2704p$。具体销售情况及未来同期（目标期）需求预测，如表 3-39 所示。

1. 计算目标期的每日最优价格 p^*，填写表 3-41。

2. 计算利用点弹性进行价格修正之后目标期的每日变价空间。

3. 比较历史同期、目标期价格修正之后以及每日最优价销售的期间总收益。

4. 目标期每日价格优化的总体策略是什么？

表 3–41 Y 酒店的收益比较与价格优化策略

周	天	历史同期			目标期			收益比较			最优价格（元）	价格修正后的变价空间	价格优化策略
		基准价格（元）	销售间夜	点弹性	非限制性需求	修正价格（元）	价格修正后的需求	历史同期收益（元）	价格修正后收益（元）	最优价格收益（元）			
1	1	717	61		68								
	2	747	46		52								
	3	828	30		32								
	4	804	38		41								
	5	703	75		68								
	6	692	79		72								
	7	560	93		103								
2	1	733	52		61								
	2	731	54		67								
	3	768	42		53								
	4	676	82		88								
	5	659	86		77								
	6	714	63		58								
	7	548	105		112								
期间总收益												——	

Ⅰ. RMS 操作

一、细分市场设置

“设置—参数设置”页面，可以设置与编辑细分市场（I–1）。

code	中文描述	英文描述	其他语言	是否有效	无效日期	是否统计	市场大类code
qld	集团特批价	qualified discount	集团特批价	1	1	1	jtm
pro	促销散客	promotion	促销散客	1	2	1	tra
rck	门市价散客	rack	门市价散客	1	3	1	tra
rac	门市价	rack rate	门市价	1	4	1	fit
otz	自来网	自来网	自来网	1	5	1	tra
mtc	会议	meeting corporate	会议	1	6	1	mtg
met	商务会议	business meeting	商务会议	1	7	1	gmi
otd	国内ota散客	online travel agent (domestice	国内ota散客	1	8	1	tra
nwf	网络散客(订房中心)	network fit	网络散客(订房中心)	1	9	1	nft
whd	国内旅行社散客	travel agent (domestice)	国内旅行社散客	1	10	1	twh
web	官网散客	group/hotel web	官网散客	1	11	1	tra
zlw	自来网络	network fit	自来网络	1	12	1	nft
yzc	业主卡	s	业主卡	1	13	1	fit
trg	旅行社团队	group tour series - others	旅行社团队	1	14	1	gto
seg	系列团队(系列团)	series group	系列团队(系列团)	1	15	1	gle
rsp	季节促销价	seasonal promotion	季节促销价	1	16	1	fit
trf	旅行社散客	group tour one time - others	旅行社散客	1	17	1	fit
stf	集团员工散客	group staff	集团员工散客	1	18	1	tco
meb	会员折扣	membership discount	会员折扣	1	19	1	tme
dus	钟点房	day use	钟点房	1	20	1	oth
cor	协议公司散客	corporate a	协议公司散客	1	21	1	fit
fre	上门散客-re	上门散客-re	上门散客-re	1	22	1	fit

图 I-1　设置细分市场

二、查找月间夜数据

进入“报表—数据对比”页面，时间格选择“月”，数据分类格选择“市场”或“渠道”，勾选“间夜数”，通过“条件一”后面的“添加”增加月份，点“查询”可得到数据表（与差异分析图表），点“导出”即可导出 Excel 数据文件（图 I-2）。

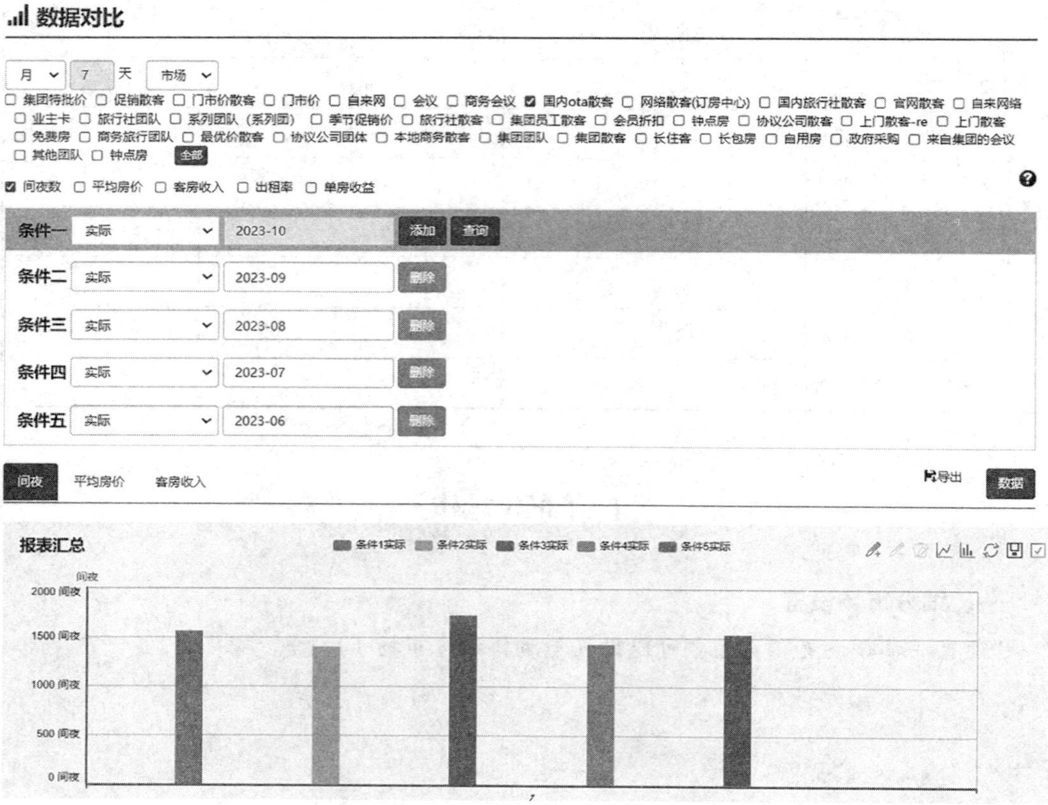

图 I-2　月度销售间夜数据查询

三、查询每日“建议散客价”（BAR）

1.“优化—定价”界面

鸿鹄 RMS 系统会自动计算生成未来每日 BAR——“建议散客价”。查询未来每日“建议散客价”，可以进入“优化—定价”界面。第一栏红色价格即为“建议散客价”（图 I-3）。

图 I-3　在优化模块查询每日建议散客价（BAR）

2.“分析—日历概览”界面

在“分析—日历概览”页面，鼠标双击任何一天作为“被观测时点”（当天为观测时点），跳出“每日重要参数”，即可显示此后 15 天内的“建议散客价”（BAR）（图 I-4）

被观测时点 < 2023-11-07 >　　导出

日期	11-07	11-08	11-09	11-10	11-11	11-12	11-13	11-14	11-15	11-16	11-17	11-18	11-19	11-20	11-21
星期	星期二	星期三	星期四	星期五	星期六	星期日	星期一	星期二	星期三	星期四	星期五	星期六	星期日	星期一	星期二
剩余时间	14	15	16	17	18	19	20	21	22	23	24	25	26	27	28
市场需求	1,000	1,000	1,000	0	0	0	0	1,000	1,000	1,000	1,000	1,000	1,000	0	1,000
可售房	303	303	303	303	303	303	303	303	303	303	298	303	303	303	303
维修房 | 锁定房	0 / 0	0 / 0	0 / 0	0 / 0	0 / 0	0 / 0	0 / 0	0 / 0	0 / 0	0 / 0	5 / 0	0 / 0	0 / 0	0 / 0	0 / 0
最小可售房	55	90	63	151	89	122	31	31	39	71	153	219	204	259	250
最大可售房	55	90	63	151	89	122	31	36	39	71	153	219	204	259	250
超额预订参数	0	0	0	0	0	0	0	5	0	0	0	0	0	0	0
客房收入	198,660	200,055	184,000	195,761	194,564	199,939	193,232	191,440	182,169	177,243	165,903	202,419	200,099	208,353	206,669
平均房价	656	660	643	646	642	660	638	632	613	620	646	668	660	688	682
单房收益	656	660	607	646	642	660	638	632	601	585	557	668	660	688	682
建议散客价	**823**	**822**	**813**	**815**	**819**	**820**	**819**	**817**	**815**	**812**	**802**	**821**	**819**	**821**	**820**
竞争对手散客价	1,155	1,100	1,100	1,100	1,078	1,099	1,149	1,200	1,200	1,200	1,200	1,149	1,099	1,149	1,200
出租率（含人工）	303 100.00%	303 100.00%	286 94.39%	303 100.00%	303 100.00%	303 100.00%	303 100.00%	303 100.00%	297 98.02%	286 94.39%	257 86.24%	303 100.00%	303 100.00%	303 100.00%	303 100.00%
系统预测出租率	303 100.00%	303 100.00%	286 94.39%	303 100.00%	303 100.00%	303 100.00%	303 100.00%	303 100.00%	297 98.02%	286 94.39%	257 86.24%	303 100.00%	303 100.00%	303 100.00%	303 100.00%
在手预订	248 81.85%	213 70.30%	240 79.21%	152 50.17%	214 70.63%	181 59.74%	272 89.77%	272 89.77%	264 87.13%	232 76.57%	145 48.66%	84 27.72%	99 32.67%	44 14.52%	53 17.49%
日志															

图 I-4　在分析模块查询每日建议散客价（BAR）

Ⅱ. 练习与思考

一、练习题

1. 客房定价的基本原理是什么？

2. 客房定价的一般方法有哪些？

3. 客房运营成本分为哪两类？

4. 产品差异与竞争力比对定价，将客房产品分为哪三类？

5. 什么是边际贡献？如何用边际贡献推算目标出租率？

6. 什么是市场细分的靶向风险，如何规避？

7. 如何计算双早系数？单早差与双早系数有哪四种组合形式？

8. 什么是系统聚类法？

9. 什么是变价空间？如何计算变价空间？

10. 什么是分层变价法？如何计算变价系数？

11. 价格管理的基本逻辑是什么？

12. 价格优化的基本问题是什么？

13. 什么是价格反应函数，其与需求函数有何区别？

14. 什么是弹性，什么是弧弹性，什么是点弹性，如何计算？

15. 什么是 Logistic 价格反应函数？什么是线性价格反映函数？

16. 线性价格反应函数的点弹性变化与收益变化有何关联？

17. 基于点弹性与需求预测的修正价格是不是最优价格？

18. 如何计算线性价格反应函数的最优价格？

二、思考题

每年 3 月是 X 酒店的经营淡季，一般不对 OTA 散客预订附加限制条件。3 月第一周（整周）高级双床房的销售数据见表 3-ii。

1. 利用线性规划计算其最优价格。

2. 如何用弧弹性计算其每日最优价格？[①]

3. 比较两种最优价格计算方法的优点与不足。

表 3–ii　X 酒店客房销售数据

DOW	基准价格（元）	销售间夜	弧弹性	最优价格（元）
1	383	72		
2	402	69		
3	369	93		
4	375	83		
5	775	33		
6	940	27		
7	531	56		

注：DOW 为“day of week”的缩写。

① 基于弧弹性的最优价格数学推导过程如下：

假设价格从 p_0 增加 $\triangle p$，需求从 Q_0 增加 $\triangle$Q，根据收益函数公式，可得：

$$R = p \cdot Q = (p_0 + \triangle p) \cdot (Q_0 + \triangle \mathrm{Q}) = p_0 Q_0 + p_0 \triangle Q + \triangle p Q_0$$

为引入弹性 e_d，令 $x = \triangle p/p_0$，则 $\triangle p = p_0 \cdot x$。根据弹性公式 $e_d = \frac{\Delta Q}{\Delta p} \cdot \frac{p_0}{Q_0}$，可得 $\triangle \mathrm{Q} = -e_d \cdot Q_0 \cdot x$。

代入可得：$\mathrm{R} = p_0 Q_0 \cdot (1 - e_d \cdot \mathrm{x} + \mathrm{x} - e_d \cdot \mathrm{x}^2)$。

令 $dR/dx = 0$，可知 $x = \frac{1-e_d}{2e_d}$ 时，R 取极大值。此时 $p^* = p_0 + \triangle p = p_0 \cdot (1 + x) = p_0 \cdot \left(1 + \frac{1-e_d}{2e_d}\right)$。

结论：初始价格为 p_0，弧弹性为 $e_d(e_d > 0)$，则最优价格为：$p^* = p_0 \cdot \left(1 + \frac{1-e_d}{2e_d}\right)$。

第四章

需求预测与回归分析

章节导读

本章基于收益函数 $R=p \cdot Q$，聚焦价格 p 和需求（容量）Q 的相关关系。在区分限制性需求与无限制需求的基础上，阐释五种常用的时间序列预测方法，包括增量预测法、移动平均法、指数平滑法以及季节指数预测法等。并以价格反应函数的线性拟合为内容，阐述一元线性回归分析与 Logistic 函数的线性回归处理方法。

学习目标

1. 了解酒店无限制需求的含义与内容。
2. 掌握增量预测法、移动平均法与指数平滑预测法。
3. 掌握季节指数计算与预测方法。
4. 掌握一元线性回归分析法。
5. 掌握 Logistic 函数的线性回归处理方法。

内容导引

逻辑主线	内容	要点
需求预测及其指标	市场规律与需求预测	市场的规律性是需求预测的前提与基础
	限制性需求与无限制需求	满房状态下无限制需求等于“销售量＋婉拒量＋变价损失量＋超订外派量”

续表

逻辑主线	内容	要点
时间序列预测	增量预测	预测值为在手预订加预计增量
	移动平均预测	预测值为最近 n 期均值
	指数平滑预测	下期预测值为本期实际值与预测值的加权平均数
	季节指数预测	根据在手数据与季节指数作出预测
线性回归分析	一元线性回归分析	利用 Excel 回归工具或添加散点图趋势线
	Logistic 函数的线性处理	Logistic 函数移项后取对数

导入案例

酒店拥有高级双床房 120 间。每年 3 月是经营淡季，一般不对 OTA 散客预订附加限制条件。根据历史数据，3 月前两周，高级双床房的 OTA 散客房价 p 与销售量 Q 如下表。如果客房价格定为 785 元，OTA 散客的客房销量估计会是多少间？

3 月	1	2	3	4	5	6	7	1	2	3	4	5	6	7
房价（元）	383	402	369	375	775	940	531	479	537	542	511	1031	1221	685
销量（间）	72	69	93	83	33	27	56	62	54	48	59	20	17	38

第一节　需求预测及其指标

一、市场规律与需求预测

1. 市场需求的规律性

规律是普遍存在的，万事万物皆有规律。“规律是事物之间的内在的本质联系。这种联系不断重复出现，在一定条件下起作用，并且决定着事物必然向着某种趋向发展”。[1] 作为不以人的意志为转移的客观存在，规律反映了事物发展变化的必然性与稳定性，在特定条件或特定环境下会反复出现，从而具有可重复性与可预测性的特点，为人们认识和把握规律、预见和引导事物发展奠定了基础。

市场是有规律的，季节变换便是市场的一种周期性规律。市场得以存在、交换得

① 中国社会科学院语言研究所词典编辑室 . 现代汉语词典（第 5 版）[M] . 北京：商务印书馆，2005.

以发生，消费者的需求是逻辑起点，也是最终落脚点。从这个意义上说，市场的规律性就是需求的规律性，也就是人们生产、生活行为的规律性。农谚“清明忙种麦，谷雨种大田”“立秋忙打淀，处暑动刀镰”，讲的都是农事生产规律。俗语“三月三，踏青插柳祈平安”“九月九，纸鹞登高菊花酒”，讲的均为人们的民俗活动与休闲消费规律。

酒店客房产品适配人们的旅行住宿需要，这种需要产生于商务旅行或休闲活动，其市场需求也必然与商旅活动或休闲消费行为相关联，具有可重复、可预见与稳定性特点。例如，G 酒店近五年客房销售的月间夜数折线图（图 4-1），就显现出市场需求规律作用的明显痕迹。图中的四线粘连与同步波动，反映的是市场需求的一般运行规律。虚线条在 2 月的急剧偏离，反映了外部环境对市场需求的短期冲击。7 月之后的虚线波动仍与四实线同频，显示出回归折线粘连与同频波动的长期趋势。显然，市场短期冲击并没有改变需求规律的必然性与稳定性。

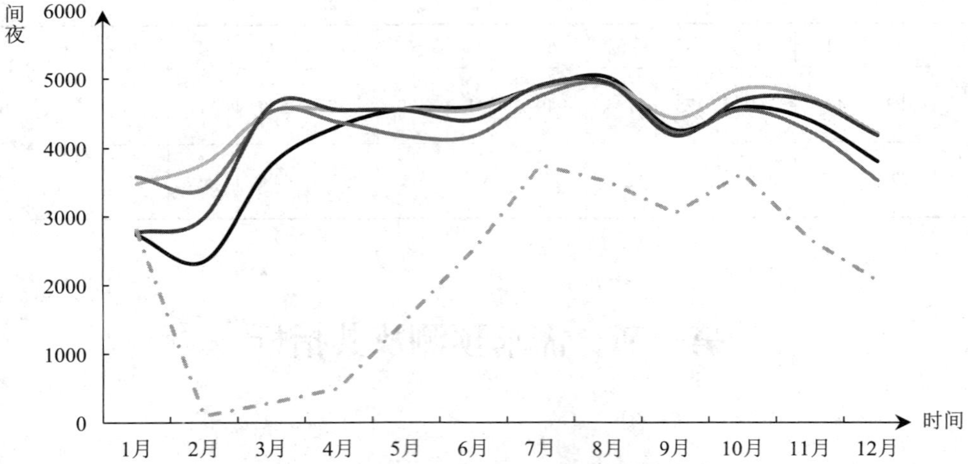

图 4-1　G 酒店客房销售月间夜数折线图

2. 市场需求预测

市场的规律性，为市场需求预测与管理决策奠定了基础。所谓市场需求预测，就是根据市场调查与历史数据，把握市场趋势与需求规律，运用科学的分析工具与测算手段，对未来的市场环境与需求情况进行判断、估计与推算，从而为相关决策提供质性与量化参考。科学有效的市场需求预测，有助于相机调整酒店收益管理决策，做好相应的价格管理与容量控制，通过数量增长或结构优化等手段，实现 *OCC* 与 *ADR* 的同步增长。

酒店市场需求预测，包括市场环境预测与需求量化预测（表 4-1）。市场环境预测是基于商旅活动与休闲需求的影响因子，如经济活动、节事会展（MICE）、文旅资源、人口变动、收入水平、交通条件、消费心理等，对酒店市场的未来环境与变化趋势进行质性研究与定性判断。市场环境预测主要采用经验判断预测法，利用个人或集体的经验与智慧进行分析判断。其中个人经验预测法包括因果推断法、对比类推法等。集体经验预测法包括专家预测法——如专家会议法、专家调查法（德尔菲法）等，以及意见推断法——如集合意见预测法、问卷调查预测法等。

市场环境预测总体属于宏观研究与定性预测，着重于市场环境性质与需求发展趋势判断。市场环境预测也会用到一些数学工具与量化指标，但一般不涉及特定酒店的微观指标，如特定酒店的细分市场需求、客房预订量、客房超订量等。需求量化预测是在市场环境预测的基础上，采用数学工具与计算机手段，对特定酒店市场需求进行推测估计与数量推算。需求量化预测属于微观研究与定量预测，它与市场环境预测相辅相成、缺一不可。宏观是微观的依据，定性是定量的基础；市场环境预测与需求量化预测相结合，才能达到理想的预测效果。

需求量化预测包括时间序列预测和回归分析预测。“时间序列”是指特定指标数值的等距时间顺序排列。经济指标都是按照年、季、月、日统计的，随着时间的推移会形成不同时距的时序数列。时间序列预测基于规律的稳定性与重复性以及物理学上的“惯性原理”，将时间作为自变量进行趋势外推预测。具体来说就是：假定市场需求有一个运动趋势（运动规律），并且隐藏在从过去到现在的相应时序数列中；那么，利用这种趋势的运动“惯性”，以时间为自变量向未来延伸，就可预测未来一定时期的市场需求。时间序列预测的关键就是分析、发现并拟合这个趋势与规律，包括长期变动趋势、季节性变动规律、随机变动规律等。其主要方法包括增量预测法、移动平均法和指数平滑法等。

回归分析预测是在确定变量间相关关系的基础上，利用数学模型建立回归方程，描绘其变化规律并以此进行预测的统计分析方法。客观世界的很多事物与现象都是相互关联的，如价格与需求、房价与房量等。这种关联可以是函数关系，也可能只是相关关系。函数关系是非随机变量之间的具有确定性的依存关系，其自变量与因变量的取值是一一对应的。而相关关系则是对随机变量而言的，是具有不确定性的依存关系。自变量取一个值，因变量必然存在对应值，但这个对应值不是唯一的、确定的，而是有一定的变化范围。函数关系可以用函数方程来表达，相关关系则需要用相关系数和回归方程来描绘。回归分析预测根据自变量个数不同，分为一元回归与多元回归预测；根据回归方程不同，分为线性回归与非线性回归预测。

表 4-1 市场需求预测的主要方法

类型	主要方法	特征
市场环境预测	1. 个人经验预测法：因果推断法、对比类推法 2. 集体经验预测法： （1）专家预测法（专家会议法、专家调查法） （2）意见推断法（集合意见预测法、问卷调查预测法）	宏观研究 定性预测
需求量化预测	1. 间序列预测：增量预测法、移动平均法和指数平滑法 2. 回归分析预测： （1）一元回归、多元回归 （2）线性回归、非线性回归	微观研究 定量预测

二、限制性需求与无限制需求

科学的市场需求预测，是酒店收益管理的重要法则，也是做好价格管理与容量控制的关键。酒店需求预测的指标，主要包括无限制需求量、客房预订量、客房销售量、客房超订量等。出于差别定价、容量控制等方面的考虑，酒店通常会根据市场情况对客房预订规定相应的限制条件，如连住、不可取消、会员等。这些限制条件会对市场需求产生不同程度的影响，从而造成一定数量的订单流失。这相当于通过限制条件委婉地拒绝了部分市场需求，这部分需求量称为“婉拒量”（declines）。在实施预订限制或其他约束条件的情况下，市场对特定价格客房产品的需求，称为限制性需求。相应地，在无任何预订限制或约束条件的情况下，市场对特定价格客房产品的需求，称为无限制需求。

显然，某一时点上的限制性需求量就等于客房预订量，而无限制需求会大于或等于客房预订量。客房预订还会发生预订取消（cancellations）和预订未到（no shows）的情况，这些情况在很大程度上意味着需求发生了变化。因此，限制性需求约等于原有客房预订量减去取消量和预订未到量，也就是约等于客房实际销售量（或实际入住量）。如果客房产品实施过上行变价，那么原本对该客房产品有需求的消费者，可能会因为价格上涨而失去需求，这部分需求量称为“变价损失量”（regrets）。另外，当酒店处于满房状态时，部分超额预订会安排去其他酒店住宿，而不会体现在“销售量”中；这部分需求称为“超订外派量”（walks）。

表 4-2 无限制需求的内容

出租率	限制性需求	无限制需求
$OCC<100\%$	销售量	销售量 + 婉拒量 + 变价损失量
$OCC=100\%$	销售量	销售量 + 婉拒量 + 变价损失量 + 超订外派量

对无限制需求、客房预订量、客房销售量做出科学预测，是市场需求预测的根本任务。当酒店出租率低于 100% 时，市场对于特定价格客房产品的无限制需求，等于“销售量 + 婉拒量 + 变价损失量”（表 4–2）。当酒店出租率等于 100% 时，市场对于特定价格客房产品的无限制需求，等于“销售量 + 婉拒量 + 变价损失量 + 超订外派量”。其中“销售量”“超订外派量”很容易从 PMS 系统获得，“婉拒量”数据也可以从 OTA 平台商家后台的订单“流失去向”获取。而“变价损失量”则隐藏在需求的价格反应函数之中，需要通过计算得到。

当价格反应函数拟合优良时，利用拟合方程即可算出“变价损失量”。但相对而言，基于弹性的计算方法更具有一般性。“变价损失量”是因价格上涨而减少的市场需求量（ΔQ）。根据弹性的计算公式（3–15），可得：

$$e_d = -\frac{\Delta Q}{\Delta p} \cdot \frac{p}{Q}$$

$$\Delta Q = -e_d \cdot \frac{\Delta p}{p} \cdot Q \qquad (4\text{–}1)$$

直接利用弧弹性来计算变价损失量，往往需要做一些特殊的处理。为简化过程，以下用点弹性测算变价损失量。在实际工作中，如果线性反应函数拟合或弧弹性计算效果均不理想，无限制需求的计算可以忽略“变价损失量”。

【算法演示 1】

【例题】需求的变价损失量测算

X 酒店高级双床房的初始价格、销售间夜、点弹性以及修正价格如表 4–3 所示。请计算其价格修正之后的需求损失量。

表 4–3　X 酒店高级双床房市场需求的变价损失量测算

日	初始价格（元）	销售间夜	点弹性 e_d	修正价格（元）	$\Delta p/p$	变价损失量
1	383	72	0.42	462		
2	402	69	0.46	425		
3	369	93	0.32	405		
4	375	83	0.36	379		
5	775	33	1.87	987		
6	940	27	2.77	801		
7	531	56	0.75	464		

【演示】

1. 打开配套 Excel 文件，在 G3 格输入“=（F3−C3）/C3”，点击“Enter”，得到价格增长率⊿p/p（图 4−2）。

1	B	C	D	E	F	G	H
2	日	初始价格（元）	销售间夜	点弹性ed	修正价格（元）	Δp/p	变价损失量
3	1	383	72	0.42	462	=(F3-C3)/C3	
4	2	402	69	0.46	425		
5	3	369	93	0.32	405		
6	4	375	83	0.36	379		
7	5	775	33	1.87	987		
8	6	940	27	2.77	801		
9	7	531	56	0.75	464		

图 4−2　计算价格增长率

2. 根据公式（4−1），在 H3 格输入“=E3×G3×D3”，点击“Enter”，得到 1 日变价损失量（图 4−3）。

1	B	C	D	E	F	G	H
2	日	初始价格（元）	销售间夜	点弹性ed	修正价格（元）	Δp/p	变价损失量
3	1	383	72	0.42	462	0.21	=E3×G3×D3
4	2	402	69	0.46	425		
5	3	369	93	0.32	405		
6	4	375	83	0.36	379		
7	5	775	33	1.87	987		
8	6	940	27	2.77	801		
9	7	531	56	0.75	464		

图 4−3　计算 1 日变价损失量

3. 选中 G3−H3，右下角“+”下拉，得到各 1~7 日变价损失量（表 4−4）。

表 4−4　X 酒店高级双床房市场需求的变价损失

日	初始价格（元）	销售间夜	点弹性 e_d	修正价格（元）	⊿p/p	变价损失量
1	383	72	0.42	462	0.21	6
2	402	69	0.46	425	0.06	2
3	369	93	0.32	405	0.10	3
4	375	83	0.36	379	0.01	0
5	775	33	1.87	987	0.27	17
6	940	27	2.77	801	−0.15	−11
7	531	56	0.75	464	−0.13	−5

【同步练习 1】

【习题】需求的变价损失量计算

Y 酒店豪华双床房的初始价格、销售间夜、点弹性以及修正价格如表 4–5 所示。计算其价格修正之后的需求损失量。

表 4–5 Y 酒店豪华双床房市场需求的变价损失量测算

日	初始价格（元）	销售间夜	点弹性 e_d	修正价格（元）	$\triangle p/p$	变价损失量
1	717	61	2.93	799		
2	747	46	4.05	844		
3	828	30	6.89	883		
4	804	38	5.28	867		
5	703	75	2.34	637		
6	692	79	2.19	631		
7	560	93	1.50	620		

第二节 时间序列预测

一、增量预测

1. 预测的基本问题

掌握增量预测，需要理解预测的三个基本问题。第一，什么是预测？预测是对未来的“预先推测或测定”，即站在“现在”对“未来”进行推定，或者站在“某一时刻”对“未来另一时刻”进行推定。这里存在两个时间点：其一是预测的基点，即“现在”或“某一时刻”；其二是预测的目标点，即“未来”或“未来某一时刻”。第二，预测什么？就是预测的内容，具体表现为一定的指标。比如，预测未来某一天的客房预订量、无限制需求量等。第三，依据什么做预测？当然是“市场规律”“需求规律”。市场的规律性是预测的基础；市场如果是完全随机的、毫无规律可循的，预测也就无从谈起。而市场的规律性，就存在于历史数据之中。预测就是根据历史规律、历史数据，去对未来情况做预先推断与测算。

2. 增量预测的原理

增量预测是以一定指标的基点发生量（OTB：on the book）为基础，根据该指标相应时长的历史增量（PCP：pick up），对目标点的当日发生量进行推定的预测方法。简单地说，增量预测就是依据历史增量对未来增量进行推定。以预测客房预订量为例，目标点客房预订量的预测值，就等于基点的在手预订（OTB）加上未来若干天的预订增量（PCP），即

$$预测值=在手预订（OTB）+预订增量（PCP） \quad （4-2）$$

其中基点的在手预订（OTB）可以从PMS系统获取，是已知数据。预订增量（PCP）未知，是需要推定的内容。如何推定就要看历史增量。基点距离目标点多少天，就将历史数据中同样天数间隔的预订增量，作为目标点的PCP代入公式（4-2）计算，得到目标点客房预订量的预测值。

例如，今天是9月20日，这是时间基点。需要预测10月1日的客房预订量，这是目标点，中间间隔11天。查询PMS系统，到今天为止，10月1日的客房订单有108间；即在手预订OTB等于108。未来11天会增加多少客房订单，目前不知道，需要做预测。假设去年与今年的市场环境基本相同，看历史数据，去年9月20日当天的客房订单为98间，10月1日的客房订单为128间，11天增长了30间。那么，可以认为今年的预订增量PCP也等于30间。于是，今年10月1日客房预订量的预测值为138间。

3. 历史数据的选取

增量预测操作可分为三步进行。第一，确定预测基点与目标点，采集相应指标的基点数据。第二，计算基点与目标点之间的时间长度。第三，选取历史数据，计算同样时长的历史增量以做PCP估计。在选取历史数据时，根据人们作息习惯与经济行为规律，一般按DOW（day of week，星期几）对应。例如，预测周三的客房预订量，一般将过去的目标点也选择为周三。由于距离基点时间越近，市场环境就越相似；因此，通常情况下宜选取近期数据。只有一些市场环境与平常迥异的特殊日期（如“五一”、国庆、春节，或一年一度的会展季等），需要考虑日期或节日对应而采用历史同期数据。此外，如果近期数据跨越了不同的市场需求季节，比方说差别非常明显的淡旺两季，也可以考虑历史同期数据。

4. 预测值的误差修正

预测是根据历史推定未来，其理论基础是市场的规律性。市场规律具有重复性，但并不是简单的重复。历史或许会惊人地相似，但也不可能完全雷同；预测误差因而是无法避免的。计算预测误差率、选择误差最小的预测结果，并根据误差率对预测值作相应修正，都是自然而然的操作逻辑。误差率（δ）也称相对误差，其计算公式是：

$$\delta=\frac{\text{实际值}-\text{预测值}}{\text{预测值}}\times 100\%\text{①} \qquad (4\text{-}3)$$

误差率 $\delta>0$，说明预测值被低估；误差率 $\delta<0$，说明预测值被高估。误差率 δ 越接近于 0，说明预测的误差率越小，预测的准确度越高。预测修正值的计算公式是：

$$\text{预测修正值}=\text{预测值}\times(1+\delta) \qquad (4\text{-}4)$$

【算法演示 2】

【例题】增量预测与误差修正

例如，今天是 8 月 18 日。高级大床房 8 月 23 日（周五）的在手预订为 73 间（表 4-6）。最近四周同样时间间隔的在手预订、周五预订实际值与预测值如下表所示。7、8 月属于同一个市场季节。请用增量预测法，推算 8 月 23 日的当日客房预订量，并做误差修正。

表 4-6　高级大床房预订的实际值与预测值

（单位：间）

基点	目标点	间隔	OTB	实际值	预测值	误差率	修正值
8 月 18 日	8 月 23 日（周五）	5 天	73	—		—	
8 月 11 日	8 月 16 日（周五）	5 天	83	132	135		—
8 月 4 日	8 月 9 日（周五）	5 天	87	135	139		—
7 月 28 日	8 月 2 日（周五）	5 天	78	131	129		—
7 月 21 日	7 月 26 日（周五）	5 天	74	122	126		—

【演示】

1. 打开配套 Excel 文件，在 H 列前插入一列，标志为“PCP”。在表格下方增加一行，标志为“均值”。具体如图 4-4 所示。

1	B	C	D	E	F	G	H	I	J
2	基点	目标点	间隔	OTB	实际值	PCP	预测值	误差率	修正值
3	8月18日	8月23日（周五）	5天	73	—	—		—	
4	8月11日	8月16日（周五）	5天	83	132		135		—
5	8月4日	8月9日（周五）	5天	87	135		139		—
6	7月28日	8月2日（周五）	5天	78	131		129		—
7	7月21日	7月26日（周五）	5天	74	122		126		—
8	均值						—		—

图 4-4　插入“均值”行和“PCP”列

① 相对误差一般是指绝对误差与实际值的百分比。此处为方便误差修正计算，对公式做了调整。

2. 在G4处输入“=F4−E4”，点击“Enter”，然后右下角“+”下拉，计算出近四周的PCP（图4−5）。

1	B	C	D	E	F	G	H	I	J
2	基点	目标点	间隔	OTB	实际值	PCP	预测值	误差率	修正值
3	8月18日	8月23日（周五）	5天	73	—	—		—	
4	8月11日	8月16日（周五）	5天	83	132	=F4-E4	135		—
5	8月4日	8月9日（周五）	5天	87	135		139		—
6	7月28日	8月2日（周五）	5天	78	131		129		—
7	7月21日	7月26日（周五）	5天	74	122		126		—
8	均值						—		—

图4−5 计算预订增量PCP

3. 在G8处输入“=AVERAGE（G4：G7）”，点击“Enter”，计算PCP均值（图4−6）。

1	B	C	D	E	F	G	H	I	J
2	基点	目标点	间隔	OTB	实际值	PCP	预测值	误差率	修正值
3	8月18日	8月23日（周五）	5天	73	—	—		—	
4	8月11日	8月16日（周五）	5天	83	132	49	135		—
5	8月4日	8月9日（周五）	5天	87	135	48	139		—
6	7月28日	8月2日（周五）	5天	78	131	53	129		—
7	7月21日	7月26日（周五）	5天	74	122	48	126		—
8	均值					=AVERAGE(G4:G7)			—

图4−6 计算预订增量PCP均值

4. 在H3处输入“=E3+G8”，点击“Enter”，得到预测值（图4−7）。

1	B	C	D	E	F	G	H	I	J
2	基点	目标点	间隔	OTB	实际值	PCP	预测值	误差率	修正值
3	8月18日	8月23日（周五）	5天	73	—	—	=E3+G8	—	
4	8月11日	8月16日（周五）	5天	83	132	49	135		—
5	8月4日	8月9日（周五）	5天	87	135	48	139		—
6	7月28日	8月2日（周五）	5天	78	131	53	129		—
7	7月21日	7月26日（周五）	5天	74	122	48	126		—
8	均值					50	—		—

图4−7 计算预测值

5. 在I4处输入“=（F4−H4）/H4”，点击“Enter”，右下角“+”下拉，得到全部

误差率（图 4-8）。

1	B	C	D	E	F	G	H	I	J
2	基点	目标点	间隔	OTB	实际值	PCP	预测值	误差率	修正值
3	8月18日	8月23日（周五）	5天	73	—	—	123	—	
4	8月11日	8月16日（周五）	5天	83	132	49	135	=(F4-H4)/H4	—
5	8月4日	8月9日（周五）	5天	87	135	48	139		—
6	7月28日	8月2日（周五）	5天	78	131	53	129		—
7	7月21日	7月26日（周五）	5天	74	122	48	126		—
8	均值					50	—		—

图 4-8　计算预测误差率

6. 在 I8 格输入“=AVERAGE（I4：I7）”，得到平均误差率（图 4-9）。

1	B	C	D	E	F	G	H	I	J
2	基点	目标点	间隔	OTB	实际值	PCP	预测值	误差率	修正值
3	8月18日	8月23日（周五）	5天	73	—	—	123	—	
4	8月11日	8月16日（周五）	5天	83	132	49	135	-2%	—
5	8月4日	8月9日（周五）	5天	87	135	48	139	-3%	—
6	7月28日	8月2日（周五）	5天	78	131	53	129	2%	—
7	7月21日	7月26日（周五）	5天	74	122	48	126	-3%	—
8	均值					50	—	=AVERAGE(I4:I7)	

图 4-9　计算平均预测误差率

7. 在 J3 格输入“=H3*（1+I8）”，点击“Enter”，得到预测修正值“120”（图 4-10）。

1	B	C	D	E	F	G	H	I	J
2	基点	目标点	间隔	OTB	实际值	PCP	预测值	误差率	修正值
3	8月18日	8月23日（周五）	5天	73	—	—	123	—	=H3×(1+I8)
4	8月11日	8月16日（周五）	5天	83	132	49	135	-2%	—
5	8月4日	8月9日（周五）	5天	87	135	48	139	-3%	—
6	7月28日	8月2日（周五）	5天	78	131	53	129	2%	—
7	7月21日	7月26日（周五）	5天	74	122	48	126	-3%	—
8	均值					50	—	-2%	—

图 4-10　计算预测修正值

A 酒店高级大床房 8 月 23 日当日预订量的预测值为 123 间，经误差修正后，最终预测值为 120 间。

【同步练习 2】

【习题】增量预测与误差修正

例如，今天是 4 月 2 日（周五），4 月 8 日、15 日、22 日高级双床房的在手预订，分别为 105 间、62 间、35 间。最近四周同样时间间隔的在手预订、周四预订实际值与预测值如表 4-7 所示。3、4 月属于同一个市场季节。请用增量预测法，分别推算 4 月 8 日、15 日、22 日的当日客房预订量，并做误差修正。

表 4-7　高级双床房预订历史数据与目标点预测

（单位：间）

历史基点→		前 6 天		前 13 天		前 20 天	
↓历史目标点	实际值	OTB	预测值	OTB	预测值	OTB	预测值
3 月 11 日（周四）	192	109	195	65	189	47	186
3 月 18 日（周四）	201	112	199	72	195	42	197
3 月 25 日（周四）	189	106	193	64	186	43	182
4 月 1 日（周四）	198	118	195	73	192	32	190
4 月 2 日（今天）	—	—	—	—	—	—	—
4 月 8 日（周四）	—	105		—	—	—	—
4 月 15 日（周四）	—	—	—	62		—	—
4 月 22 日（周四）	—	—	—	—	—	35	

二、移动平均预测

移动平均预测就是以最近 n 期实际数据（观察值）的平均值作为未来一期的预测值。包括简单移动平均和加权移动平均两种方法。前者计算简单算术平均数，后者计算加权平均数。假设时点 t 处的观察值为 y_t，取最近 n 期做预测。则简单移动平均法下 t+1 期的预测值 y_{t+1}，就等于 n 期的算术平均值 M_n。其计算公式为：

$$y_{t+1}=M_n=\frac{y_t+y_{t-1}+\cdots+y_{t-n+1}}{n}=\frac{1}{n}\sum_{j=1}^{n}y_{t-n+j} \tag{4-5}$$

其中间隔期 n 的取值，根据预测要求与具体情况确定。时间序列数据在短期内会因随机因素发生变动，从长期来看会保持一定的变化趋势。如果取较小的 n 值，其预测值容易受短期因素影响，贴近即期市场环境而难以反映长期趋势。如果取较大的 n 值，则又会降低移动平均数的敏感性，接近长期趋势而影响即期预测效果。从图 4-11

就可看到，2 期的移动平均线 M_2 波动更大；而 8 期的移动平均线 M_8 波动略小，且与长期趋势线更为接近。这反映了间隔期 n 取值的不同效果。

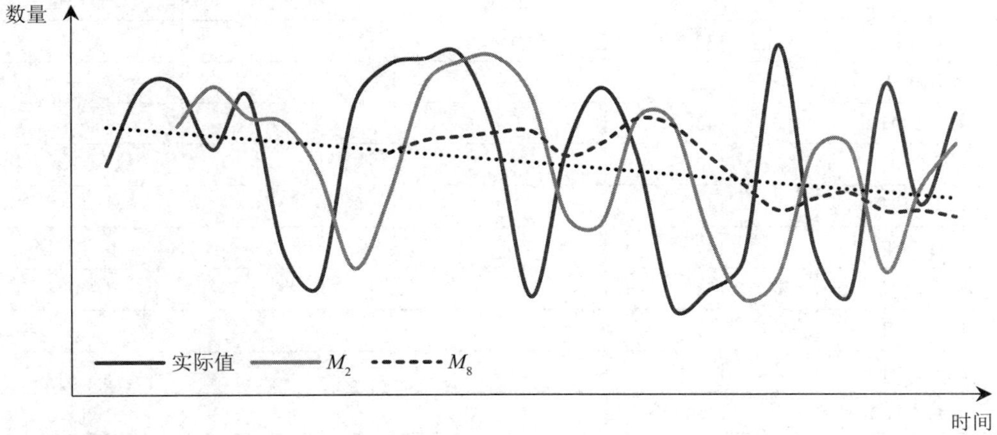

图 4-11　移动平均线 M2 和 M8 的图形比较

一般来说，如果预测的目标点比较近，n 的取值应小一点。如果预测的目标点比较远，n 的取值可稍微大一点。具体可结合误差率（或标准误差）做比较与判断，选择误差率（或标准误差）最小的 n 值。如果时间序列数据呈现明显的周期性或季节性波动规律，则间隔期 n 的取值可与周期保持一致。例如，时间序列数据以 4 期为单位呈现周期性变动，则 n 值一般取 4。为避免克服不同周期或季节的数据差异，应选择同一周期或季节数据。

从理论上说，不同的历史数据对目标点的影响是不一样的。时间越靠近目标点，两者的市场环境就越相似，其对目标点的影响也就越大。时间越远离目标点，两者市场环境的差异就越大，其对目标点的影响也就越小。根据历史数据对目标点的不同影响赋予不同权重（W_i），即为加权移动平均预测法。其公式是：

$$y_{t+1} = \frac{W_1 y_t + W_2 y_{t-1} + \cdots + W_n y_{t-n+1}}{W_1 + W_2 + \cdots + W_n} = \sum_{j=1}^{n} y_{t-n+j} / \sum_{i=1}^{n} W_i \qquad (4-6)$$

【算法演示 3】

【例题】移动平均预测

每年 4~6 月是酒店市场平季（“五一”假期除外）。今年 4~6 月每周二的客房销售量如表 4-8 所示。请用移动平均预测法，n 分别取 2、3、4 期，预测 6 月 25 日（周二）的客房预订量，并做误差修正。

表 4-8 移动平均预测数据

日期	实际值	n=2	n=3	n=4
		预测值	预测值	预测值
4月2日	138	—	—	—
4月9日	132	—	—	—
4月16日	148		—	—
4月23日	130			—
4月30日	143			
5月7日	149			
5月14日	158			
5月21日	139			
5月28日	135			
6月4日	141			
6月11日	118			
6月18日	135			
6月25日	——			

【演示 1】输入公式计算

1. 打开配套 Excel 文件，插入“误差率”列和“均值”行，具体如图 4-12 所示。

1	B	C	D	E	F	G	H	I
2	日期	实际值	n=2		n=3		n=4	
3			预测值	误差率	预测值	误差率	预测值	误差率
4	4月2日	138	—	—	—	—	—	—
5	4月9日	132	—	—	—	—	—	—
6	4月16日	148			—	—	—	—
7	4月23日	130					—	—
8	4月30日	143						
9	5月7日	149						
10	5月14日	158						
11	5月21日	139						
12	5月28日	135						
13	6月4日	141						
14	6月11日	118						
15	6月18日	135						
16	6月25日	—		—		—		—
17	均值		—		—		—	

图 4-12 插入“误差率”列和“均值”行

2. 在 B6 格输入“=AVERAGE（C4：C5）”，点击“Enter”，右下角“+”下拉，算出 n 取 2 时的全部移动平均值（图 4-13），此时 6 月 25 日的预测值为 127。

1	B	C	D	E	F	G	H	I
2	日期	实际值	*n*=2		*n*=3		*n*=4	
3			预测值	误差率	预测值	误差率	预测值	误差率
4	4月2日	138	—	—	—	—	—	—
5	4月9日	132	—	—	—	—	—	—
6	4月16日	148	=AVERAGE(C4:C5)		—	—	—	—
7	4月23日	130					—	—
8	4月30日	143						
9	5月7日	149						

图 4-13　计算移动平均值

3. 在 E6 格处输入"=（C6-D6）/D6"，右下角"+"下拉，算出 *n* 取 2 时的全部误差率（图 4-14）。

1	B	C	D	E	F	G	H	I
2	日期	实际值	*n*=2		*n*=3		*n*=4	
3			预测值	误差率	预测值	误差率	预测值	误差率
4	4月2日	138	—	—	—	—	—	—
5	4月9日	132	—	—	—	—	—	—
6	4月16日	148	135	=(C6-D6)/D6		—	—	—
7	4月23日	130	140				—	—
8	4月30日	143	139					
9	5月7日	149	137					

图 4-14　计算误差率

4. 重复以上操作，计算出 *n*=3、*n*=4 时的全部预测值和误差率，具体如图 4-15 所示。

1	B	C	D	E	F	G	H	I
2	日期	实际值	*n*=2		*n*=3		*n*=4	
3			预测值	误差率	预测值	误差率	预测值	误差率
4	4月2日	138	—	—	—	—	—	—
5	4月9日	132	—	—	—	—	—	—
6	4月16日	148	135	10%	—	—	—	—
7	4月23日	130	140	-7%	139	-7%	—	—
8	4月30日	143	139	3%	137	5%	137	4%
9	5月7日	149	137	9%	140	6%	138	8%
10	5月14日	158	146	8%	141	12%	143	11%
11	5月21日	139	154	-9%	150	-7%	145	-4%
12	5月28日	135	149	-9%	149	-9%	147	-8%
13	6月4日	141	137	3%	144	-2%	145	-3%
14	6月11日	118	138	-14%	138	-15%	143	-18%
15	6月18日	135	130	4%	131	3%	133	1%
16	6月25日	—	127	—	131	—	132	—
17	均值		—		—		—	

图 4-15　计算 *n* 取值 3 和 4 时的预测值与误差率

5. 分别在 E17 处输入"=AVERAGE（E8：E15）"，点击"Enter"；G17 处输入"=AVERAGE（G8：G15）"，点击"Enter"；I17 处输入"=AVERAGE（I8：I15）"，

点击“Enter”；得到 n=2、3、4 时的同期误差率均值（图 4-16）。

1	B	C	D	E	F	G	H	I
2	日期	实际值	n=2		n=3		n=4	
3			预测值	误差率	预测值	误差率	预测值	误差率
4	4月2日	138	—	—	—	—	—	—
5	4月9日	132	—	—	—	—	—	—
6	4月16日	148	135	10%	—	—	—	—
7	4月23日	130	140	-7%	139	-7%	—	—
8	4月30日	143	139	3%	137	5%	137	4%
9	5月7日	149	137	9%	140	6%	138	8%
10	5月14日	158	146	8%	141	12%	143	11%
11	5月21日	139	154	-9%	150	-7%	145	-4%
12	5月28日	135	149	-9%	149	-9%	147	-8%
13	6月4日	141	137	3%	144	-2%	145	-3%
14	6月11日	118	138	-14%	138	-15%	143	-18%
15	6月18日	135	130	4%	131	3%	133	1%
16	6月25日	—	127	—	131	—	132	—
17	均值		—	-0.70%	—	-0.92%	—	-1.08%

图 4-16　计算误差率均值

6. 从图 4-16 的计算结果看，n=2 时的误差率最小，间隔期 n 可以取 2。预测值 127 间加入误差修正，得到 6 月 25 日的预测修正值为 126 间。

【演示 2】使用 Excel“数据分析”工具

移动平均预测还可以利用 Excel“数据分析”加载项进行计算操作。具体过程如下。

1. 在表 4-8 中插入“标准误差”列。

2. 点“数据”—“数据分析”—“移动平均”，点“输入区域”，然后选中 C4 到 C15，具体如图 4-17 所示。

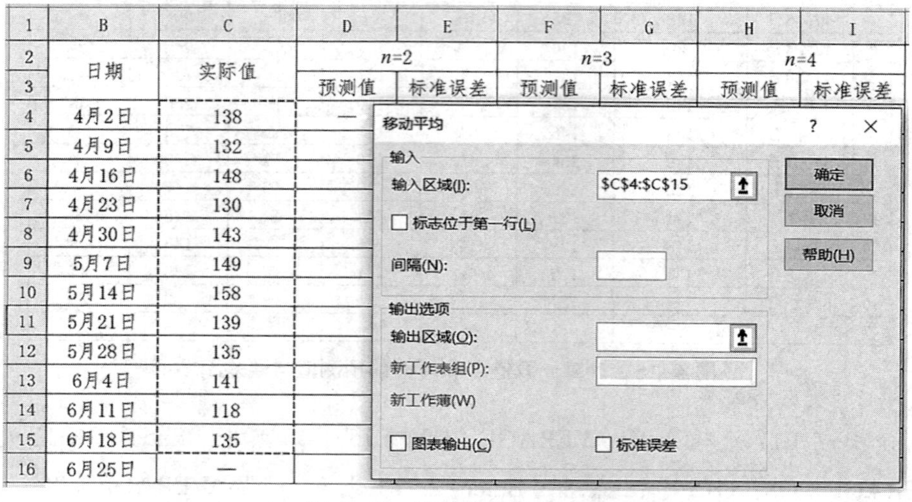

图 4-17　选择数据输入区域

3.“间隔”期输入“2”，输出区域处点击D5，点击“标准误差”，选“确定”，得到 n 取2时的预测值和标准误差（图4-18）。

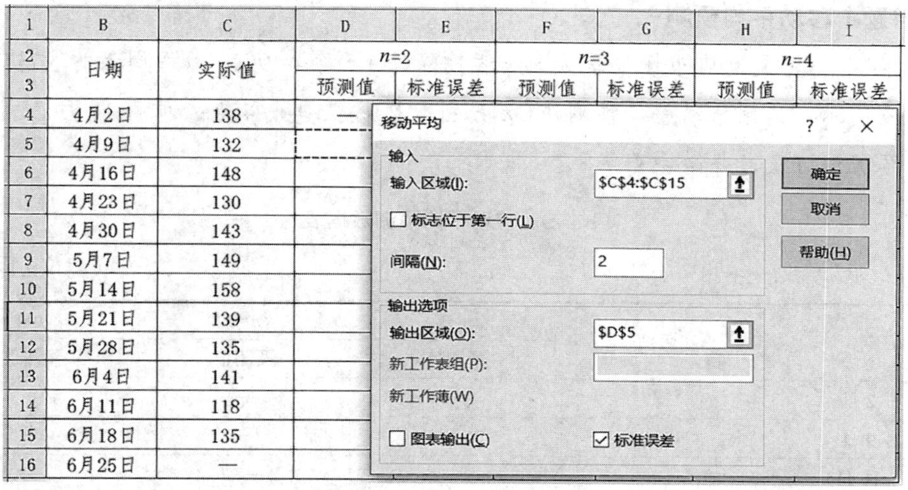

图4-18 选择间隔期和输出区域

4.重复以上操作，可以得到 n=3、n=4时的预测值与标准误差，具体见图4-19。

1	B	C	D	E	F	G	H	I
2	日期	实际值	n=2		n=3		n=4	
3			预测值	标准误差	预测值	标准误差	预测值	标准误差
4	4月2日	138	—	—	—	—	—	—
5	4月9日	132	#N/A	#N/A	#N/A	#N/A	#N/A	#N/A
6	4月16日	148	135	#N/A	#N/A	#N/A	#N/A	#N/A
7	4月23日	130	140	6.0415	139	#N/A	#N/A	#N/A
8	4月30日	143	139	8.5147	137	#N/A	137	#N/A
9	5月7日	149	137	7.8502	140	6.4979	138	#N/A
10	5月14日	158	146	5.0621	141	6.3509	143	#N/A
11	5月21日	139	154	3.8243	150	6.8448	145	8.4085
12	5月28日	135	149	7.4330	149	8.6965	147	8.6873
13	6月4日	141	137	6.8648	144	8.9152	145	9.8027
14	6月11日	118	138	2.5495	138	7.7794	143	9.3165
15	6月18日	135	130	8.4039	131	9.4143	133	10.1335
16	6月25日	—	127	10.1119	131	8.1309	132	9.3575

图4-19 预测值和标准误差

5.根据图4-19的计算结果，按照标准误差最小的原则，n 取值应为3，相应的预测值是131间。这与以误差率为标准的预测结果不同。具体采用哪种标准会使预测更加准确，需要在长期实践过程中加以比较与分析判断。

【同步练习 3】

【习题】移动平均预测

每年 9~11 月是酒店市场平季（国庆假期除外）。今年 9~11 月每周六的客房销售量如表 4-9 所示。请用移动平均预测法，n 分别取 2 期、3 期、4 期，预测 11 月 25 日（周六）的客房预订量，并做误差修正。

表 4-9　移动平均预测数据表

（单位：间）

日期	实际值	n=2	n=3	n=4
		预测值	预测值	预测值
9 月 2 日	118	—	—	—
9 月 9 日	103	—	—	—
9 月 16 日	110		—	—
9 月 23 日	132			—
9 月 30 日	109			
10 月 7 日	126			
10 月 14 日	112			
10 月 21 日	98			
10 月 28 日	116			
11 月 4 日	120			
11 月 11 日	112			
11 月 18 日	113			
11 月 25 日	—			

三、指数平滑预测

指数平滑预测法简称指数平滑法，是一种特殊的加权移动平均预测法，克服了移动平均法不考虑较远期数据，以及简单移动平均法忽略历史数据影响差异的缺陷。指数平滑法不舍弃过去较远的数据，而是给予逐渐减弱直至收敛为零的影响因子，通过计算指数平滑值并配合一定的时序模型来对目标点做预测。常用于既有长期趋势又有季节波动的时间序列预测。主要包括一次指数平滑法和多次指数平滑法等。

一次指数平滑预测法可简单地理解为：下期预测值是本期的实际值与预测值的加权算术平均数，以此逐期递推。一般来说，当时间序列数据小于 20 项时，逐期递推的初始值可取前三期实际值的均值。当时间序列数据大于等于 20 项时，初始值可取第一期的实际值。其预测模型为：

$$y_{t+1}^{p}=\alpha \cdot y_{t}^{a}+(1-\alpha) \cdot y_{t}^{p} \tag{4-7}$$

其中y_{t+1}^{p}代表t+1期（下期）的预测值，y_{t+1}^{a}代表t期（本期）的实际值。α为平滑系数，$0\leqslant\alpha\leqslant1$，反映t期（本期）实际值对t+1期（下期）预测值的影响程度。$(1-\alpha)$称为阻尼系数，反映t期（本期）预测值对t+1期（下期）预测值的影响程度。

指数平滑预测需要确定最佳平滑系数（或阻尼系数）。如果时间序列呈现较为稳定的水平趋势时，应选择较小的α值，如0.05~0.20。如果时间序列呈现忽上忽下的大幅波动时，则α取值越小越好。如果时间序列呈上下波动但长期趋势变化不大，可选稍大一点的α值，如0.1~0.4。如果时间序列具有明显的上升或下降趋势，则α应取较大的值，如0.6~0.9。[①] 实际应用时，可参照以上原则确定平滑系数的大致范围，然后选取几个值进行试算，最后选择误差率或标准误差最小的α值。

【算法演示4】

【例题】指数平滑预测

每年4~6月是酒店市场平季（“五一”假期除外）。今年4~6月每周二的客房销售量如表4-10所示。请用指数平滑预测法，根据时间序列特征取不同的α值试算，预测6月25日（周二）的客房预订量。

表4-10　指数平滑预测数据表

（单位：间）

日期	实际值	α_1	α_2	α_3	α_4
		预测值	预测值	预测值	预测值
4月2日	138				
4月9日	132				
4月16日	148				
4月23日	130				
4月30日	143				
5月7日	149				
5月14日	158				
5月21日	139				
5月28日	135				
6月4日	141				
6月11日	118				
6月18日	135				
6月25日	—				

注：完整表格请扫描上方二维码，下载配套Excel文件。

① 陈一君，周丽勇，等．市场研究［M］．成都：西南交通大学出版社，2015.

【演示 1】输入公式计算

1. 打开配套 Excel 文件，绘制客房销量散点图，可见时间序列大致呈相对稳定的水平波动，应该选择较小的 α 值，拟取 0.1、0.30 试算。插入趋势线，可知时间序列呈下降趋势，拟取 0.70、0.90 做试算（图 4-20）。

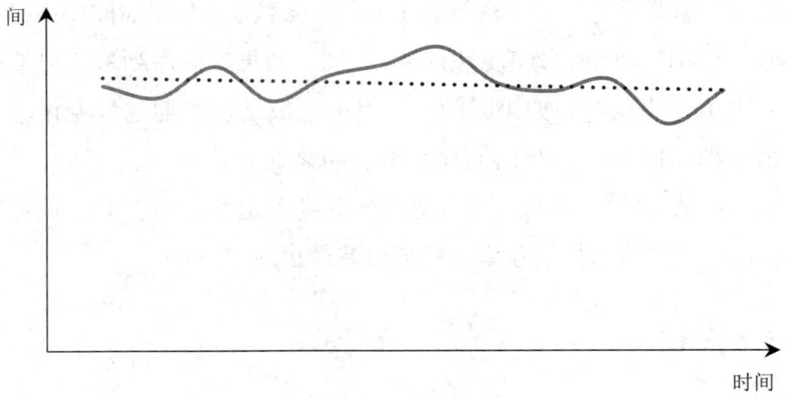

图 4-20　客房销量散点图

2. 当前时间序列数据为 12 项，初始值应取前三期均值。在 D4 处输入 "=AVERAGE（C4：C6）"，点击 "Enter"，得到递推初始值（图 4-21）。

1	B	C	D	E	F	G	H	I	J	K
2	日期	实际值	α_1=0.10		α_2=0.30		α_3=0.70		α_4=0.90	
3			预测值	误差率	预测值	误差率	预测值	误差率	预测值	误差率
4	4月2日	138	=AVERAGE(C4:C6)							
5	4月9日	132								
6	4月16日	148								
7	4月23日	130								
8	4月30日	143								
9	5月7日	149								
10	5月14日	158								

图 4-21　取前三期均值为初始值

3. D5 格输入 "=C4×0.1+D4×0.9"，点击 "Enter"，得到 4 月 9 日的预测值。右下角 "+" 下拉，得到全部日期的预测值（图 4-22）。

1	B	C	D	E	F	G	H	I	J	K
2	日期	实际值	α_1=0. 10		α_2=0. 30		α_3=0. 70		α_4=0. 90	
3			预测值	误差率	预测值	误差率	预测值	误差率	预测值	误差率
4	4月2日	138	139							
5	4月9日	132	=C4*0. 1+D4*0. 9							
6	4月16日	148								
7	4月23日	130								
8	4月30日	143								
9	5月7日	149								
10	5月14日	158								

图 4–22 计算指数平滑预测值

4. E4 格输入“=（C4–D4）/D4”，点击“Enter”，右下角“+”下拉，得到全部预测误差率（图 4–23）。

1	B	C	D	E	F	G	H	I	J	K
2	日期	实际值	α_1=0. 10		α_2=0. 30		α_3=0. 70		α_4=0. 90	
3			预测值	误差率	预测值	误差率	预测值	误差率	预测值	误差率
4	4月2日	138	139	=(C4-D4)/D4						
5	4月9日	132	139							
6	4月16日	148	138							
7	4月23日	130	139							
8	4月30日	143	138							
9	5月7日	149	139							
10	5月14日	158	140							

图 4–23 计算预测误差率

5. 重复以上操作，得到不同平滑系数下的预测值与误差率（图 4–24）。

1	B	C	D	E	F	G	H	I	J	K
2	日期	实际值	α_1=0. 10		α_2=0. 30		α_3=0. 70		α_4=0. 90	
3			预测值	误差率	预测值	误差率	预测值	误差率	预测值	误差率
4	4月2日	138	139	-1%	139	-1%	139	-1%	139	-1%
5	4月9日	132	139	-5%	139	-5%	138	-5%	138	-4%
6	4月16日	148	138	7%	137	8%	134	11%	133	12%
7	4月23日	130	139	-7%	140	-7%	144	-10%	146	-11%
8	4月30日	143	138	3%	137	4%	134	7%	132	9%
9	5月7日	149	139	7%	139	7%	140	6%	142	5%
10	5月14日	158	140	13%	142	11%	146	8%	148	7%
11	5月21日	139	142	-2%	147	-5%	155	-10%	157	-11%
12	5月28日	135	141	-5%	144	-7%	144	-6%	141	-4%
13	6月4日	141	141	0%	142	0%	138	2%	136	4%
14	6月11日	118	141	-16%	141	-17%	140	-16%	140	-16%
15	6月18日	135	139	-3%	134	0%	125	8%	120	12%
16	6月25日	—	138	-0. 65%	135	-0. 88%	132	-0. 41%	134	-0. 013%
17	注：灰底数据为平均误差率。									

图 4–24 不同平滑系数下的预测值与误差率

6. 根据图 4–24 的计算结果，其间平均误差率均在 1% 以下。按最小平均误差率选择，α 值应取 0.9，相应预测值为 134 间，修正值也是 134 间。

【演示 2】使用 Excel“数据分析”工具

1. 点“数据”—“数据分析”—“指数平滑”，点“输入区域”，选中 C4 到 C15。阻尼系数（$1-\alpha$）处输入“0.9”。点“输出区域”，再点 D4。点“标准误差”，选“确定”（图 4–25）。

1	B	C	D	E	F	G	H	I	J	K
2	日期	实际值	α_1=0.10		α_2=0.30		α_3=0.70		α_4=0.90	
3			预测值	标准误差	预测值	标准误差	预测值	标准误差	预测值	标准误差
4	4月2日	138								
5	4月9日	132								
6	4月16日	148								
7	4月23日	130								
8	4月30日	143								
9	5月7日	149								
10	5月14日	158								
11	5月21日	139								
12	5月28日	135								
13	6月4日	141								
14	6月11日	118								
15	6月18日	135								
16	6月25日	—								

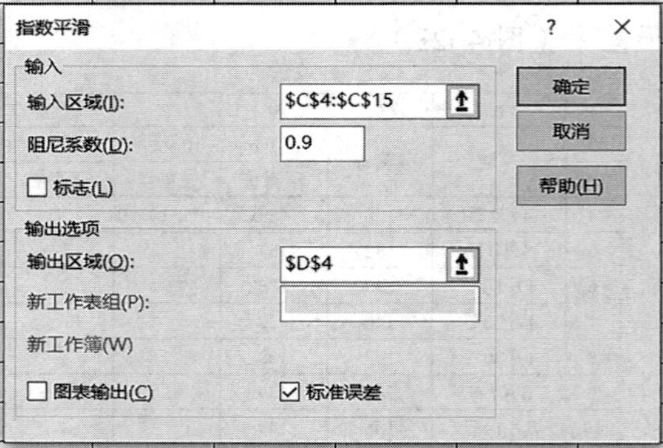

图 4–25　设定指数平滑参数

2. 选中 D15、E15，右下角“+”下拉，得到 6 月 25 日预测值以及标准误差（图 4–26）。

1	B	C	D	E	F	G	H	I	J	K
2	日期	实际值	α_1=0.10		α_2=0.30		α_3=0.70		α_4=0.90	
3			预测值	标准误差	预测值	标准误差	预测值	标准误差	预测值	标准误差
4	4月2日	138	#N/A	#N/A						
5	4月9日	132	138	#N/A						
6	4月16日	148	137	#N/A						
7	4月23日	130	138	#N/A						
8	4月30日	143	138	8.56						
9	5月7日	149	138	8.42						
10	5月14日	158	139	8.53						
11	5月21日	139	141	12.89						
12	5月28日	135	141	12.57						
13	6月4日	141	140	11.42						
14	6月11日	118	140	3.64						
15	6月18日	135	138	13.37						
16	6月25日	—	138	13.05						

图 4–26　下拉得到预测值和相应标准误差

3. 重复以上操作，得到不同平滑系数下的预测值和标准误差（图 4–27）。

1	B	C	D	E	F	G	H	I	J	K
2	日期	实际值	α_1=0.10		α_2=0.30		α_3=0.70		α_4=0.90	
3			预测值	标准误差	预测值	标准误差	预测值	标准误差	预测值	标准误差
4	4月2日	138	#N/A	#N/A	#N/A	#N/A	#N/A	#N/A	#N/A	#N/A
5	4月9日	132	138	#N/A	138	#N/A	138	#N/A	138	#N/A
6	4月16日	148	137	#N/A	136	#N/A	134	#N/A	133	#N/A
7	4月23日	130	138	#N/A	140	#N/A	144	#N/A	146	#N/A
8	4月30日	143	138	8.56	137	9.49	134	11.92	132	13.47
9	5月7日	149	138	8.42	139	9.53	140	12.51	142	14.57
10	5月14日	158	139	8.53	142	8.94	146	10.69	148	12.26
11	5月21日	139	141	12.89	147	11.67	155	9.80	157	9.56
12	5月28日	135	141	12.57	144	11.95	144	12.25	141	12.52
13	6月4日	141	140	11.42	142	11.68	138	12.25	136	12.29
14	6月11日	118	140	3.64	141	6.98	140	10.45	140	11.37
15	6月18日	135	138	13.37	134	14.54	125	13.78	120	13.75
16	6月25日	—	138	13.05	135	13.51	132	14.18	134	15.83

图 4–27　不同平滑系数下的预测值和标准误差

4. 根据图 4–27 的计算结果，平滑系数取 0.1 标准误差最小，相应预测值为 138 间。

【同步练习 4】

【习题】指数平滑预测

每年 9 月至 11 月是酒店市场平季（国庆假期除外）。今年 9 月至 11 月每周六的客房销售量如表 4–11 所示。请用指数平滑预测法，根据时间序列特征取不同的 α 值试算，预测 11 月 25 日（周六）的客房预订量。

表 4–11　指数平滑预测数据表

（单位：间）

日期	实际值	α_1	α_2	α_3	α_4
		预测值	预测值	预测值	预测值
9 月 2 日	118				
9 月 9 日	103				
9 月 16 日	110				
9 月 23 日	132				
9 月 30 日	109				
10 月 7 日	126				
10 月 14 日	112				
10 月 21 日	98				

续表

日期	实际值	α_1	α_2	α_3	α_4
		预测值	预测值	预测值	预测值
10 月 28 日	116				
11 月 4 日	120				
11 月 11 日	112				
11 月 18 日	113				
11 月 25 日	—				

四、季节指数预测

当市场需求具有明显季节性变动规律，且需求预测的基点与目标点又跨越了不同季节时，可采用季节指数预测法进行需求预测。其基本思路，就是利用季节指数测定季节变动规律，再结合在手数据做出预测。季节指数预测法的时间单位一般为月度或季度，变动周期通常为 12 个月或 4 个季度。当市场需求表现出以“周”为单位的季节性变动规律时，季节性指数预测法同样适用。此时的时间序列单位为“周”，变动周期为 4 周或若干周。

季节指数预测法包括季节平均法和季节趋势法两种方式。季节趋势法综合考虑时间序列的周期变化规律与长期发展趋势，在移动平均值的基础上求得季节指数，并以此建立相应的数学模型进行预测。季节平均法是最基本的季节指数预测方法。它只考虑时间序列的周期性变化，以历年同季均值和历年季均值计算季节指数。不管采用哪种方法，都要求时间序列数据包含季节性变动信息，显示出周期规律或长期趋势。原始数据须至少连续 3 年分季。

季节平均法操作分三步进行。第一，计算季节指数。以“月”周期为例，假设 i 年 j 月的预测指标值为 y_{ij}，其中 $i=1, 2, \cdots, n$；$j=1, 2, \cdots, 12$。历年同月均值为 $\bar{a}_j$，$\bar{a}_j=\frac{1}{n}\sum_i^n y_{ij}$；各年月均值为 $\bar{a}_i$，$\bar{a}_i=\frac{1}{12}\sum_j^{12} y_{ij}$；历年月均值为 $\bar{a}$，$\bar{a}=\frac{1}{n}\sum_i^n \bar{a}_i$。则 j 月份季节指数 v_j 的计算公式为：

$$v_j=\frac{\bar{a}_i}{\bar{a}}\cdot 100\% \tag{4-8}$$

第二，修正各月的季节指数。从理论上说，各月的季节指数之和应该等于 1200%。但因计算过程中的近似处理，各月季节指数之和可能或小于或大于 1200%。因此需要对其进行修正处理，计算修正系数 k。其计算公式为：

$$k=\frac{1200\%}{\sum v_j} \tag{4-9}$$

修正后的季节指数 v_j^* 为：

$$v_j^*=k\cdot v_j \tag{4-10}$$

第三，利用修正后的季节指数作出预测。假设第 t_1 月份（基点）指标实际值为 y_{t1}，各月经修正后的季节指数为 $v_j^*(j=1, 2, \cdots, 12)$，则第 t_2 月份（目标点）的指标预测值 y_{t2} 为：

$$y_{t2}=y_{t1}\cdot\frac{v_{t2}^*}{v_{t1}^*} \tag{4-11}$$

【算法演示 5】

【例题】季节指数预测

G 酒店近四年客房销售月间夜数如表 4-12 所示。今年 2 月客房销售量为 3560 间夜（表 4-12）。

（1）计算各月季节指数。

（2）预测今年 4、5 月的客房销售间夜。

表 4-12　G 酒店近四年客房销售月间夜数

（单位：间夜）

月份	第一年	第二年	第三年	第四年
1 月	2741	3467	3572	2773
2 月	2353	3766	3392	2983
3 月	3742	4523	4517	4612
4 月	4311	4537	4366	4545
5 月	4557	4551	4161	4532
6 月	4583	4537	4159	4393
7 月	4860	4856	4736	4891
8 月	5003	4932	4903	4922
9 月	4243	4413	4203	4161
10 月	4569	4838	4530	4679
11 月	4379	4710	4216	4656
12 月	3772	4182	3500	4153

【演示】

1. 打开配套 Excel 文件，插入“历年同月均值 $\overline{a}_j$”“季节指数 v_j”、修正后季节指数“v_j^*”列，插入“各年月均值 $\overline{a}_i$”行。灰底格计算“历年月均值 $\overline{a}$”（图 4–28）。

1	B	C	D	E	F	G	H	I
2	月份	第一年	第二年	第三年	第四年	历年同月均值 $\overline{a}_j$	季节指数 v_j	v_j^*
3	1月	2741	3467	3572	2773			
4	2月	2353	3766	3392	2983			
5	3月	3742	4523	4517	4612			
6	4月	4311	4537	4366	4545			
7	5月	4557	4551	4161	4532			
8	6月	4583	4537	4159	4393			
9	7月	4860	4856	4736	4891			
10	8月	5003	4932	4903	4922			
11	9月	4243	4413	4203	4161			
12	10月	4569	4838	4530	4679			
13	11月	4379	4710	4216	4656			
14	12月	3772	4182	3500	4153			
15	各年月均值 $\overline{a}_i$						—	—

图 4–28 插入行列

2. 利用行数据和 AVERAGE 函数计算“历年同月均值 $\overline{a}_j$”。利用列数据和 AVERAGE 函数计算“各年月均值 $\overline{a}_i$”。在灰底格输入“=AVERAGE（C15：F15）”，计算“历年月均值 $\overline{a}$”（图 4–29）。

1	B	C	D	E	F	G	H	I
2	月份	第一年	第二年	第三年	第四年	历年同月均值 $\overline{a}_j$	季节指数 v_j	v_j^*
3	1月	2741	3467	3572	2773	3138		
4	2月	2353	3766	3392	2983	3123		
5	3月	3742	4523	4517	4612	4348		
6	4月	4311	4537	4366	4545	4440		
7	5月	4557	4551	4161	4532	4450		
8	6月	4583	4537	4159	4393	4418		
9	7月	4860	4856	4736	4891	4836		
10	8月	5003	4932	4903	4922	4940		
11	9月	4243	4413	4203	4161	4255		
12	10月	4569	4838	4530	4679	4654		
13	11月	4379	4710	4216	4656	4490		
14	12月	3772	4182	3500	4153	3902		
15	各年月均值 $\overline{a}_i$	4093	4442	4188	4275	4249	—	—

图 4–29 计算 $\overline{a}_j$、$\overline{a}_i$ 和 $\overline{a}$

3. 在 H3 处输入“=G3/G15”，点击“Enter”，右下角“+”下拉，计算“季节指数 v_j”（图 4-30）。

1	B	C	D	E	F	G	H	I
2	月份	第一年	第二年	第三年	第四年	历年同月均值 $\bar{a}_j$	季节指数 v_j	v_j^*
3	1月	2741	3467	3572	2773	3138	74%	
4	2月	2353	3766	3392	2983	3123	73%	
5	3月	3742	4523	4517	4612	4348	102%	
6	4月	4311	4537	4366	4545	4440	104%	
7	5月	4557	4551	4161	4532	4450	105%	
8	6月	4583	4537	4159	4393	4418	104%	
9	7月	4860	4856	4736	4891	4836	114%	
10	8月	5003	4932	4903	4922	4940	116%	
11	9月	4243	4413	4203	4161	4255	100%	
12	10月	4569	4838	4530	4679	4654	110%	
13	11月	4379	4710	4216	4656	4490	106%	
14	12月	3772	4182	3500	4153	3902	92%	
15	各年月均值 $\bar{a}_i$	4093	4442	4188	4275	4249	—	—

图 4-30　季节指数 v_j

4. 根据公式（4-9），计算季节指数的修正系数 k。

$$k=\frac{1200\%}{1200\%}=\frac{1200\%}{\sum v_j}=1$$

5. 根据公式（4-10），计算修正季节指数 v_j^*（图 4-31）。

1	B	C	D	E	F	G	H	I
2	月份	第一年	第二年	第三年	第四年	历年同月均值 $\bar{a}_j$	季节指数 v_j	v_j^*
3	1月	2741	3467	3572	2773	3138	74%	74%
4	2月	2353	3766	3392	2983	3123	73%	73%
5	3月	3742	4523	4517	4612	4348	102%	102%
6	4月	4311	4537	4366	4545	4440	104%	104%
7	5月	4557	4551	4161	4532	4450	105%	105%
8	6月	4583	4537	4159	4393	4418	104%	104%
9	7月	4860	4856	4736	4891	4836	114%	114%
10	8月	5003	4932	4903	4922	4940	116%	116%
11	9月	4243	4413	4203	4161	4255	100%	100%
12	10月	4569	4838	4530	4679	4654	110%	110%
13	11月	4379	4710	4216	4656	4490	106%	106%
14	12月	3772	4182	3500	4153	3902	92%	92%
15	各年月均值 $\bar{a}_i$	4093	4442	4188	4275	4249	—	—

图 4-31　计算修正季节指数 v_j^*

6. 今年 2 月的客房销售量为 3560 间夜。根据公式（4-10），今年 4、5 月的销售间夜预计分别为 5060 间夜和 5072 间夜。具体计算过程如下：

$$y_4 = y_2 \cdot \frac{v_4^*}{v_2^*} = 3560 \cdot \frac{104\%}{73\%} = 5060\text{（间夜）}$$

$$y_5 = y_2 \cdot \frac{v_5^*}{v_2^*} = 3560 \cdot \frac{105\%}{73\%} = 5072\text{（间夜）}$$

【同步练习 5】

【习题】季节指数预测

H 酒店近三年客房销售月间夜量如表 4-13 所示。今年 2 月客房销售 7162 间夜。

（1）计算各月季节指数。

（2）预测今年 4、5、6 月的客房销售间夜。

表 4-13　H 酒店近三年客房销售月间夜数

（单位：间夜）

月份	第一年	第二年	第三年
1 月	7510	7681	7935
2 月	6227	6790	7609
3 月	8476	9161	9353
4 月	7825	8431	8188
5 月	8260	8157	8358
6 月	7925	7646	7991
7 月	8960	8663	8689
8 月	9018	9053	8880
9 月	7528	7686	7217
10 月	8302	8885	8416
11 月	8864	9350	9137
12 月	8001	9164	8521

第三节　线性回归分析

一、一元线性回归分析

回归分析预测法基于变量间的相关关系建立拟合方程，并依自变量变化对因变量做出预测。按照自变量个数与回归方程的不同，回归分析包括一元回归与多元回归、线性回归与非线性回归。一元线性回归是最基本的回归分析方法。假设因变量 y 和自变量 x 之间存在某种线性关系，则一元线性回归模型为：

$$y_i = a + bx_i + \varepsilon_i \tag{4-12}$$

其中 a、b 为未知参数，ε_i 表示各种随机因素对 y 的影响。根据中心极限定理，可认为 ε 服从正态分布，即 $\varepsilon\sim N(0, \sigma^2)$。利用最小二乘法可求得参数项 a、b 的估计值 $\hat{a}$、$\hat{b}$，从而得到一元线性回归方程 $\hat{y}_i=\hat{a}+\hat{b}x_i$。回归分析预测一般包括以下步骤。

第一，确定变量之间的相关关系。可通过理论分析方法确定变量之间是否存在相关关系。例如，根据经济学的需求理论，在其他条件不变的情况下，一种商品的需求量与其本身价格之间呈反方向变动。那么理论上说，酒店客房作为一种商品，其无限制需求量与价格之间也存在反向变动关系。

第二，确定变量之间的相关程度。变量之间的相关关系只有达到一定程度，回归分析才能获得比较好的拟合效果。如果两个变量之间只是弱相关，那么就可能需要更换或添加其他相关变量。变量之间的相关程度一般用相关系数（r）来测定，其计算公式是：

$$r = \frac{\sum(x-\bar{x})(y-\bar{y})}{\sqrt{\sum(x-\bar{x})^2 \cdot \sum(y-\bar{y})^2}} \tag{4-12}$$

其中 x、y 分别为自变量和因变量的观察值，$\bar{x}$、$\bar{y}$ 为观察值 x、y 的均值。相关系数 r 的取值范围为（-1，1），即 $|r|<0$。$r>0$，说明两个变量正相关；$r<0$，说明两个变量负相关。r 越趋近于 0，变量之间的相关关系越弱；r 越趋近于 1，变量之间的相关关系越强。

第三，在变量间建立回归方程式。即根据变量之间的相关关系，用数学方程式予以表达并进行回归拟合。一般可利用 Excel 散点图选择合适的回归方程。如果散点图呈直线分布，可以选择一元线性回归方程。如果散点图不是线性趋势，则选择相应的非线性回归模型（如指数模型、多项式模型等）。

第四，求解回归方程参数并判断拟合效果。利用 SPSS、EXCEL 或其他工具进行回归求解，得到各项参数的估计值和相应的统计检验指标，并根据检验指标判断参数显著性、评价回归方程的拟合效果。拟合效果以拟合优度 R^2 衡量，其最大值为 1。R^2 越接近 1，说明回归方程对观测值的拟合效果越好，其预测结果的准确程度也就越高。拟合优度 R^2 值越小，说明其拟合效果越差，其回归方程的预测价值也就越低。回归方程的拟合优度须在 0.8 以上（即 $R^2\geqslant 0.8$），才会被认为拟合效果优良、可用于预测。

第五，利用回归方程进行预测并做结果评价。预测分为点值预测和区间预测。将

目标点的自变量 x 代入回归方程，可以得到相应的目标点数值 y，即为点值预测。由于回归方程是趋近拟合，与实际值之间存在误差，因此预测值不能简单地理解为回归方程的数点求解，而应该是有一个数值范围，这种预测思路称为区间预测。一般要求实际值落在这个区间（即“置信区间”）的概率在 95% 以上。

【算法演示 6】

【例题】一元线性回归分析

X 酒店拥有高级双床房 120 间。每年 3 月是其经营淡季，不对 OTA 散客预订附加限制条件。根据历史数据，3 月前两周，高级双床房的 OTA 散客房价 p 与销售量 Q 如表 4-14 所示。

（1）利用一元线性回归分析，拟合期间价格反应函数。

（2）如果价格为 785 元，高级双床房的 OTA 散客销量会在多少间左右？

表 4-14　X 酒店高级双床房的 OTA 散客房价与销量

周	天	价格 p（元）	销售量 Q（元）
1	1	383	72
	2	402	69
	3	369	93
	4	375	83
	5	775	33
	6	940	27
	7	531	56
2	1	479	62
	2	537	54
	3	542	48
	4	511	59
	5	1031	20
	6	1221	17
	7	685	38

【演示 1】回归分析法

1. 计算相关系数，确定相关程度。在配套 Excel 文件中，点击“数据”—“数据分析”—“相关系数”—“确定”。点一下输入区域，然后选中 D2 至 E16，点“逐列”，“标志位于第一行”前打“√”。输出区域点“G3”，点“确定”（图 4-32）。

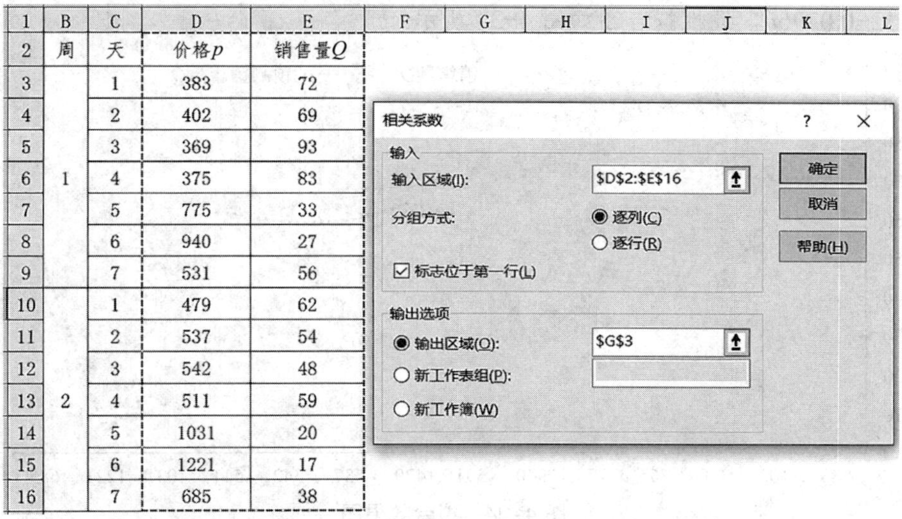

	B	C	D	E
2	周	天	价格p	销售量Q
3		1	383	72
4		2	402	69
5		3	369	93
6	1	4	375	83
7		5	775	33
8		6	940	27
9		7	531	56
10		1	479	62
11		2	537	54
12		3	542	48
13	2	4	511	59
14		5	1031	20
15		6	1221	17
16		7	685	38

图 4–32 设置数据分析—相关系数参数

2. Excel 计算得到相关系数为 −0.9257，即销售量 Q 和价格 p 呈高度负相关。

3. 点击“数据”—“数据分析”—“回归”，点一下“Y 值输入区域”空白格，然后选中 E2 至 E16 格。点一下“X 值输入区域”空白格，然后选中 D2 至 D16 格。勾选“标志”“置信区间”“线性拟合图”（图 4–33）。

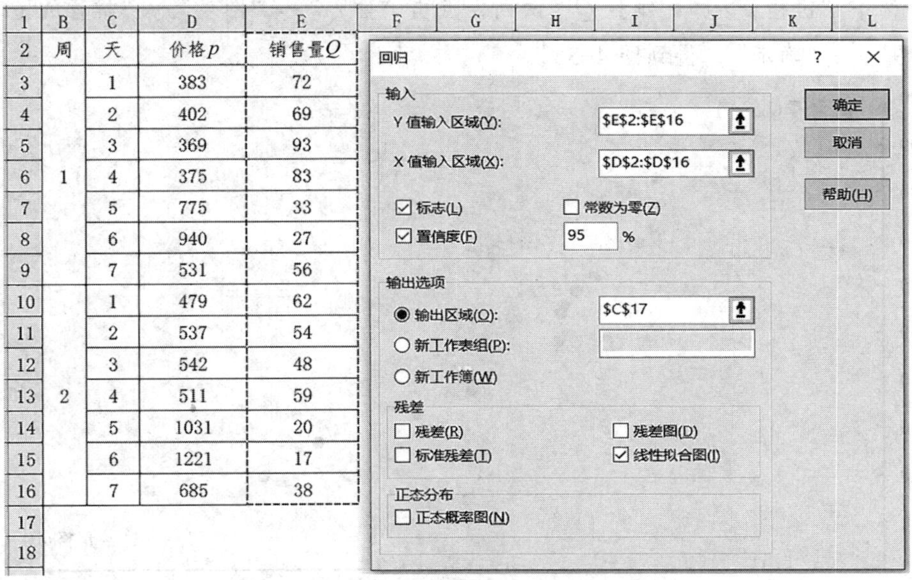

	B	C	D	E
2	周	天	价格p	销售量Q
3		1	383	72
4		2	402	69
5		3	369	93
6	1	4	375	83
7		5	775	33
8		6	940	27
9		7	531	56
10		1	479	62
11		2	537	54
12		3	542	48
13	2	4	511	59
14		5	1031	20
15		6	1221	17
16		7	685	38
17				
18				

图 4–33 设置数据分析—回归参数

4. 点击“确定”，得到拟合优度（R Square）为 0.8569，拟合效果可以接受。参数项 a、b（Inercept、价格 p）的估计值，分别为 102.12、−0.0796。即拟合方程为

$Q=102.12-0.0796p$。线性拟合图如图 4-34 所示。

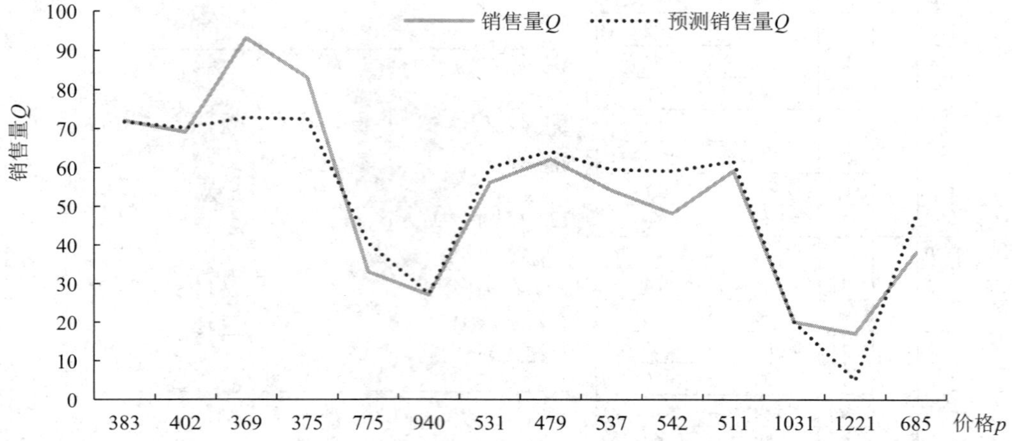

图 4-34　拟合效果图

5. 如果价格 p 等于 785 元，代入拟合方程 Q=102.12-0.0796p，可知客房销量应在 40 间左右。

【演示 2】趋势线法

利用 Excel 散点图的“趋势线”功能，可直接得出拟合方程。具体操作过程如下：

1. 选中“价格 *p*”和“销量 *Q*”两列，点击“插入”—“图表”—“推荐的图表”—“散点图”—“确定”，得到图 4-35[①]。

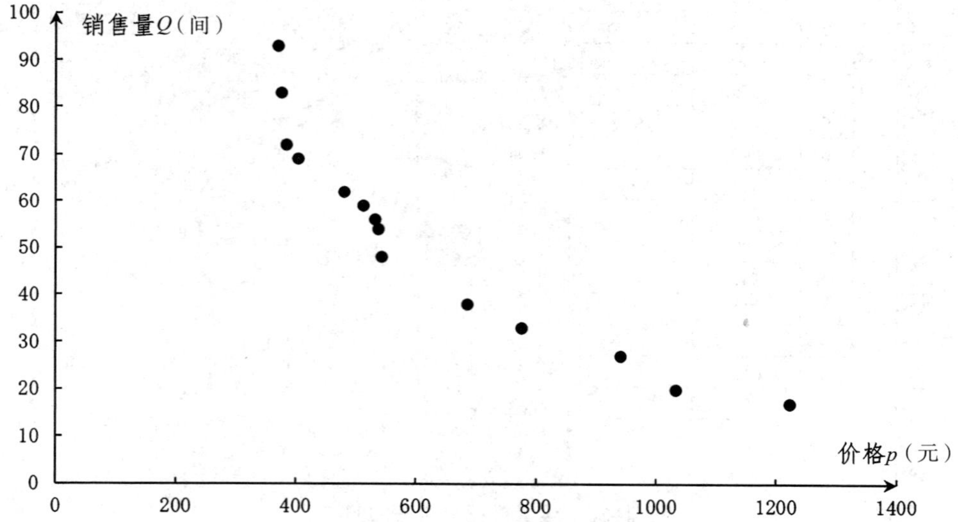

图 4-35　绘制 XY 散点图

① 图 4-35 在原图基础上做了编辑调整。

2. 鼠标点击平图中任一散点，点击鼠标右键“添加趋势线”，在右侧选项中勾选“显示公式”“显示 R 平方值”，即可得到回归方程和拟合优度值（图 4–36）。

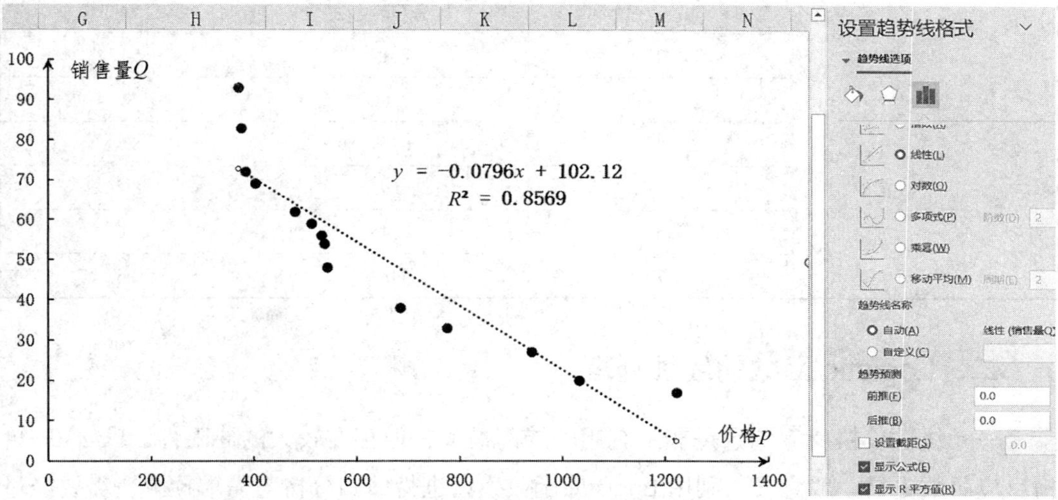

图 4–36　添加趋势线

【同步练习 6】

【习题】一元线性回归分析

Y 酒店拥有豪华双床房 110 间。每年 2 月是其经营淡季，不对 OTA 散客预订附加限制条件。根据历史数据，2 月前两周，豪华双床房的 OTA 散客房价 p 与销售量 Q 如表 4–15 所示。

1. 利用一元线性回归分析，拟合期间价格反应函数。

2. 如果价格为 612 元，豪级双床房的 OTA 散客销量会在多少间左右？

表 4–15　Y 酒店豪华双床房的 OTA 散客房价与销量

周	天	价格 p（元）	销售量 Q（间）
2	1	717	61
	2	747	46
	3	828	30
	4	804	38
	5	703	75
	6	692	79
	7	560	93

续表

周	天	价格 p（元）	销售量 Q（间）
3	1	733	52
	2	731	54
	3	768	42
	4	676	82
	5	659	86
	6	714	63
	7	548	105

二、Logistic 函数的线性处理

一元线性价格反应函数是非常有用的局部模型，但存在较大的局限性。Logistic 价格反应函数更具一般意义。利用 Logistic 函数模型进行回归分析与需求预测，需要经过相应的数学转换与线性处理。根据公式（3-17），$Q=\frac{C}{1+ae^{bp}}$，a、b 均为参数项，C 为酒店拥有的客房总间数。将上式移项整理，可得：

$$\frac{C-Q}{Q}=a\cdot e^{bp}$$

等式两边取自然对数，可得：

$$ln\frac{C-Q}{Q}=lna+bp$$

令：

$$y=ln\frac{C-Q}{Q} \tag{4-13}$$

则有：

$$y=lna+bp \tag{4-14}$$

只要利用 C 和观察值 Q 生成序列 y，即可利用 Excel 或 SPSS 工具求解一元线性回归方程 $\hat{y}=\hat{a}+bp$。从而得到参数 a、b。其中参数 a 的计算公式为：

$$a=e^{\hat{a}} \tag{4-15}$$

具体操作可分三步进行。第一，根据公式（4-13）生成序列 y。第二，利用 Excel 工具对 y、p 进行一元线性回归，得到参数 $\hat{a}$、b，并判断拟合效果。第三，根据公式

（4–15）求得参数 a，从而得到 Logistic 价格反应函数的拟合方程。

【算法演示 7】

【例题】Logistic 函数的线性回归处理

X 酒店拥有高级双床房 120 间。每年 3 月是其经营淡季，不对 OTA 散客预订附加限制条件。根据历史数据，3 月前两周，高级双床房的 OTA 散客房价 p 与销售量 Q 如表 4–16 所示。

1. 求解 Logistic 价格反应函数的拟合方程。

2. 如果价格为 785 元，高级双床房的 OTA 散客销量会在多少间左右？

表 4–16　X 酒店 Logistic 价格反应函数方程拟合求解

周	天	价格 p	销售量 Q	$(C-Q)/Q$	y
1	1	383	72		
	2	402	69		
	3	369	93		
	4	375	83		
	5	775	33		
	6	940	27		
	7	531	56		
2	1	479	62		
	2	537	54		
	3	542	48		
	4	511	59		
	5	1031	20		
	6	1221	17		
	7	685	38		

【演示】

1. 打开配套 Excel 文件，在 F3 格输入"=（120−E3）/E3"，点击"Enter"，右下角"+"下拉，求出系列 $(C-Q)/Q$ 值。根据公式（4–13），在 G3 出输入"=LN（F3）"，点击"Enter"，右下角"+"下拉，求出系列 y 值。具体见表 4–17。

表 4-17　y 值计算结果

周	天	价格 p（元）	销售量 Q（间）	$(C-Q)/Q$	y
1	1	383	72	0.6667	−0.4055
	2	402	69	0.7391	−0.3023
	3	369	93	0.2903	−1.2368
	4	375	83	0.4458	−0.8079
	5	775	33	2.6364	0.9694
	6	940	27	3.4444	1.2368
	7	531	56	1.1429	0.1335
2	1	479	62	0.9355	−0.0667
	2	537	54	1.2222	0.2007
	3	542	48	1.5000	0.4055
	4	511	59	1.0339	0.0333
	5	1031	20	5.0000	1.6094
	6	1221	17	6.0588	1.8015
	7	685	38	2.1579	0.7691

2. 鼠标左键选中 D2 至 D16。左手按“Ctrl”键，鼠标左键选中 G2 至 G16。接着点击“插入”—“图表”—“推荐的图表”—“散点图”—“确定”，得到图 4-37。

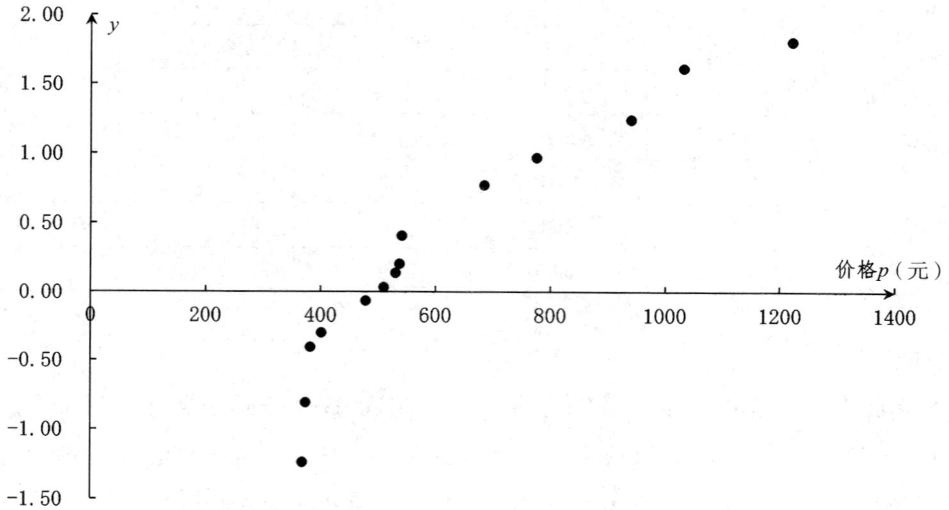

图 4-37　绘制散点图

3. 鼠标点击图中任一散点，右击鼠标“添加趋势线”，在右侧选项中勾选“显示公式”、“显示 R 平方值”。得到拟合方程 $y = 0.0031x-1.642$ 。拟合优度为 0.8912（图 4-38）。

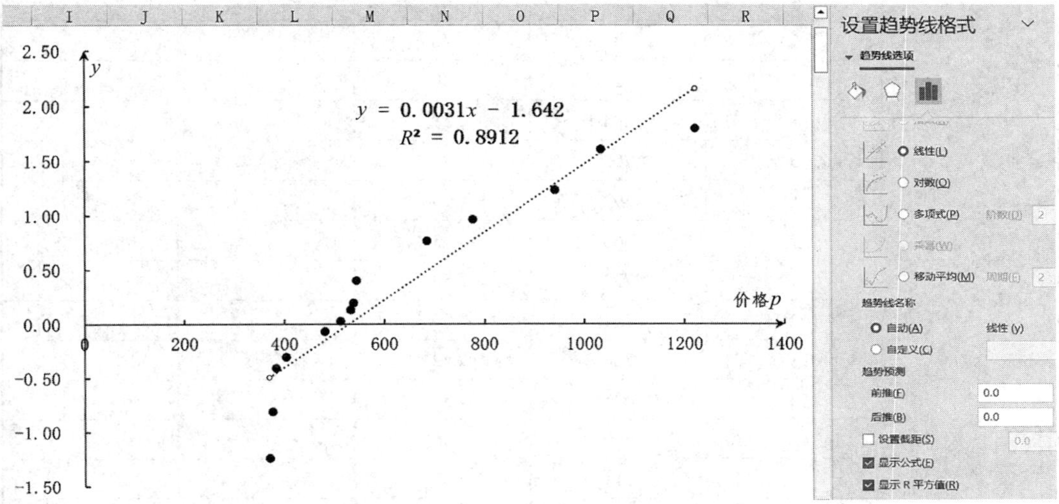

图 4-38 添加趋势线

4. 根据拟合方程，Logistic 价格反应函数的参数 b 等于 0.0031。根据公式（4-15），参数 $a = e^{-1.642} = 0.1936$。最终求得 X 酒店高级双床房 OTA 散客的 Logistic 价格反应函数的拟合方程为：

$$Q = \frac{120}{1+0.1936e^{0.0031p}}$$

5. 如果价格 p 等于 785 元，代入上述拟合方程，可知客房销量应在 40 间左右。

【同步练习 7】

【习题】Logistic 函数的线性回归处理

Y 酒店拥有豪华双床房 110 间。每年 2 月是其经营淡季，不对 OTA 散客预订附加限制条件。根据历史数据，2 月前两周，豪华双床房的 OTA 散客房价 p 与销售量 Q 如表 4-18 所示。

1. 求解 Logistic 价格反应函数的拟合方程。

2. 如果价格为 612 元，豪级双床房的 OTA 散客销量会在多少间左右？

表 4–18　Y 酒店 Logistic 价格反应函数方程拟合求解

周	天	价格 p（元）	销售量 Q（间）	$(C-Q)/Q$	y
2	1	717	61		
	2	747	46		
	3	828	30		
	4	804	38		
	5	703	75		
	6	692	79		
	7	560	93		
3	1	733	52		
	2	731	54		
	3	768	42		
	4	676	82		
	5	659	86		
	6	714	63		
	7	548	105		

Ⅰ. RMS 操作

一、市场环境查询

点击“分析—市场环境”页面，会显示当月影响市场需求的展会或事件。点击“详情”，可以列表形式展示展会或事件的详细情况（图 I–1）。

图 I–1　影响酒店需求的市场环境查询

二、预测数据查询

1. 无限制需求预测查询

“分析—日历概览”页面，鼠标双击任何一天作为“被观测时点”（当天为观测时点），跳出“每日重要参数”，下拉到底，即可显示此后 15 天内的“非限制需求”预测数据或图表（图 I–2）。

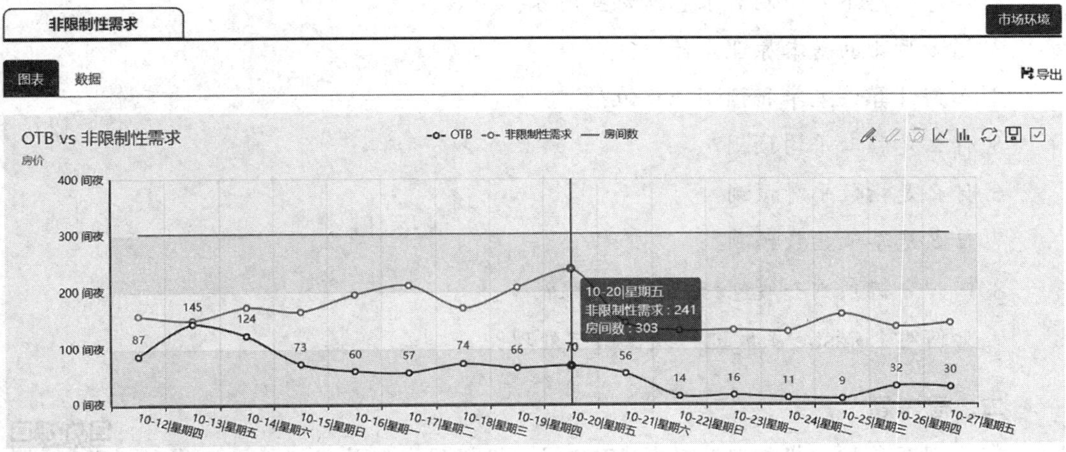

图 I–2 无限制需求预测查询

2. OTB 与历史 Pickup 数据查询

“分析—日历概览”页面，鼠标双击任何一天作为“被观测时点”，跳出“每日重要参数”页面下拉，即可以“图表”或数据表显示此后 14 天散客与团队 OTB，以及历史同期的相应 Pickup 数据。点击“观测时点”与“被观测时点”后边日期格，可调整两个时间点（图 I–3）。

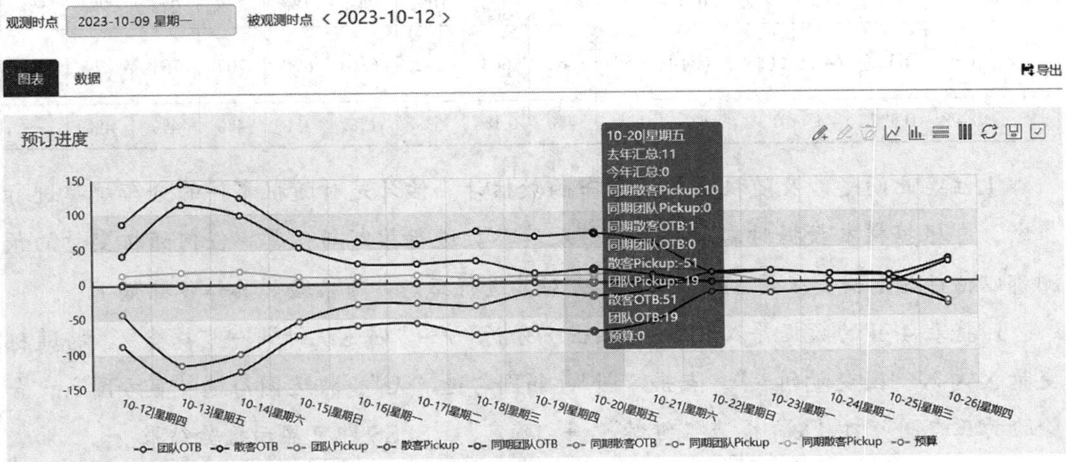

图 I–3 OTB 与 Pickup 数据查询

Ⅱ. 练习与思考

一、练习题

1. 什么是限制性需求与无限制需求？

2. 满房状态下无限制需求包括哪些内容？

3. 增量预测的基本原理是什么？

4. 如何计算误差率和预测修正值？

5. 什么是移动平均预测？

6. 什么是指数平滑预测？

7. 什么是季节指数预测？

8. 回归分析预测一般包括哪几个步骤？

9. 如何对 Logistic 函数进行线性回归处理？

二、思考题

邮轮拥有多种价格的双床舱位 1200 间，根据历史统计数据，其全价需求（X）的概率分布（P）如表 4–ii 所示。

（1）双床舱全价需求 X 是否服从正态分布？[1]

（2）全价卖出 600 间双床舱的概率是多少？

表 4–ii　某邮轮全价双床舱的需求分布

X（间）	464	486	518	531	532	563	574	576	596	599	602	603	608	619	630
P	5%	3%	8%	4%	0%	12%	5%	1%	10%	2%	1%	1%	2%	5%	5%
X（间）	631	632	641	643	651	657	662	663	682	686	690	707	731	774	—
P	0.4%	0.5%	4%	0.3%	4%	0.1%	4%	0.1%	6%	1%	1%	4%	4%	4%	—

①注：此问题涉及随机变量的分布函数估计。估计是对随机事件的分布规律进行推断，即根据样本数据对需求分布函数及其参数进行推断与估算。任何随机变量的预测都以估计为前提。采用 SPSS 工具，可对其进行正态分布检验。具体步骤如下：

1. 将表 4–ii 的数据导入 SPSS。点击“分析”→“描述统计”→“探索”，将随机变量 X 勾入“因变量列表”，点击“图”，箱图勾选“无”，描述图勾选“直方图”，“含检验的正态图”打“√”。点“继续”→“确定”，SPSS 即可显示检验结果。

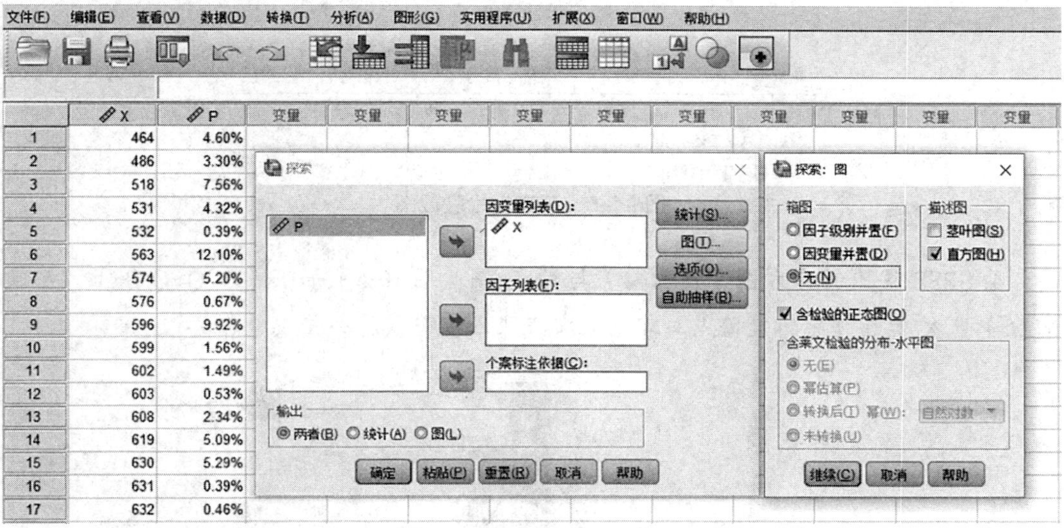

图 II–1 设置分析参数

2. 描述统计结果截图如图 II–2 所示。其中偏度（Skewness）反映数据图形的对称性。偏度大于零为正偏态，偏度小于零为左偏态，数值越大偏度越大。偏度等于零意味着无偏，即完全对称。峰度（Kurtosis）描述数据峰态陡缓程度。峰度大于零陡峭，峰度小于零平缓。当偏度与峰度都接近于零时，可推断数据服从正态分布。图 II–2 显示的偏度为 −0.195，峰度为 0.114，可认为 X 服从正态分布。

描述

			统计	标准 错误
X	平均值		619.00	13.196
	平均值的 95% 置信区间	下限	591.97	
		上限	646.03	
	5% 剪除后平均值		619.36	
	中位数		630.00	
	方差		5049.714	
	标准 偏差		71.061	
	最小值		464	
	最大值		774	
	全距		310	
	四分位距		88	
	偏度		-.195	.434
	峰度		.114	.845

图 II –2 描述统计截图

3. 正态性检验结果截图如图 II–3 所示，“柯—斯”“夏—威”检验的显著性水平分别为 0.200 和 0.978。在 α=0.05 的检验水平下不能拒绝原假设，正态性检验成立。

正态性检验

	柯尔莫戈洛夫-斯米诺夫[a]			夏皮洛-威尔克		
	统计	自由度	显著性	统计	自由度	显著性
X	.097	29	.200[*]	.988	29	.978

*. 这是真显著性的下限。

a. 里利氏显著性修正

图Ⅱ–3 正态性检验截图

4. SPSS 给出的直方图（图 II–4）与 Q–Q 图（图 II–5）如下。在 Q–Q 图上，反映随机变量 X 实际分布的数据点与理论分布线基本重合，符合正态分布要求。

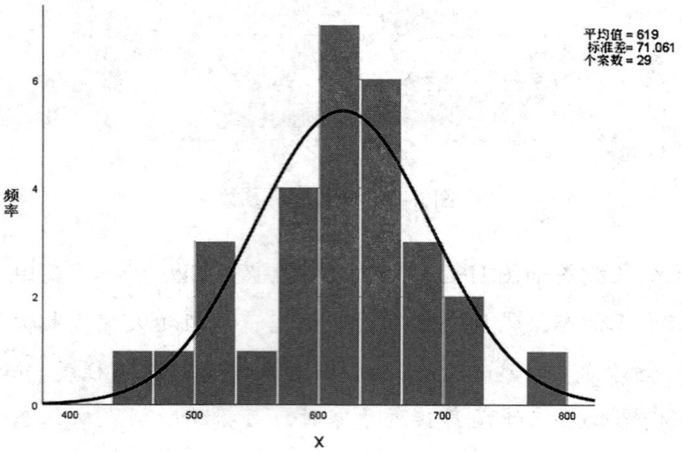

图Ⅱ–4 直方图

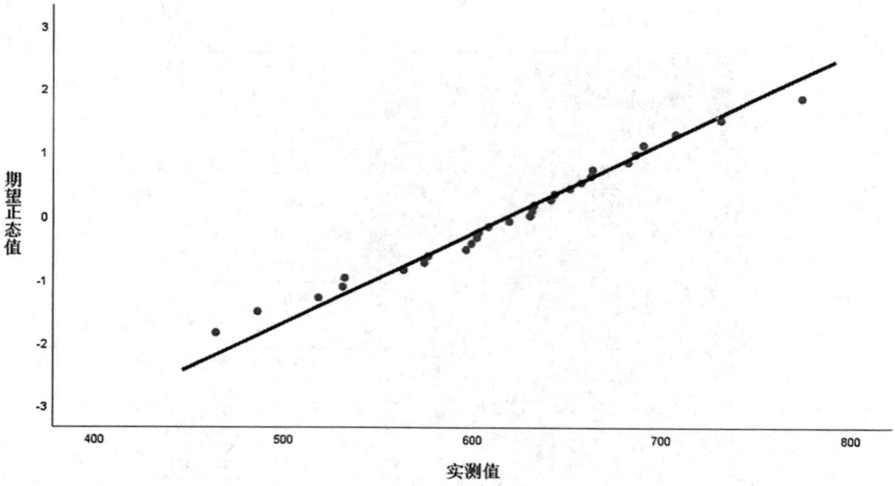

图Ⅱ–5 Q–Q 图

综上所述，全价舱随机需求变量 X 服从均值 619、标准差 71 的正态分布，即 $X \sim N(619, 71^2)$。

第五章

容量控制与分配优化

章节导读

本章聚焦收益函数 $R=p\cdot Q$ 中的"Q"，讲述容量管理。从客房容量的嵌套结构入手，分别阐释客房预订的三种控制方法、需求不确定情况下容量分配的优化求解，以及确定性需求下的连住分配优化求解。由浅入深、由表及里，阐述客房预订控制方法与分配优化的基本算法。

学习目标

1. 了解客房容量嵌套结构的主要类型及其特点。
2. 掌握线性嵌套结构下保留水平与预订限额的算法。
3. 掌握线性嵌套下常规控制、去低控制与高优控制算法。
4. 掌握两价格等级下容量分配的最优求解方法。
5. 掌握多价格等级下 EMSR-a 和 EMSR-b 启发式算法。
6. 了解单资源约束下的贪婪启发式算法。
7. 掌握连住分配优化的线性规划求解方法。

内容导引

逻辑主线	内容	要点
容量结构与预订控制	客房容量的嵌套结构	线性嵌套、平行嵌套、混合嵌套
	客房容量的预订控制	常规控制、去低控制与高优控制

续表

逻辑主线	内容	要点
需求不确定时的容量分配优化	两价格等级问题 多价格等级问题	小林法则求解，EMSR-a 和 EMSR-b 启发式算法
确定性需求下的连住分配优化	连住分配优化 连住分配优化的线性规划求解	ODF 线性规划求解

导入案例

酒店拥有双床房 100 间，全价 1000 元、折扣价 800 元。周二、周三的容量库存分别为 90 间和 100 间。根据需求预测，周二抵达住 1 晚的全价与折扣价需求，分别为 30 间和 50 间；住 2 晚的全价与折扣价需求，分别为 30 间和 40 间。周三抵达住 1 晚的全价与折扣价需求，分别为 20 间和 80 间。

酒店应该如何分配客房容量，才能使得客房总收益取最大值？

第一节 嵌套结构与预订控制

一、客房容量的嵌套结构

1. 嵌套结构的含义

容量（capacity）也称“存量”，本意是指特定事物“可以容纳（人或物）的最大数额或数量”[①]。收益管理中所谓“容量”或“存量”，是指特定企业能够提供的相应产品或服务的数量。这在航空运输业一般是指舱位容量，即特定航班的客座拥有量或货舱容纳量；在酒店业是指客房容量，即特定时期的可售房间数量；在餐饮业是指餐位容量，即特定时间的可售餐位数量。

客房容量的嵌套结构，是指不同客房产品之间、不同细分市场之间存在的可借用（可占用）关系。在洞察消费者需求基础上“量体裁衣”“投其所好”，为不同的细分市场提供不同的客房产品，是酒店市场营销的职能与要求。但不同细分市场的用房需求，因时间差异或随机因素影响会形成结构性变化。为减少容量空置、促进数量增长、实现最大化收益，酒店企业需根据市场需求的结构性变化及时调整容量分配。这就要求打破不同客房产品或细分市场之间的原有容量限制，使之具备一定的可占用、可借用

① the largest amount or number that can be held or contained，具体参见韦氏学习词典。

关系。

酒店客房因设计差异与物理差别，分为不同的产品类别与价格级别。但这种差别与差异并非完全对立、不可兼容，在一定条件与情形下可实现相互替代或暂时占用。例如，前文 M 酒店的标准客房包括双床房与大床房产品，都分为城景、湖景两大类别产品以及悦享、尊享、奢享三个价格级别。其中尊享与奢享产品的物理差异并不是太大[①]。当市场需求旺盛、奢享产品供不应求时，借助一定的服务设计与价值弥补手段，尊享房型完全可以作为奢享房型的备用产品。另外，如果 M 酒店在客房设计上能够实现双床房与大床房的自由变换，那么相应双床房与大床房之间也可建立某种嵌套结构关系。

2. 嵌套结构的基本类型

嵌套结构是相对于分离式结构而言的。分离式结构下的各客房产品或细分市场彼此分离、相对独立，按固定的容量配额销售直至关闭，彼此不发生容量占用关系。例如，假设某酒店拥有大床房 100 间，包括豪华大床房 25 间、行政大床房 30 间、高级大床房 25 间、经典大床房 20 间。其中 25 间豪华大床房分配给无限制最优散客 12 间、限制折扣散客 8 间、公司协议无保留散客 2 间、一次性旅游团 3 间。那么在分离式结构下，各个客房产品与细分市场按以上固定配额销售，直至配额售完、相应价格等级关闭为止。市场需求旺盛、容量配额不足时，也不能占用其他产品或市场的容量。

分离式结构忽视了客房需求的时间差异与随机变化，不利于容量管理与收益优化。嵌套结构则克服了这一缺陷，规定高价格等级的产品或市场可占用低价格等级的相应容量，体现了“数量增长”与“结构优化”的收益管理原则。线性嵌套是其中最纯粹的嵌套结构类型。其与分离式结构相结合，可衍生出平行嵌套、混合嵌套等结构类型。

（1）线性嵌套

线性嵌套的逻辑结构如图 5-1 所示。A、B、C 分别代表三种客房产品或细分市场，价格等级由高到低排列，相应的容量分配分别为 a、b、c。其嵌套关系呈线性延展，即 A 可以占用 B 的容量、B 可以占用 C 的容量。因此，高价格等级 A 的预订限额为（a+b+c），中价格等级 B 的预订限额为（b+c），低价格等级 C 的预订限额为自身配额 c。

① 详见“表 3-8 M 酒店客房产品摸排与策略设定”。

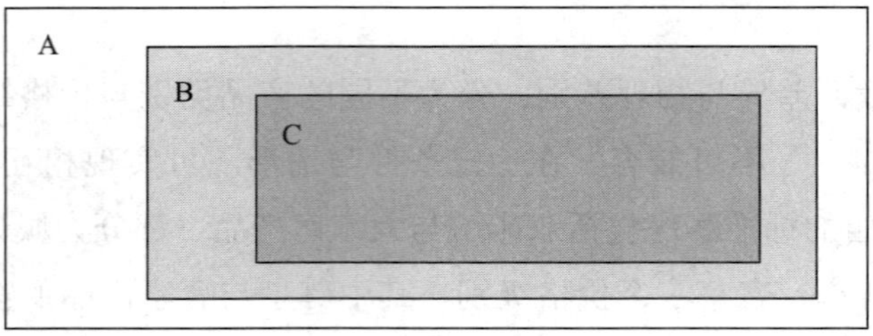

图 5-1　线性嵌套的逻辑结构

【算法演示 1-1】

【例题】线性嵌套的预订限额计算

某酒店四类大床房不存在太大的物理差异，其各自房间数量以及豪华大床房的细分市场分配如表 5-1、表 5-2 所示。请分别计算分离式结构与线性嵌套结构下的预订限额。

表 5-1　各类大床房的容量分配

产品	豪华大床房（A）	行政大床房（B）	高级大床房（C）	经典大床房（D）
价格等级	高	次高	低	最低
容量分配（间）	25	30	25	20

表 5-2　豪华大床房的市场容量分配

细分市场	无限制最优散客（0TA）	限制折扣散客（DIS）	公司协议无保留散客（CORN）	一次性旅游团（GRPA）
价格等级	高	次高	低	最低
容量分配（间）	12	8	2	3

【演示】

1. 分离式结构下各客房产品以及各细分市场均相互独立，其预订限额等于各自容量配额。

2. 由于酒店 ABCD 四类大床房不存在太大的物理差异，因此可按价格等级建立线性嵌套结构。在线性嵌套结构下，高价格等级可占用低价格等级的相应容量。因此，豪华大床房（A）、行政大床房（B）、高级大床房（C）、经典大床房（D）的预订限额，分别为 100 间、75 间、45 间、20 间（表 5-3）。

3. 同理，不同价格等级的细分市场可组成线性嵌套结构。其豪华大床房的预订限额分别为：OTA 散客 25 间、DIS 散客 13 间、CORN 散客 5 间、一次性旅游团 3 间（表 5-4）。

表 5–3 大床房预订限额

（单位：间）

产品	豪华大床房（A）	行政大床房（B）	高级大床房（C）	经典大床房（D）
价格等级	高	次高	低	最低
容量分配	25	30	25	20
分离式结构	25	30	25	20
线性嵌套	100	75	45	20

表 5–4 豪华大床房预订限额

（单位：间）

细分市场	无限制最优散客（0TA）	限制折扣散客（DIS）	公司协议无保留散客（CORN）	一次性旅游团（GRPA）
价格等级	高	次高	低	最低
容量分配	12	8	2	3
分离式结构	12	8	2	3
线性嵌套	25	13	5	3

（2）平行嵌套结构

平行嵌套的逻辑结构如图 5–2 所示。A、B、C 分别代表三种客房产品或细分市场，A 价格等级高于 B、C，相应的容量分配为 a、b、c。高价格等级 A 可以占用地价格等级 B 和 C 的容量，预订限额为（a+b+c）。低价格等级的 B 和 C 相互独立，只能利用自身容量，预订限额分别为 b 和 c。

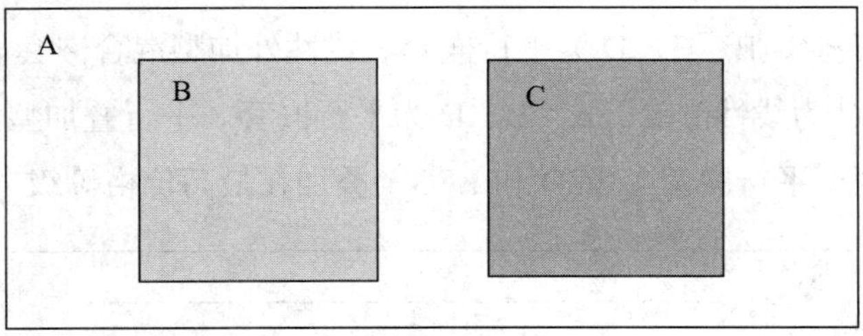

图 5–2 平行嵌套的逻辑结构

【算法演示 1–2】

【例题】平行嵌套的预订限额计算

某酒店行政大床房面向限制折扣散客（A）、公司协议无保留散客（B）、政府协议无保留散客（C）的容量分配如表5-5所示，且规定B与C相互独立。请计算A、B、C三个细分市场的预订限额。

表5-5　行政大床房的市场容量分配

细分市场	限制折扣散客（A）	公司协议无保留散客（B）	政府协议无保留散客（C）
价格等级	高	低	低
容量分配	10	3	2

【演示】

从价格等级上看，A、B、C为平行嵌套结构，高价格等级A的预订限额为15。由于低价格等级B、C相互独立，其预订限额为各自的容量配额，分别为3和2（表5-6）。

表5-6　行政大床房的预订限额

细分市场	限制折扣散客（A）	公司协议无保留散客（B）	政府协议无保留散客（C）
价格等级	高	低	低
容量分配	10	3	2
预订限额	15	3	2

（3）混合嵌套结构

混合嵌套是线性嵌套和平行嵌套的组合形式，包括线性内加、线性外加以及平行叠加等多种结构类型。线性内加型混合嵌套如图5-3所示；其价格等级A、B、C和A、B、D为线性嵌套，B、C、D为平行嵌套。线性外加型混合嵌套如图5-4所示；其价格等级A、B、C为线性嵌套，A、B、D为平行嵌套。平行叠加型混合嵌套如图5-5所示，其构型为两个平行嵌套（BCD和EFG）叠加在最高价格等级A内。

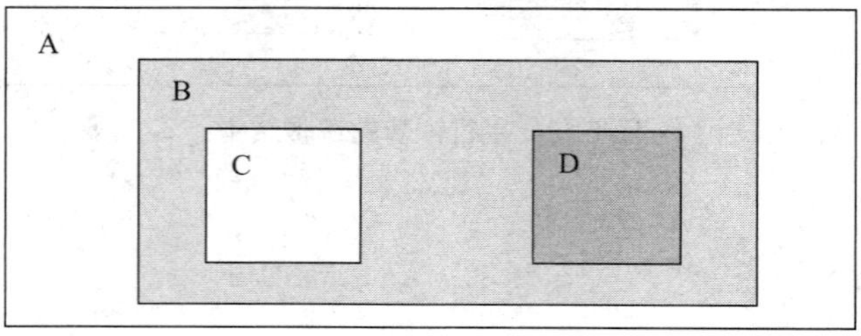

图5-3　线性内加型混合嵌套

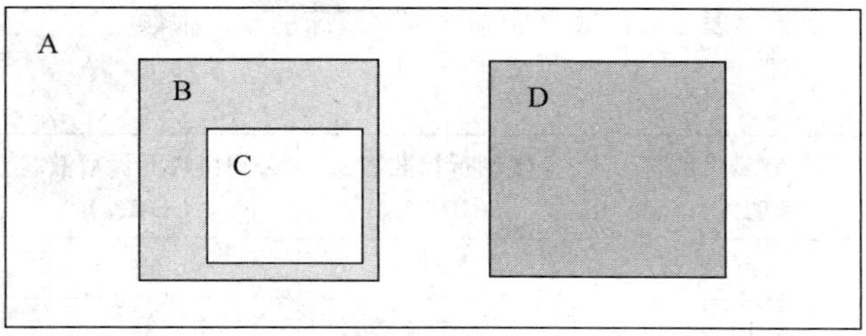

图 5-4 线性外加型混合嵌套

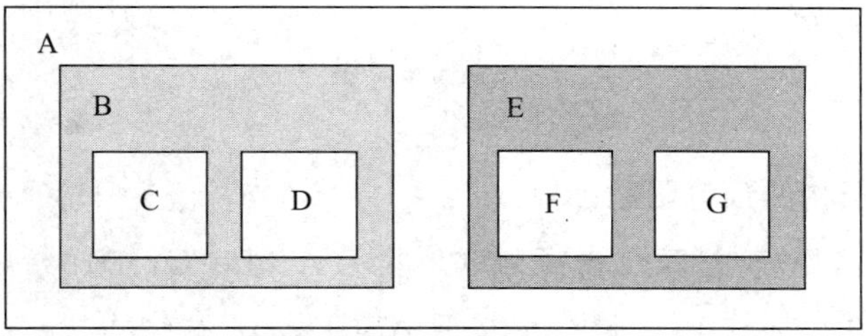

图 5-5 平行叠加型混合嵌套

【算法演示 1-3】

【例题】混合嵌套的预订限额计算

M 酒店湖景尊享双床房的细分市场容量分配如表 5-7 所示。假设 M 酒店规定两类协议散客相互分离，请分别计算各价格等级的预订限额。

表 5-7 M 酒店湖景尊享双床房的市场容量分配

细分市场	无限制最优散客（0TA）	限制折扣散客（DIS）	公司协议无保留散客（CORN）	政府协议无保留散客（GOVN）
价格等级	高	次高	低	最低
容量分配	10	5	3	2

【演示】

1. 从价格等级上看，无限制最优散客（OTA）、限制折扣散客（DIS）、公司协议无保留散客（CORN）、政府协议无保留散客（GOVN），四者为线性嵌套结构。但由于 M 酒店规定两种协议散客相互分离，因此其湖景尊享双床房为线性内加型混合嵌套结构。OTA、DIS、CORN、GOVN 分别对应图 5-3 中的 A、B、C、D。

2. 最高价格等级 A（OTA）的预订限额，为所有价格等级容量配额加总，即 20 间。次高价格等级 B（DIS）的预订限额，为平行嵌套 BCD 限额加总，即 10 间。价格等级 C（CORN）和 D（GOVN）相互独立，预订限额分别为 3 间、2 间（表 5-8）。

表 5-8　M 酒店湖景尊享双床房预订限额

（单位：间）

细分市场	无限制最优散客（0TA）	限制折扣散客（DIS）	公司协议无保留散客（CORN）	政府协议无保留散客（GOVN）
价格等级	高	次高	低	低
容量分配	10	5	3	2
预订限额	20	10	3	2

【同步练习 1】

【习题】嵌套结构的预订限额计算

某酒店双床房四种价格等级由高到低依次为 A、B、C、D，相应的容量分配分别为 30、30、20、20（表 5-9）。请分别按照 ABCD 分离式结构、ABCD 线性嵌套，以及线性外加混合嵌套（图 5-4），计算各价格等级的预订限额。

表 5-9　某酒店双床房容量分配与预订限额计算

（单位：间）

容量结构	容量分配				预订限额			
	A	B	C	D	A	B	C	D
分离式	30	30	20	20				
线性嵌套	30	30	20	20				
线性外加混合嵌套	30	30	20	20				

二、客房容量的预订控制

1. 预订限额与保留水平

所谓预订控制，就是在客房产品存在高价格等级需求的情况下，对低价格等级的预订需求进行数量限制与过程控制。由于特定酒店的客房总量是固定的，且产品供给零弹性、短期内无法增加；根据收益函数方程 $R=p \cdot Q$，选择高价需求促进价格 p 增长，是实现收益 R 最大化的主要手段。但市场需求是不确定、常波动的，且客房产品又具时间性、不可储存等特点，酒店不可能只等待高价需求而拒绝低价预订，而是应根据市场情况、把握预订节奏，在两者之间寻求动态平衡。如果预测未来特定时期存在高价需求，那么就需要对低价预订做出相应的限制，以便为高价需求提供容量预留与保护。

对低价预订规定的数量限制即为“预订限额”，而为高价需求提供的预留容量称为“保留水平”。在线性嵌套结构下，特定价格等级的预订限额为本价格等级和所有更低价格等级容量分配的总和，而保留水平为本价格等级和所有更高价格等级容量分配的总和。用 i 表示价格等级，i=1, 2, ⋯, n；1 表示最高价格等级，n 表示最低价格等级，1 到 n 逐级递减。定义 b_i、y_i、c_i 分别为价格等级 i 的预订限额、保留水平与容量配额。则在线性嵌套结构下，预订限额 b_i 与保留水平 y_i 的计算公式为：

$$b_i = \sum_{j=i}^{n} c_j \quad (5\text{-}1)$$

$$y_i = \sum_{j=1}^{i} c_j \quad (5\text{-}2)$$

显然，线性嵌套结构下，最高价格等级的预订限额 b_1，以及最低价格等级保留水平 y_n，均等于客房容量 C。而价格等级 i 的保留水平 y_i，等于客房容量 C 减去价格等级 i+1 的预订限额。其数学表达式为：

$$y_i = C - b_{i+1} \quad (5\text{-}3)$$

【算法演示 2】

【例题】保留水平的计算

M 酒店湖景尊享双床房的细分市场容量分配见表 5–7。假设 M 酒店规定两类协议散客相互分离，请分别计算各价格等级的保留水平。

【演示 1】套用公式（5–2）计算

1. M 酒店湖景尊享双床房四个价格等级为线性内加型混合嵌套。OTA、DIS、CORN、GOVN 分别对应图 5–3 中的 A、B、C、D。A、B、C 和 A、B、D 均为线性嵌套。A 和 B 为价格等级 1 和 2。C 和 D 分别在线性嵌套 ABC 和 ABD 中为价格等级 3。

2. 套用公式（5–2），价格等级 A、B 的保留水平分别为 10 间、15 间。价格等级 C 为 18 间。价格等级 D 与价格等级 C 分离，与 A、B 构成线性嵌套，其保留水平为 17 间（表 5–10）。

表 5–10 M 酒店湖景尊享双床房保留水平计算

细分市场	无限制最优散客（A）	限制折扣散客（B）	公司协议无保留散客（C）	政府协议无保留散客（D）
价格等级	高	次高	低	最低
容量分配	10	5	3	2
预订限额	20	10	3	2
保留水平	10	15	18	17

【演示 2】套用公式（5-3）计算

1. 考虑线性嵌套 ABC，其客房总容量 C 等于 18，A 的预订限额 $b_1=18$，B 的预订限额 $b_2=8$，C 的预订限额 $b_3=3$。

套用公式（5-3），$y_1=C-b_2=10$，$y_2=C-b_3=15$；$y_3=C=18$。可得 A、B、C 的保留水平分别为 10 间、15 间、18 间。

2. 考虑线性嵌套 ABD，其客房总容量 C 等于 17，$b_1=17$，$b_2=7$，$b_3=2$。

套用公式（5-3），$y_1=C-b_2=10$，$y_2=C-b_3=15$；$y_3=C=17$。可得 A、B、D 的保留水平分别为 10 间、15 间、17 间。

3. 最终可得 A、B、C、D 的保留水平分别为 10 间、15 间、18 间、17 间。

【同步练习 2】

【习题】保留水平的计算

某酒店双床房四种价格等级由高到低依次为 A、B、C、D，相应的容量分配分别为 30、30、20、20。请分别按照 ABCD 分离式结构、ABCD 线性嵌套，以及线性外加混合嵌套（图 5-4），计算各价格等级的保留水平。

表 5-11　某酒店双床房容量分配与保留水平计算

容量结构	容量分配				保留水平			
	A	B	C	D	A	B	C	D
分离式	30	30	20	20				
线性嵌套	30	30	20	20				
线性外加混合嵌套	30	30	20	20				

2. 常规控制

根据市场需求环境与管理目标的不同，预订控制一般分为常规控制、去低控制与高优控制三种类型。常规控制是按照规定的容量配额进行库存消耗，比较适合于需求平淡的市场环境。当某一价格等级的预订发生时，常规控制的操作方法是先消耗自身的库存容量，直至本价格等级关闭为止；接着消耗下一价格等级的库存容量，直至相应价格等级陆续关闭，预订限额最终归零。当出现预订取消时，按相应的价格等级恢复相应库存容量。

常规控制一般分三个步骤循环操作：第一，根据各价格等级的库存容量计算预订限额。第二，根据各价格等级的预订限额判断预订请求可否接受。第三，如果预订请求小于等于预订限额，则接受预订并扣减相应的库存容量，反之则拒绝预订请求。其间如果出现预订取消，则将取消的容量添加相应价格等级库存。

【算法演示 3】

【例题】客房预订的常规控制

酒店 A、B、C、D 四种价格等级客房为线性嵌套结构，其初始容量分配为 30、50、15、5。请根据表 5-12 所示的动态预订与取消请求，按照常规控制法进行预订控制操作。

表 5-12　客房预订与取消请求

序号	库存容量				预订限额				预订 / 取消请求	接受 / 拒绝
	A	B	C	D	A	B	C	D		
0	30	50	15	5					B 预订 12 间	
1									C 预订 8 间	
2									B 取消 4 间	—
3									C 预订 8 间	
4									C 预订 6 间	
5									C 取消 2 间	—
6									B 预订 44 间	
7									A 预订 5 间	
8									B 预订 6 间	

【演示】

1. 根据表 5-12 中第 0 行的库存容量，按照线性嵌套结构，计算 ABCD 预订限额分别为 100、70、20、5（表 5-13）。

2. “B 预订 12 间”，其预订限额为 70 间，接受预订请求。

3. B 库存容量扣减 12 间。ABCD 库存容量变为 30、38、15、5，预订限额调整为 88、58、20、5。

4. “C 预订 8 间”，其预订限额为 20 间，接受预订请求。

5. C 库存容量扣减 8 间。ABCD 库存容量变为 30、38、7、5，预订限额为 80、50、12、5。

6. “B 取消 4 间”，B 库存容量增加 4 间。ABCD 库存容量变为 30、42、7、5，预订限额为 84、54、12、5。

7.“C 预订 8 间”，其预订限额为 12 间，接受预订请求。

8. C 库存容量扣减 7 间，D 库存容量扣减 1 间。ABCD 库存容量变为 30、42、0、4，预订限额为 76、46、4、4。

9.“C 预订 6 间”，其预订限额为 4 间，拒绝预订请求。ABCD 库存容量与预订限额不变。

10.“C 取消 2 间”,C 价格等级恢复，库存容量 2 间。ABCD 库存容量变为 30、42、2、4 间，预订限额为 78、48、6、4。

11.“B 预订 44 间”，其预订限额为 48 间，接受预订。

12. B 库存容量扣减 42 间，C 库存容量扣减 2 间，ABCD 库存容量变为 30、0、0、4，预订限额为 34、4、4、4。

13.“A 预订 5 间”，接受预订请求。ABCD 库存容量变为 25、0、0、4 间，预订限额为 29、4、4、4。

14.“B 预订 6 间”，预订限额不足，拒绝。

表 5-13　客房预订常规控制过程

序号	容量存量				预订限额				预订 / 取消请求	接受 / 拒绝
	A	B	C	D	A	B	C	D		
0	30	50	15	5	100	70	20	5	B 预订 12 间	接受
1	30	38	15	5	88	58	20	5	C 预订 8 间	接受
2	30	38	7	5	80	50	12	5	B 取消 4 间	—
3	30	42	7	5	84	54	12	5	C 预订 8 间	接受
4	30	42	0	4	76	46	4	4	C 预订 6 间	拒绝
5	30	42	0	4	76	46	4	4	C 取消 2 间	—
6	30	42	2	4	78	48	6	4	B 预订 44 间	接受
7	30	0	0	4	34	4	4	4	A 预订 5 间	接受
8	25	0	0	4	29	4	4	4	B 预订 6 间	拒绝

【同步练习 3】

【习题】客房预订的常规控制

酒店 A、B、C、D 四种价格等级客房为线性嵌套结构，其初始容量分配为 27、61、8、4。根据表 5-14 所示的动态预订与取消请求，按照常规控制法进行预订控制操作。

表 5–14 客房预订与取消请求

序号	库存容量				预订限额				预订请求	接受 / 拒绝
	A	B	C	D	A	B	C	D		
0	27	61	8	4					D 预订 3 间	
1									B 预订 6 间	
2									D 预订 2 间	
3									C 预订 9 间	
4									D 取消 3 间	—
5									C 预订 1 间	
6									D 预订 1 间	
7									B 取消 4 间	—
8									C 预订 2 间	

3. 去低控制

去低控制是在市场需求旺盛、高价格等级产品需求充分的情况下，根据预订进度依次去除低价格等级容量的预订限制方法。当某一价格等级的预订发生时，去低控制操作一般是给予相应等级或低一价格等级（以此类推）的客房产品，但库存容量按照价格等级由低向高的顺序依次消耗，直到相应价格等级预订限额归零并依次关闭为止，且已关闭价格等级的容量不可恢复。当预订取消发生时，将取消的容量添加到未关闭的最低价格等级。

【算法演示 4】

【例题】客房预订的去低控制

酒店 A、B、C、D 四种价格等级客房为线性嵌套结构，其初始容量分配为 30、50、15、5。请根据表 5–15 所示的动态预订与取消请求，按照去低控制法进行预订控制操作。

表 5–15 客房预订与取消请求

序号	库存容量				预订限额				预订 / 取消请求	接受 / 拒绝
	A	B	C	D	A	B	C	D		
0	30	50	15	5					B 预订 12 间	
1									C 预订 6 间	
2									B 取消 4 间	—

续表

序号	库存容量				预订限额				预订 / 取消请求	接受 / 拒绝
	A	B	C	D	A	B	C	D		
3									C 预订 8 间	
4									A 预订 6 间	
5									C 取消 2 间	—
6									B 预订 44 间	
7									A 预订 5 间	
8									B 预订 6 间	

【演示】

1. 根据表 5-15 中第 0 行的库存容量，按照线性嵌套结构，计算 ABCD 预订限额分别为 100、70、20、5（表 5-16）。

2. “B 预订 12 间”，其预订限额为 70 间，接受预订请求。

3. D 库存容量扣减 5 间，C 库存容量扣减 7 间。ABCD 库存容量变为 30、50、8、0，预订限额为 88、58、8、0。D 价格等级关闭。

4. “C 预订 6 间”，其预订限额为 8 间，接受预订请求。

5.C 库存容量扣减 8 间，ABCD 库存容量变为 30、50、2、0，预订限额为 82、52、2、0。

6. “B 取消 4 间”，取消的容量加到未关闭的最低价格等级 C。ABCD 库存容量变为 30、50、6、0，预订限额为 86、56、6、0。

7. “C 预订 8 间”，其预订限额为 6 间，拒绝预订请求。ABCD 库存容量与预订限额不变。

8. “A 预订 6 间”，其预订限额为 86 间，接受预订请求。

9. C 库存容量扣减 6 间。ABCD 库存容量变为 30、50、0、0，预订限额为 80、50、0、0。价格等级 C 关闭。

10. “C 取消 2 间”，由于价格等级 C 已关闭，B 库存容量增加 2 间。ABCD 库存容量变为 30 间、52 间、0 间、0 间，预订限额为 82 间、52 间、0 间、0 间。

11. “B 预订 44 间”，其预订限额为 52 间，接受预订。

12. B 库存容量扣减 44 间。ABCD 库存容量变为 30、8、0、0，预订限额为 38、8、0、0。

13. “A 预订 5 间”，接受。ABCD 库存容量变为 30、3、0、0，预订限额为 33、3、

0、0。

14. "B 预订 6 间"，超出预订限额（3 间），拒绝预订请求。

表 5-16　客房预订去低控制过程

序号	库存容量				预订限额				预订请求	接受 / 拒绝
	A	B	C	D	A	B	C	D		
0	30	50	15	5	100	70	20	5	B 预订 12 间	接受
1	30	50	8	0	88	58	8	0	C 预订 6 间	接受
2	30	50	2	0	82	52	2	0	B 取消 4 间	—
3	30	50	6	0	86	56	6	0	C 预订 8 间	拒绝
4	30	50	6	0	86	56	6	0	A 预订 6 间	接受
5	30	50	0	0	80	50	0	0	C 取消 2 间	—
6	30	52	0	0	82	52	0	0	B 预订 44 间	接受
7	30	8	0	0	38	8	0	0	A 预订 5 间	接受
8	30	3	0	0	33	3	0	0	B 预订 6 间	拒绝

【同步练习 4】

【习题】客房预订的去低控制

酒店 A、B、C、D 四种价格等级客房为线性嵌套结构，其初始容量分配为 27、61、8、4。根据表 5-17 所示的动态预订与取消请求，按照去低控制法进行预订控制操作。

表 5-17　客房预订与取消请求

序号	库存容量				预订限额				预订请求	接受 / 拒绝
	A	B	C	D	A	B	C	D		
0	27	61	8	4					D 预订 3 间	
1									B 预订 6 间	
2									D 预订 2 间	
3									C 预订 9 间	
4									D 取消 3 间	—
5									C 预订 1 间	
6									A 预订 10 间	
7									A 取消 2 间	—
8									C 预订 2 间	

4. 高优控制

高优控制是高价优先保留兼顾低价恢复的预订控制方法，对市场需求的随机变化具有良好的适应性，比较适合于温热（需求趋旺但又存变数）的市场环境。它与去低控制法的相同之处在于，两者都是根据预订进度依次去除低价格等级容量。不同之处在于，高优控制可以在一定条件下恢复已经关闭的价格等级，而去低控制则不可以恢复已关闭的价格等级。高优控制的操作方法非常简单。当客房预订或预订取消发生时，只需根据预订请求或取消情况，对全部价格等级的预订限额进行容量扣减（允许出现负数）或添加处理，无须反复计算库存容量。当预订限额累计为零或负数时，该价格等级关闭。当预订限额累计数由零或负数变为正数时，该价格等级即恢复了相应数量的预订限额（表 5-18）。

表 5-18　三种预订控制方法的比较

方法	常规控制	去低控制	高优控制
容量消耗	先消耗自身库存，再消耗下一等级库存，直至预订限额归零	库存容量按价格等级由低向高依次消耗，直至预订限额归零	1. 当预订请求发生时，同时扣减全部价格等级的预订限额 2. 预订限额允许出现负数
价格等级的关闭与恢复	1. 预订限额归零，意味着价格等级关闭 2. 关闭的价格等级可以恢复	1. 预订限额归零，意味着价格等级关闭 2. 关闭的价格等级不可以恢复	1. 预订限额归零或归负，意味着价格等级关闭 2. 关闭的价格等级可以恢复
容量恢复	预订取消时，按对应价格等级恢复相应容量	预订取消时，将容量添加到未关闭的最低价格等级。	1. 当预订取消发生时，同步对全部价格等级增加相应数量的预订限额 2. 预订限额由负数变为正数时，则该价格等级恢复相应数量的预订限额
特点	1. 按容量配额控制预订 2. 欠缺增收的主动性与灵活性 3. 比较适合于需求平淡的市场环境	1. 去低保高，有益于收益最大化 2. 比较适合于需求旺盛的市场环境 3. 需求转弱时容易产生空置风险	1. 高价优先保留兼顾低价恢复 2. 比较适合于温热的市场环境

【算法演示 5】

【例题】客房预订的高优控制

酒店 A、B、C、D 四种价格等级客房为线性嵌套结构，其初始容量分配为 30、50、15、5。请根据表 5-19 所示的动态预订与取消请求，按照高优控制法进行预订控制操作。

表 5-19　客房预订与取消请求

序号	库存容量				预订限额				预订请求	接受 / 拒绝
	A	B	C	D	A	B	C	D		
0	30	50	15	5					B 预订 12 间	
1	—	—	—	—					C 预订 8 间	
2	—	—	—	—					B 取消 4 间	—
3	—	—	—	—					C 预订 6 间	
4	—	—	—	—					A 预订 6 间	
5	—	—	—	—					C 取消 3 间	—
6	—	—	—	—					B 预订 8 间	
7	—	—	—	—					A 预订 5 间	
8									C 预订 6 间	

【演示】

1. 按照线性嵌套结构，计算 ABCD 预订限额分别为 100、70、20、5（表 5-20）。
2. “B 预订 12 间”，其预订限额为 70 间，接受预订请求。
3. ABCD 预订限额同时扣减 12，变为 88、58、8、-7。价格等级 D 关闭。
4. “C 预订 8 间”，其预订限额为 8 间，接受预订请求。
5. ABCD 预订限额为同时扣减 8，变为 80、50、0、-15。价格等级 C 关闭。
6. “B 取消 4 间”，ABCD 预订限额加 4，为 84、54、4、-11。价格 C 恢复 4 间。
7. “C 预订 6 间”，预订限额不足，拒绝预订请求。
8. “A 预订 6 间”,ABCD 预订限额同时扣减 6，为 78、48、-2、-17。价格 C 再次关闭。
9. “C 取消 3 间”,ABCD 预订限额同时加 2，变为 81、51、1、-14。价格 C 开放 1 间。
10. “B 预订 8 间”，ABCD 预订限额同时减 8，变为 73、43、-7、-22。
11. “A 预订 5 间”，ABCD 预订限额同时减 5，变为 68、38、-12、-27。
12. “C 预订 6 间”，价格 C 已经关闭，拒绝预订。
13. 以 ABCD 预订限额倒推库存容量，为 30、38、0、0。

表 5-20　客房预订高优控制过程

序号	库存容量				预订限额				预订请求	接受 / 拒绝
	A	B	C	D	A	B	C	D		
0	30	50	15	5	100	70	20	5	B 预订 12 间	接受
1	—	—	—	—	88	58	8	-7	C 预订 8 间	接受

续表

序号	库存容量				预订限额				预订请求	接受 / 拒绝
	A	B	C	D	A	B	C	D		
2	—	—	—	—	80	50	0	−15	B 取消 4 间	—
3	—	—	—	—	84	54	4	−11	C 预订 6 间	拒绝
4	—	—	—	—	84	54	4	−11	A 预订 6 间	接受
5	—	—	—	—	78	48	−2	−17	C 取消 3 间	—
6	—	—	—	—	81	51	1	−14	B 预订 8 间	接受
7	—	—	—	—	73	43	−7	−22	A 预订 5 间	接受
8	30	38	0	0	68	38	−12	−27	C 预订 6 间	拒绝

【同步练习 5】

【习题】客房预订的高优控制

酒店 A、B、C、D 四种价格等级客房为线性嵌套结构，其初始容量分配为 27、61、8、4。根据表 5-21 所示的动态预订与取消请求，按照高优控制法进行预订控制操作。

表 5-21　客房预订与取消请求

序号	库存容量				预订限额				预订请求	接受 / 拒绝
	A	B	C	D	A	B	C	D		
0	27	61	8	4					D 预订 3 间	
1	—	—	—	—					B 预订 6 间	
2	—	—	—	—					D 预订 2 间	
3	—	—	—	—					C 预订 9 间	
4	—	—	—	—					B 取消 3 间	—
5	—	—	—	—					C 预订 2 间	
6	—	—	—	—					A 预订 10 间	
7	—	—	—	—					A 取消 2 间	—
8									C 预订 2 间	

第三节　需求不确定时的容量分配优化

一、容量分配的优化求解

所谓容量分配的优化求解，简单地说，就是在需求不确定的市场环境下，为高价需求与低价需求科学分配容量以实现最大化收益。根据收益函数方程 R=p・Q，当同时存在高价需求与低价需求时，理论最优决策是选择高价需求并放弃低价需求。但是不同客群的出行特征与市场行为千差万别，对客房产品的实际需求具有较大的随机性与不确定性，这种决策付诸实践会面临较大市场风险。例如，商务旅游者具有较高支付意愿，属于高价需求群体。但他们的商旅出行取决于业务要求，不仅随机性强，而且时间自由度低。可能因商务活动要求临时产生商旅需求，也可能因情况变化随时取消商旅出行。而休闲旅游者高支付意愿较低，但时间自由度与出行确定性都较高。如果放弃眼前的休闲旅游者，而将容量留存给未来不确定的商务旅游者市场，那么极有可能陷入容量大量空置的风险。

容量分配就是在市场同时存在高价需求与低价需求，且在这两种需求均具有随机性、不具备确定性的情况下，决定多少容量留给高价需求、多少容量允许低价预订，科学地确定高价需求的保留水平 y 以及低价需求的预订限额 b。这需要根据高价需求出现的概率（随机变量的分布函数），对保留水平 y 做优化求解与权衡。如果只存在高、低两个线性嵌套的价格等级——可以是线性嵌套的不同价格也可以是线性嵌套的不同产品，那么根据公式（5-3），决定了保留水平 y，也就同时规定了预订限额 b。这属于两价格等级问题，可以利用小林（Littlewood）法则对保留水平 y 做最优求解。如果同时存在三个及以上的多价格等级，就需要将其分解为一系列两价格等级问题，利用 EMSR 启发式算法（经验性算法）做近似最优（近优、次优）的优化求解（图 5-6）。

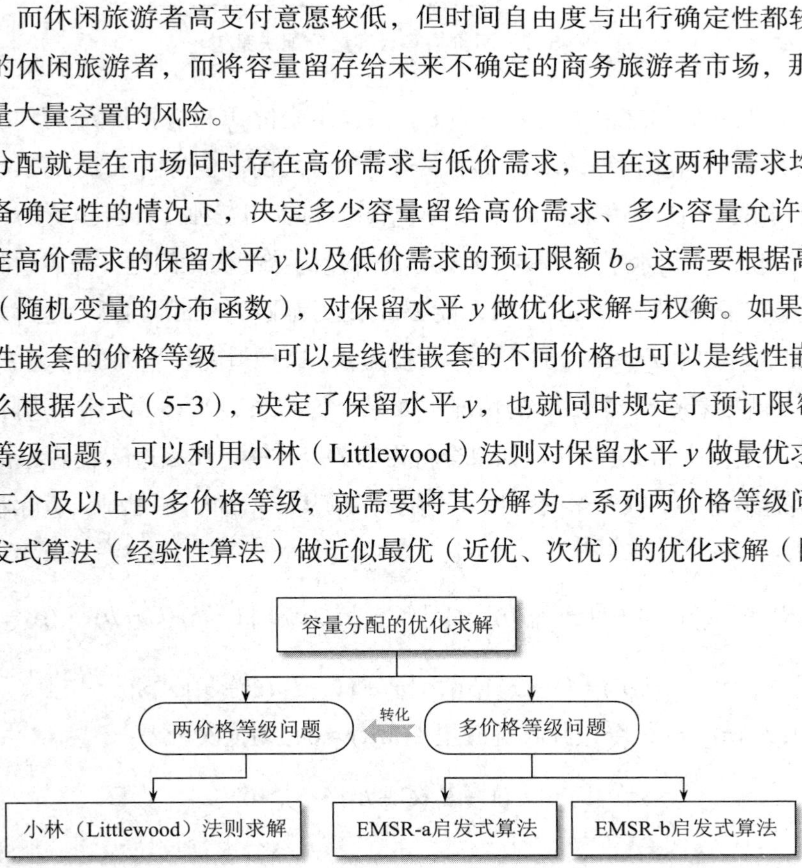

图 5-6　容量分配的优化求解

二、两价格等级的最优分配求解

1. 小林（Littlewood）法则

容量分配的核心问题是保留水平高低的风险权衡。如果将预订限额规定得过低，而高价需求达不到保留水平，将会造成容量空置与收益损失风险。如果将预订限额规定得过高，高价需求因保留水平不足而流失，则会丧失机会收益带来收益稀释的问题。容量分配的优化求解，就是要权衡两种风险追求以最大化期望收益。在两种价格等级情形下，可用决策树直观地展现容量分配的权衡过程（图 5-7）。

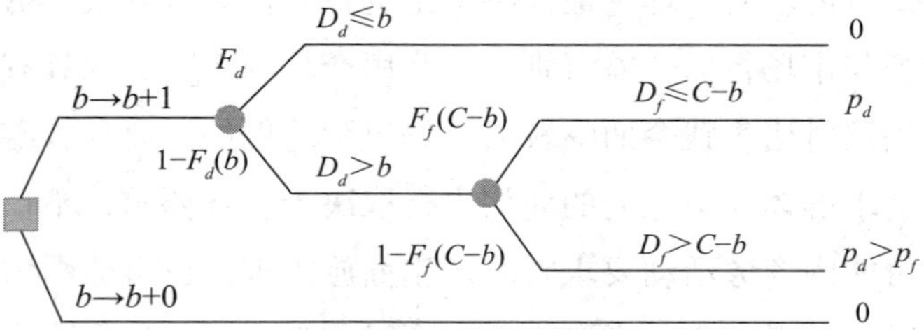

图 5-7　两价格等级容量分配决策树

假定酒店某一客房产品的总容量为 C，只提供全价 p_f 和折扣价 p_d 两种线性嵌套的房价。假设所有的折扣预订请求都发生在全价预订之前。全价需求 D_f 的累积分布函数为 $F_f(x)$，折扣需求 D_d 的累积分布函数为 $F_d(x)$，两者相互独立。折扣价的预订限额设定为 b，则全价的保留水平为 $C-b$。那么客房容量的分配优化问题，按照边际贡献分析方法，就是预订限额从 b 增加到 $b+1$，能否带来边际收益增加的问题。这首先取决于折扣价的需求 D_d。如果 $D_d \leqslant b$，那么边际收益为 0；这种情况发生的概率为 $F_d(b)$。如果 $D_d > b$，那么就要看全价需求 D_f 的情况。如果全价需求 $D_f \leqslant C-b$，那么边际收益为 p_d；这种情况的发生概率为 $F_f(C-b)$。如果全价需求 $D_f > C-b$，那么边际收益为 p_d-p_f；这种情况的发生概率为 $1-F_f(C-b)$。因此，当预订限额从 b 增加到 $b+1$ 时，边际收益的期望值 $E(MR)$ 为：

$$E(MR) = F_d(b) \cdot 0 + [1 - F_d(b)] \cdot \{F_f(C-b) \cdot p_d + [1 - F_f(C-b)] \cdot (p_d - p_f)\}$$

$$E(MR) = [1 - F_d(b)] \cdot \{p_d - [1 - F_f(C-b)] \cdot p_f\}$$

由于 $[1-F_d(b)] > 0$，令边际收益期望 $E(MR) > 0$，则依次可得：

$$p_d - [1 - F_f(C-b)] \cdot p_f > 0$$

$$1-F_f(C-b)<\frac{p_d}{p_f}$$

同理，令边际收益期望 $E(MR)<0$，可得：

$$1-F_f(C-b)>\frac{p_d}{p_f}$$

边际收益期望 $E(MR)$ 大于零，说明预订限额增加 1 个单位，期望收益会增加。反之，$E(MR)$ 小于零，说明预订限额增加 1 个单位，期望收益会减少。这意味着，当全价需求大于保留水平的概率小于$\frac{p_d}{p_f}$时，期望收益会随预订限额增加而增加。当全价需求大于保留水平的概率大于$\frac{p_d}{p_f}$时，期望收益会随预订限额增加而下降。有理由推断，当全价需求大于保留水平的概率等于$\frac{p_d}{p_f}$时，期望收益取得最大值。英国海外航空公司（英航的前身）分析师肯尼思·小林（Kenneth Littlewood），于 1972 年最早推导并提出了这一结论，故称“小林（Littlewood）法则”。

“小林（Littlewood）法则”认为，在只有两种价格等级（全价与折扣价）的情况下，当全价需求大于保留水平的概率等于两种价格之比时，期望收益最大。假设最优保留水平为 y^*，最优预订限额为 b^*，则有以下两个等价条件：

$$1-F_f(y^*)=\frac{p_d}{p_f} \tag{5-4}$$

$$1-F_f(C-b^*)=\frac{p_d}{p_f} \tag{5-5}$$

由（5-4）、（5-5）式可知，两价格等级（全价与折扣价）情况下，最优保留水平和最优预订限额均取决于两种价格的比例和全价需求的累积分布函数，不以任何方式依赖于全价或折扣价的需求预测。令全价需求累积分布函数 $F_f(x)$ 的逆函数为 $F_f^{-1}(x)$。根据式（5-4）可得最优保留水平 y^* 的求解公式为：

$$y^*=F_f^{-1}(1-\frac{p_d}{p_f}) \tag{5-6}$$

【算法演示 6】

【例题】两价格等级的最优分配求解

A 酒店拥有两类大床房 95 间，实行线性嵌套结构。其中豪华大床房 1280 元，行政大床房 960 元。根据历史统计数据，每年 3—5 月豪华大床房的销售情况如表 5-22 所示。

1. 求 A 酒店豪华大床房销量的累积概率分布。

2. A 酒店单日卖出 35 间豪华大床房的概率是多少？

3. A 酒店豪华大床房的最优保留水平是多少？

表 5-22　A 酒店豪华大床房销量情况

销量 x（间）	0	2	5	10	15	20	24	25	30
天数	2	1	3	4	5	8	7	9	10
销量 x（间）	35	40	45	49	50	51	55	60	65
天数	7	6	6	4	2	3	3	2	2
销量 x（间）	70	74	75	76	77	80	85	86~95	小计
天数	2	1	1	1	1	1	1	0	92

注：完整表格请扫描上方二维码，下载配套 Excel 文件。

【演示】

1. 在配套 Excel 文件的 C30 处，输入“=SUM（C3：C29）”，计算出各销量总天数为 92 天。

2. D3 格输入“=C3/92”，点击“Enter”，右下角“+”下拉，计算出各种销量出现的概率。

3. E3 格输入“=C3”。E4 格输入“=D4+E3”，点击“Enter”，得到销量 x=2 的累积概率（图 5-8）。

1	B	C	D	E	F
2	销量 x	销量（天）	概率	$F_f(x)$	$1-F_f(x)$
3	0	2	2.17%	2.17%	
4	2	1	1.09%	=D4+E3	
5	5	3	3.26%		
6	10	4	4.35%		
7	15	5	5.43%		
8	20	8	8.70%		

图 5-8　计算累积概率

4. E4 右下角“+”下拉，计算出各销量的累积概率分布 $F_f(x)$。

5. F3 处输入“=1−E3”，点击“Enter”，右下角“+”下拉，计算 $1-F_f(x)$。最终结

果如表 5–23 所示。

表 5–23 豪华大床房销量累积分布

销量 x（间）	天数	概率	$F_f(x)$	$1-F_f(x)$
0	2	2.17%	2.17%	97.83%
2	1	1.09%	3.26%	96.74%
5	3	3.26%	6.52%	93.48%
10	4	4.35%	10.87%	89.13%
15	5	5.43%	16.30%	83.70%
20	8	8.70%	25.00%	75.00%
24	7	7.61%	32.61%	67.39%
25	9	9.78%	42.39%	57.61%
30	10	10.87%	53.26%	46.74%
35	7	7.61%	60.87%	39.13%
40	6	6.52%	67.39%	32.61%
45	6	6.52%	73.91%	26.09%
49	4	4.35%	78.26%	21.74%
50	2	2.17%	80.43%	19.57%
51	3	3.26%	83.70%	16.30%
55	3	3.26%	86.96%	13.04%
60	2	2.17%	89.13%	10.87%
65	2	2.17%	91.30%	8.70%
70	2	2.17%	93.48%	6.52%
74	1	1.09%	94.57%	5.43%
75	1	1.09%	95.65%	4.35%
76	1	1.09%	96.74%	3.26%
77	1	1.09%	97.83%	2.17%
80	1	1.09%	98.91%	1.09%
85	1	1.09%	100.00%	0.00%
86-95	0	0.00%	100.00%	0.00%
小计	92	——	——	——

6. 查询上表 $1-F_f(x)$ 列数据可知，酒店单日卖出 35 间豪华大床房的概率是 39.13%。

7. 根据小林法则，当豪华大床房需求大于保留水平的概率等于两种价格之比时，期望收益最大。酒店两种价格之比为 960 ÷ 1280=0.75。查询表格 $1-F_f(x)$ 列数据可知，豪华大床房的最优保留水平为20间，即 $y^*=20$。

8. 综上可知，两价格等级下，酒店最优容量分配为20间、75间。

【同步练习6】

【习题】两价格等级的最优分配求解

B酒店拥有双床房200间，执行两级价格体系与线性嵌套结构。其中全价为1268元，折扣价为988元。根据历史数据，B酒店双床房全价销售情况统计如表5-24所示。

1. 求B酒店全价房销量的累积概率分布。

2. B酒店全价卖出35间双床房的概率是多少？

3. 全价双床房的最优保留水平是多少？

表5-24　B酒店全价双床房销量情况

销量 x（间）	0–27	28	29	30	31	32	33	34	35	36	37
天数	0	7	9	8	8	7	6	6	7	5	7
销量 x（间）	38	39	40	41	42	43	44	45	46	47	48
天数	5	4	5	4	3	4	4	4	3	2	2
销量 x（间）	49	50	51	52	53	54	55	56	57	58~200	小计
天数	3	2	2	1	1	1	1	1	1	0	123

2. 正态分布下两等级分配最优求解

对于任意给定的全价需求分布函数 $F_f(x)$，都可利用小林法则求解两价格等价下的最优保留水平 y^*。假定全价需求随机变量 X 服从均值 μ、标准差 σ 的正态分布，即 $X\sim N(\mu,\sigma^2)$；令 $Z=\dfrac{X-\mu}{\sigma}$，则 $Z\sim N(0,1)$，$F_f(x)=\Phi\left(\dfrac{X-\mu}{\sigma}\right)$，其中 $\Phi(x)$ 为标准正态分布函数。根据小林法则和公式（5-6），可得：

$$\frac{y^*-\mu}{\sigma}=\Phi^{-1}\left(1-\frac{p_d}{p_f}\right)$$

其中 $\Phi^{-1}(x)$ 为逆标准正态分布函数。$\Phi^{-1}\left(1-\dfrac{p_d}{p_f}\right)$ 值可以通过查询标准正态分布表（参见本书附录Ⅱ）获得。于是有：

$$y^*=\mu+\sigma\cdot\Phi^{-1}\left(1-\frac{p_d}{p_f}\right) \tag{5-7}$$

当价格比例$\frac{p_d}{p_f}$=0.5 时，查表可知，$\Phi^{-1}(0.5)=0$，则 $y^*=\mu$；即最优保留水平为全价需求分布函数的均值 μ。由于累积分布函数及其逆函数都是单调递增函数；根据公式（5-7），在全价需求分布函数 $F_f(x)$ 一定（即 μ、σ 一定）情况下，最优保留水平 y^* 是价格比例$\frac{p_d}{p_f}$的递减函数。由此可知，当价格比例$\frac{p_d}{p_f}$＜0.5 时，最优保留水平 y^* 应大于均值 μ；当价格比例$\frac{p_d}{p_f}$＞0.5 时，最优保留水平 y^* 应小于均值 μ。

例如，大床房的容量为 100 间，有全价和折扣价两个价格等级。全价是 800 元，需求是均值为 60 的正态分布。如果折扣价为 400 元，则最优保留水平为 60 间。如果折扣价为 500 元，则最优保留水平应低于 60 间。如果折扣价为 300 元，则最优保留水平应大于 60 间。

【算法演示 7】

【例题】正态分布下两等级最优分配求解

C 酒店拥有双床房 500 间，执行两级价格体系与线性嵌套结构。其中全价为 1280 元，折扣价为 968 元。根据历史统计数据，全价需求服从 $N(208,34^2)$ 的正态分布，求全价双床房的最优保留水平 y^*。

【演示】

1. 根据已知条件，$p_f=1280$，$p_d=968$，$1-\frac{p_d}{p_f}=0.2438$。

2. $\Phi^{-1}\left(1-\frac{p_d}{p_f}\right)=\Phi^{-1}(0.2438)$。$\Phi(x)=0.2438<0.5$，意味着 x 为负数。由于 $\Phi(-x)=1-\Phi(x)=0.7562$，查标准正态分布表（附录Ⅱ）可知，$x=-0.69$。即 $\Phi^{-1}(0.2438)=-0.69$。

3. 根据公式（5-7），$y^*=\mu+\sigma\cdot\Phi^{-1}\left(1-\frac{p_d}{p_f}\right)=208+34*(-0.69)\approx185$。

即全价双床房的最优保留水平 $y^*=185$。这意味着在两价格等级下，最优容量分配为 185 间、315 间。

【同步练习 7】

【习题】正态分布下两等级最优分配求解

D 酒店拥有大床房 300 间，执行两级价格体系与线性嵌套结构。其中全价为 1680

元，折扣价为 1080 元。根据历史统计数据，全价需求服从 $N(208,34^2)$ 的正态分布，求全价大床房的最优保留水平 y^*。

三、多价格等级的分配优化求解

多价格等级下最优保留水平的数学求解并不困难，但实际应用时计算量相当大，尤其是需要处理巨量问题（如数千航班）的时候。在有限的时间内，通常会采用启发式算法来寻求“近优”解。“期望边际座位收益”（EMSR：Expected Marginal Seat Revenue）就是其中广为流行且快捷有效的“近优”求解方法。

EMSR 由麻省理工学院航空学彼得·贝罗巴巴教授（Peter Belobaba，1987、1992）提出，其基本思想是将多等级问题近似为一系列两等级问题，然后利用小林（Littlewood）法则求解，主要包括 EMSR-a、EMSR-b 等算法。其假设条件与两等级问题基本一致，即一个产品有 n 个价格等级，且 $p_1 > p_1 > \cdots > p_n$；每个价格等级的随机需求相互独立；按照价格等级由低到高顺序（即 $p_n \to p_{n-1} \to \cdots \to p_1$）依次预订等。

1. EMSR-a 启发式算法

EMSR-a 的算法逻辑是，以第 j+1 等级价格为“折扣价 p_d”，分别以 j 及每一更高等级价格为“全价 p_f”，利用小林法则计算相应保留水平，然后将这些“全价”保留水平加总，作为价格等级 j 的保留水平。比方说，要计算价格等级 2（即 p_2）的保留水平 y_2^*，需将价格等级 p_3 设定为“折扣价 p_d”，以 p_2、p_1 设定为“全价 p_f”，分别计算 p_1 相对于 p_3 的保留水平 y_2^{1-3}，以及 p_2 相对于 p_3 的保留水平 y_2^{2-3}，然后将两者相加得到 y_2^*。套用公式（5-6），得到：

$$y_2^{1-3} = F_2^{-1}\left(1 - \frac{p_3}{p_1}\right) \tag{5-8}$$

$$y_2^{2-3} = F_2^{-1}\left(1 - \frac{p_3}{p_2}\right) \tag{5-9}$$

按照 EMSR-a 的算法逻辑，价格等级 p_2 的“近优”保留水平 y_2^* 为：

$$y_2^* = y_2^{1-3} + y_2^{2-3} = F_1^{-1}\left(1 - \frac{p_3}{p_1}\right) + F_2^{-1}\left(1 - \frac{p_3}{p_2}\right) \tag{5-10}$$

对于任一价格等级 $j(j \geqslant 2)$，EMSR-a 算法下其“近优”保留水平 y_j^* 为：

$$y_j^* = \sum_{i=1}^{j} F_2^{-1}\left(1 - \frac{p_{j+1}}{p_i}\right) \tag{5-11}$$

当每个价格等级的需求都服从正态分布且相互独立时，则等级 j 的 EMSR-a 保留水平为：

$$y_j^* = \sum_{i=1}^{j} \mu_i + \Phi^{-1}\left(1 - \frac{p_{j+1}}{p_i}\right) \tag{5-12}$$

【算法演示 8】

【例题】多等级问题的 EMSR-a 算法

A 酒店拥有三类大床房 95 间，实行线性嵌套结构。其中豪华大床房 1280 元，行政大床房 960 元，高级大床房 680 元。根据历史统计数据，每年 3—5 月豪华大床房、行政大床房的销售情况，分别如表 5-22 和表 5-25 所示。

假定每个价格等级的随机需求相互独立，请采用 EMSR-a 算法，求解行政大床房的保留水平与高级大床房的预订限额。

表 5-25　A 酒店行政大床房销量情况

销量 x（间）	5	7	10	12	18	22	25	27	30
天数	1	2	2	5	5	8	8	8	13
销量 x（间）	36	41	43	49	50	51	55	60	65
天数	8	5	6	3	3	2	3	2	1
销量 x（间）	68	72	76	78	80	82	85	86~95	小计
天数	1	1	1	1	1	1	1	0	92

【演示】

1. 酒店大床房实行三价格等级线性嵌套，价格由高到低依次为：p_1=1280，p_2=960，p_3=680。

2.【算法演示 6】已得出豪华大床房的销量累积分布，具体见表 5-23。根据表 5-25，计算行政大床房的销量累积分布，如表 5-26 所示。

表 5-26　行政大床房销量累积分布

销量 x	天数（天）	概率	$F_f(x)$	$1-F_f(x)$
5	1	1.09%	1.09%	98.91%
7	2	2.17%	3.26%	96.74%
10	2	2.17%	5.43%	94.57%

续表

销量 x	天数（天）	概率	$F_f(x)$	$1-F_f(x)$
12	5	5.43%	10.87%	89.13%
18	5	5.43%	16.30%	83.70%
22	8	8.70%	25.00%	75.00%
25	8	8.70%	33.70%	66.30%
27	8	8.70%	42.39%	57.61%
30	13	14.13%	56.52%	43.48%
36	8	8.70%	65.22%	34.78%
41	5	5.43%	70.65%	29.35%
43	6	6.52%	77.17%	22.83%
49	3	3.26%	80.43%	19.57%
50	3	3.26%	83.70%	16.30%
51	2	2.17%	85.87%	14.13%
55	3	3.26%	89.13%	10.87%
60	2	2.17%	91.30%	8.70%
65	1	1.09%	92.39%	7.61%
68	1	1.09%	93.48%	6.52%
72	1	1.09%	94.57%	5.43%
76	1	1.09%	95.65%	4.35%
78	1	1.09%	96.74%	3.26%
80	1	1.09%	97.83%	2.17%
82	1	1.09%	98.91%	1.09%
85	1	1.09%	100.00%	0.00%
86−95	0	0.00%	100.00%	0.00%
小计	92	—	—	—

3. 根据公式（5−8），$y_2^{1-3}=F_1^{-1}\left(1-\dfrac{680}{1280}\right)=F_1^{-1}(0.4688)$。查表 5−23，$y_2^{1-3}\approx30$。

4. 根据公式（5−9），$y_2^{2-3}=F_2^{-1}\left(1-\dfrac{680}{960}\right)=F_2^{-1}(0.2917)$。查表 5−26，$y_2^{2-3}\approx41$。

5. 根据公式（5−10），$y_2^{*}=y_2^{1-3}+y_2^{2-3}=30+41=71$。

6. 预订限额 $b_3=95-71=24$。

综合【算法演示 6】，三价格等级下，豪华大床房保留水平 $y_1^{*}=20$，行政大床房保留水平 $y_2^{*}=71$，高级大床房预订限额 $b_3=24$。即最优容量分配为 20 间、51 间、24 间。

【同步练习 8】

【习题】多等级问题的 EMSR-a 算法

B 酒店拥有双床房 200 间，执行三级价格体系与线性嵌套结构。其中全价为 1268 元，Ⅰ级折扣价 988 元，Ⅱ级折扣价 668 元。根据历史统计数据，酒店双床房全价与Ⅰ级折扣价的销售情况，分别如表 5-24 和表 5-27 所示。

假定每个价格等级的随机需求相互独立，请采用 EMSR-a 算法，求解Ⅰ级折扣价的保留水平与Ⅱ级折扣价的预订限额。

表 5-27　B 酒店Ⅰ级折扣价双床房销量情况

销量 x（间）	0-65	65	66	67	68	69	70	71	72	73	74
天数	0	8	7	6	7	5	6	5	7	5	7
销量 x（间）	75	76	77	78	79	80	81	82	83	84	85
天数	5	4	5	3	3	4	5	4	3	4	2
销量 x（间）	86	87	88	89	90	91	92	93	94	95-200	小计
天数	4	3	2	2	1	2	2	1	1	0	123

2. EMSR-b 启发式算法

EMSR-a 算法忽略了统计学的平均效应。当各价格等级的平均收益接近时，EMSR-a 算法求解的误差会增大。为克服这一缺陷，彼得·贝罗巴巴（Peter Belobaba，1992）又提出了 EMSR-b 算法，认为 EMSR-b 算法能够达到最优解的 99.5%，而 EMSR-a 算法最多仅能达到最优解的 98.5%①。其后也有不少实证研究表明，两种算法的求解结果在大多数情况下非常理想，不存在优劣之分。但相对而言，EMSR-b 算法在实践应用中更为流行。

EMSR-a 算法的基本逻辑相当于构建一个"虚拟价格等级"，然后利用小林法作最优求解。假设所有价格等级 p_i 需求均服从正态分布且相互独立，等级 i 的均值为 μ_i，标准差为 σ_i。对价格等级 $j(j \geqslant 2)$ 构建虚拟价格等级 $\bar{j}$，其均值 $\mu_{\bar{j}}$、标准差 $\sigma_{\bar{j}}$ 和价格 $p_{\bar{j}}$ 分别为：

$$\mu_{\bar{j}} = \sum_{i=1}^{j} \mu_i \qquad (5\text{-}13)$$

① Belobaba P P. Optimal vs.heuristic methods for nested seat allocation［C］.Proceedings of AGIFORS Reservations and Yield Management Study Group，Brussels，Belgium，1992. 28-53.

$$\sigma_{\bar{j}} = \sqrt{\sum_{i=1}^{j} \sigma_i^2} \tag{5-14}$$

$$p_{\bar{j}} = \sum_{i=1}^{j} \frac{p_i \cdot \mu_i}{\mu_{\bar{j}}} \tag{5-15}$$

根据正态分布下分配优化求解公式（5-7），等级 j 的最优保留水平 y_j^* 为：

$$y_j^* = \mu_{\bar{j}} + \sigma_{\bar{j}} \cdot \Phi^{-1}\left(1 - \frac{p_{j+1}}{p_{\bar{j}}}\right) \tag{5-16}$$

假设要在多价格等级 $j(j \geqslant 2)$ 下求解价格等级 p_2 的最优保留水平 y_2^*。各价格等级均服从正态分布且相互独立，价格等级 p_1、p_2 的均值分别 μ_1、μ_2，标准差为 σ_1、σ_2。构建“虚拟价格等级” $p_{\bar{2}}$，其均值 $\mu_{\bar{2}}$、标准差 $\sigma_{\bar{2}}$ 与价格 $p_{\bar{2}}$ 为：

$$\mu_{\bar{2}} = \mu_1 + \mu_2$$

$$\sigma_{\bar{2}} = \sqrt{\sigma_1^2 + \sigma_2^2}$$

$$p_{\bar{2}} = \frac{p_1 \cdot \mu_1 + p_2 \cdot \mu_2}{\mu_1 + \mu_2}$$

则价格等级 p_2 的最优保留水平 y_2^* 为：

$$y_2^* = \mu_{\bar{2}} + \sigma_{\bar{2}} \cdot \Phi^{-1}\left(1 - \frac{p_3}{p_{\bar{2}}}\right)$$

【算法演示 9】

【例题】EMSR-a 与 EMSR-b 算法比较

W 酒店拥有大床房 500 间，执行三级价格体系与线性嵌套结构。其中全价为 1280 元，Ⅰ级折扣价 968 元，Ⅱ级折扣价 686 元。根据历史统计数据，各价格等级需求均服从正态分布且相互独立，其均值与标准差如表 5-28 所示。请分别采用 EMSR-a 和 EMSR-b 算法，求解保留水平 y_1^*、y_2^* 和预订限额 b_3。

表 5-28　W 酒店三种价格等级需求的均值及标准差

价格类型	价格 p_j	均值 u_j	标准差 σ_j
全价（p_1）	p_1=1280	μ_1=208	σ_1=34
Ⅰ级折扣价（p_2）	p_2=968	μ_2=127	σ_2=22
Ⅱ级折扣价（p_3）	p_3=686	μ_3=282	σ_3=37

【演示 1】EMSR–a 算法

1. 根据【算法演示 7】，全价需求的最优保留水平 y_1^*=185 间。

2. 根据公式（5–8），$y_2^{1-3}=208+34\cdot\Phi^{-1}\left(1-\dfrac{686}{1280}\right)=208+34\cdot\Phi^{-1}(0.4641)\approx205$；

3. 根据公式（5–9），$y_2^{2-3}=127+22\cdot\Phi^{-1}\left(1-\dfrac{686}{968}\right)=127+22\cdot\Phi^{-1}(0.2913)\approx115$。

4. 根据公式（5–12），$y_2^*=\sum_{i=1}^{2}+\Phi_i^{-1}\left(1-\dfrac{p_3}{p_i}\right)=205+115=320$。

5. 预订限额 b_3=500–320=180 间。

综上，y_1^*=185，y_2^*=320，b_3=180。即最优容量分配为 185 间、135 间、180 间。

【演示 2】EMSR–b 算法

1. 根据【算法演示 7】，全价需求的最优保留水平 y_1^*=185 间。

2. 构建虚拟价格等级 $p_{\bar{2}}$，其均值 $\mu_{\bar{2}}$、方差 $\sigma_{\bar{2}}$ 与价格 $p_{\bar{2}}$ 为：

$$\mu_{\bar{2}}=\mu_1+\mu_2=208+127=335$$

$$\sigma_{\bar{2}}=\sqrt{\sigma_1{}^2+\sigma_2{}^2}=\sqrt{34^2+22^2}=40.5$$

$$p_{\bar{2}}=\frac{p_1\cdot\mu_1+p_2\cdot\mu_2}{\mu_1+\mu_2}=\frac{1280*208+968*127}{208+127}=1162$$

3. 则价格等级 p_2 的最优保留水平 y_2^* 为：

$$y_2^*=\mu_{\bar{2}}+\sigma_{\bar{2}}\cdot\Phi^{-1}\left(1-\frac{p_3}{p_{\bar{2}}}\right)=335+40.5\cdot\Phi^{-1}(0.4096)=326$$

4. 综上，y_1^*=185，y_2^*=326，b_3=174。即最优容量分配为 185 间、141 间、174 间。

5. 两种算法的求解结果汇总如表 5–29 所示。

表 5–29　两种算法求解的结果比较

价格等级	保留水平		预订限额		容量分配	
价格类型	EMSR–a	EMSR–b	EMSR–a	EMSR–b	EMSR–a	EMSR–b
全价（p_1）	185	185	—	—	185	185
Ⅰ级折扣价（p_2）	320	326	—	—	135	141
Ⅱ级折扣价（p_3）	—	—	180	174	180	174

【同步练习 9】

【习题】EMSR-a 与 EMSR-b 算法比较

邮轮拥有双床舱位 1200 间，执行三级价格体系与线性嵌套结构。其中阳台舱价格为 1000 美元，海景舱价 800 美元，内部舱价 500 美元。三种舱位的需求相互独立且均服从正态分布，其均值与标准差如表 5-30 所示。请分别采用 EMSR-a 和 EMSR-b 算法，求解保留水平 y_1^*、y_2^* 和预订限额 b_3（表 5-31）。[①]

表 5-30　邮轮三种价格等级需求的均值及标准差

价格类型	价格 p_j	均值 u_j	标准差 σ_j
全价（p_1）	p_1=1000	μ_1=600	σ_1=81
Ⅰ级折扣价（p_2）	p_2=800	μ_2=305	σ_2=53
Ⅱ级折扣价（p_3）	p_3=500	μ_3=678	σ_3=90

表 5-31　两种算法求解的结果比较

价格等级		保留水平		预订限额		容量分配	
价格类型	产品	EMSR-a	EMSR-b	EMSR-a	EMSR-b	EMSR-a	EMSR-b
全价（p_1）	阳台舱			—	—		
Ⅰ级折扣价（p_2）	海景舱			—	—		
Ⅱ级折扣价（p_3）	内部舱	—	—				

第三节　确定性需求下的连住分配优化

一、连住分配优化

如果将“时间”（夜）看作可利用的资源，那么客房产品就是“房间 + 时间”的组合，每一种房型理论上都可提供数百种客房产品。“房间 + 一夜”称为“单资源”产品，“房间 + 多夜”称为“多资源”产品（即连住产品）。到目前为止，容量分配优化讨论的都是单资源问题，即某一天客房容量的科学分配问题。通过小林法则和 EMSR 启发式算法，此问题可得到收益最大化的最优或近优解。但考虑“多资源”产品即连住发生时，问题就变得复杂了。

① 案例来源：孙晓东 . 邮轮收益管理：需求预测与收益优化［D］. 上海：上海交通大学，2011：107-110.

假定某酒店有 100 间客房，实行全价 1000 元、折扣价 800 元两级价格体系。预计周二、周三、周四的无限制需求分别为 90 间、130 间、85 间，其中包括周二抵达连住 2 晚（ODF1）、周三抵达住 1 晚（ODF2）、周三抵达连住 2 晚（ODF3）的全价与折扣价预订需求（图 5-9）。现在面临的问题是，周三这一天受到客房总容量（100 间）的约束，如何进行预订控制才能保证最大化收益。如果按照单资源下容量分配优化的思路，必然是限制周三的折扣价预订数量以保护全价预订需求。但这样的决策存在明显缺陷。因为拒绝 1 个数量的 ODF1、ODF2 和 ODF3 折扣价预订，周三可以多赚 600 元；但周二、周四均损失 800 元，合计 1600 元；其间收益净损失达 1000 元。这显然不符合收益最大化原则。

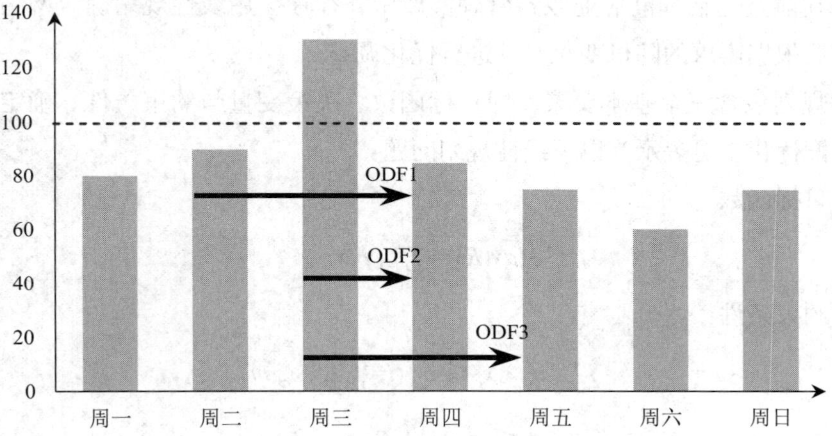

图 5-9　某酒店的连住需求模式

这种多资源的收益管理问题，在航空业被称为“网络管理”（network management）或网络收益管理，这是对“联程航班网络”的形象称谓。酒店业的“连住”属于其中的“线性网络”，要比“中心辐射型”等联程航班网络简单得多。线性及其他网络管理的核心问题，是同时考虑价格等级与资源（如时间、航段等）组合，以决定接受或拒绝哪些预订请求，并最大化期望收益。航空运输业通常用“出发地—目的地价格等级”（ODF：origin-destination fare class），代表一种价格等级与资源组合产品。当只存在单个资源约束时，可以先将 ODF 产品按照其所支付的价格总额排序，然后仍然使用 EMSR 启发式算法做近优求解，这种方法被称为网络收益管理的“贪婪启发式算法”（greedy heuristic）。

在上述例子中，按照贪婪启发式算法的思路，对 ODF 产品按照其支付总额由低到高排序为：ODF2 折扣价（800 元），ODF2 全价（1000 元），ODF1 与 ODF3 折扣价（总额均为 1600 元），ODF1 与 ODF3 全价（总额均为 2000 元）。以此类推，只要无限制需求只在周三超过客房总容量，那么这样设置多价格等级并利用EMSR算法，就可得到酒店在周三的容量分配优化求解，从而最大化周三的期望收益。但是，当存在一个以上资源约束时——例如，酒店的无限制需求在周三、周四都超过100间时，ODF排序会发生相互牵扯，贪婪启发式算法也就不再有效，需要使用线性规划求解方法。

二、连住分配优化的线性规划求解

线性规划（LP：linear programming）是线性约束条件下求解线性目标函数极值问题的数理方法。在通过市场预测明确未来需求的情况下，借助通用软件包或专业软件工具，连住及其他网络收益优化问题，可通过线性规划得到一个相对简单且有效的解决方案。在航空运输和酒店业收益管理实践中，往往会用线性规划确定网络管理的初始解，然后根据需求的随机变化对其进行优化调整。

线性规划包含三个基本要素，即目标函数、决策变量与约束条件。确定性需求下的连住分配优化，可表示为以下线性规划问题：

（1）目标函数：

$$Max(R) = \sum_{j=1}^{n} p_j x_j \quad (5\text{-}17)$$

（2）约束条件：

$$\sum_{j=1}^{n} a_{ij} \cdot x_j \leqslant c_i; (i=1, 2, \cdots, m) \quad (5\text{-}18)$$

$$x_j \leqslant d_j; (j=1, 2, \cdots, n) \quad (5\text{-}19)$$

$$x_j \geqslant 0; (j=1, 2, \cdots, n) \quad (5\text{-}20)$$

其中变量x_j为决策变量，即每一个ODF的容量分配。p_j为相应价格。目标函数（5-17）表示线性规划的目标，即收益R取最大值。条件（5-18）是容量约束，保证各资源的容量配额之和不超过相应的资源总量。条件（5-19）是需求约束，表示每个ODF的容量分配小于等于其需求数量。条件（5-20）保证所有容量配额均大于等于零。

【算法演示10】

【例题】连住分配优化的线性规划求解

X酒店拥有双床房100间，全价1000元，折扣价800元。周二、周三的容量库存分别为90间和100间。根据需求预测，周二、周三各价格等级ODF产品需求预测如表5-32所示。请用线性规划方法，计算各ODF产品容量的最优配额。

表 5-32　X 酒店双床房 ODF 产品需求预测

ODF		价格 p_j	需求 d_j
1	周二至周三全价	1000	30
2	周二至周三折扣价	800	50
3	周三至周四全价	1000	20
4	周三至周四折扣价	800	80
5	周二至周四全价	2000	30
6	周二至周四折扣价	1600	40

注：完整表格请扫描上方二维码，下载配套 Excel 文件。

【演示】

1. 打开配套 Excel 文件，在 H3 格输入“=D3×G3”，右下角“+”下拉，计算收益 Rj（图 5-10）。

1	B	C	D	E	F	G	H
2	ODF		价格p_j	需求d_j	容量c_i	配额x_j	收益R_j
3	1	周二至周三全价	1,000	30	90		=D3×G3
4	2	周二至周三折扣价	800	50			
5	3	周三至周四全价	1,000	20	100		
6	4	周三至周四折扣价	800	80			
7	5	周二至周四全价	2,000	30	—		
8	6	周二至周四折扣价	1,600	40	—		
9	周二容量配额合计						—
10	周三容量配额合计						—
11	总收益						

图 5-10　输入收益计算公式

2. H11 格输入“=SUM（H3：H8）”，计算总收益 $\sum R$（图 5-11）$_j$。

1	B	C	D	E	F	G	H
2	ODF		价格p_j	需求d_j	容量c_i	配额x_j	收益R_j
3	1	周二至周三全价	1,000	30	90		0
4	2	周二至周三折扣价	800	50			0
5	3	周三至周四全价	1,000	20	100		0
6	4	周三至周四折扣价	800	80			0
7	5	周二至周四全价	2,000	30	—		0
8	6	周二至周四折扣价	1,600	40	—		0
9	周二容量配额合计						—
10	周三容量配额合计						—
11	总收益						=SUM(H3:H8)

图 5-11　输入总收益的计算公式

3. G9 格输入“=G3+G4+G7+G8”，计算周二容量配额合计数 $\sum a_{1j}x_j$（图 5-12）。

1	B	C	D	E	F	G	H
2	ODF		价格p_j	需求d_j	容量c_i	配额x_j	收益R_j
3	1	周二至周三全价	1,000	30	90		0
4	2	周二至周三折扣价	800	50			0
5	3	周三至周四全价	1,000	20	100		0
6	4	周三至周四折扣价	800	80			0
7	5	周二至周四全价	2,000	30	—		0
8	6	周二至周四折扣价	1,600	40	—		0
9	周二容量配额合计					=G3+G4+G7+G8	—
10	周三容量配额合计						—
11	总收益						0

图 5-12 输入周二容量配额合计数的计算公式

4.G10 格输入“=SUM（G5：G8）”，计算周三容量配额合计数 $\sum a_{2j}x_j$（图 5-13）。

1	B	C	D	E	F	G	H
2	ODF		价格p_j	需求d_j	容量c_i	配额x_j	收益R_j
3	1	周二至周三全价	1,000	30	90		0
4	2	周二至周三折扣价	800	50			0
5	3	周三至周四全价	1,000	20	100		0
6	4	周三至周四折扣价	800	80			0
7	5	周二至周四全价	2,000	30	—		0
8	6	周二至周四折扣价	1,600	40	—		0
9	周二容量配额合计					0	—
10	周三容量配额合计					=SUM(G5:G8)	—
11	总收益						0

图 5-13 输入周三容量配额合计数的计算公式

5. 点击“数据”—“规划求解”，在跳出的“规划求解参数”框中，输入目标函数位置，即在“设置目标”处输入“\$H\$11”。输入决策变量位置，即在“通过更改可变单元格”处输入“\$G\$3：\$G\$8”（图 5-14）。

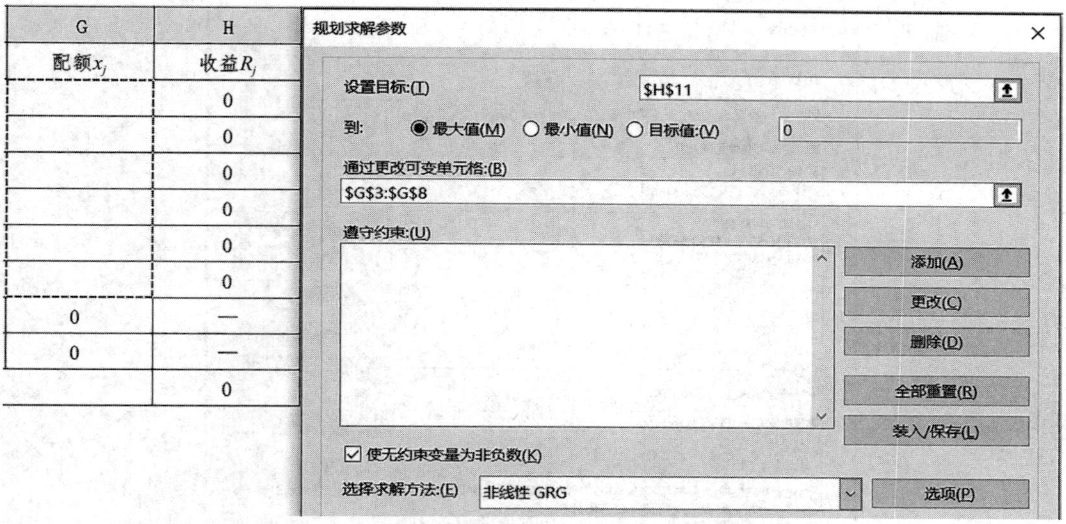

图 5–14　规划求解参数框输入目标函数与决策变量位置

6.“遵守约束”右侧点击“添加”，在跳出的“添加约束”中，输入约束条件1，容量配额小于相应需求（即 $x_j \leqslant d_j$）。操作方法是:“单元格引用”下输入“\$G\$3:\$G\$8”，小于等于号不变，在“约束”下输入“=\$E\$3：\$E\$8”（图 5–15）。

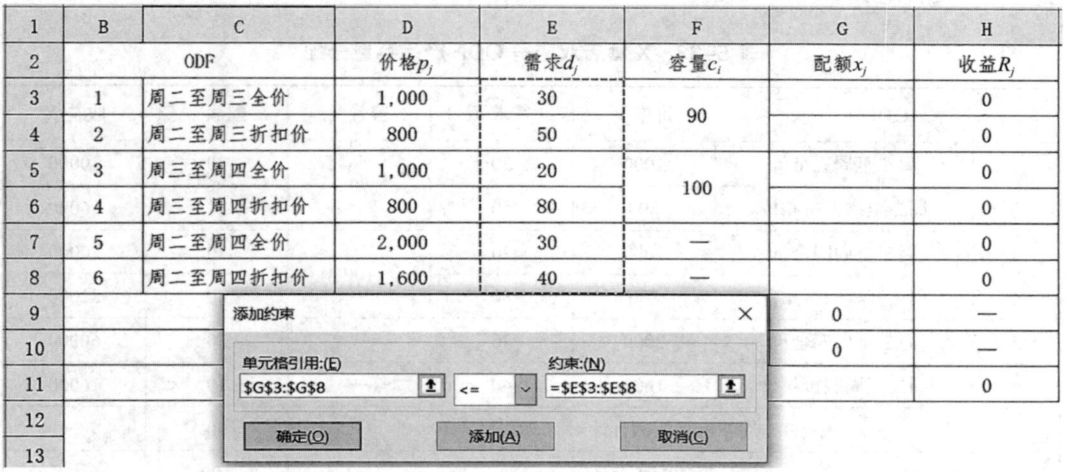

图 5–15　输入约束条件 xj≤dj

7. 点“添加”，分别输入约束条件2：周二容量配额合计小于90间（即 $\sum a_{1j} x_j \leqslant c_1$）；约束条件3：周三容量配额合计小于100间（即 $\sum a_{2j} x_j \leqslant c_2$）。最终所有参数设置如图 5–16 所示。

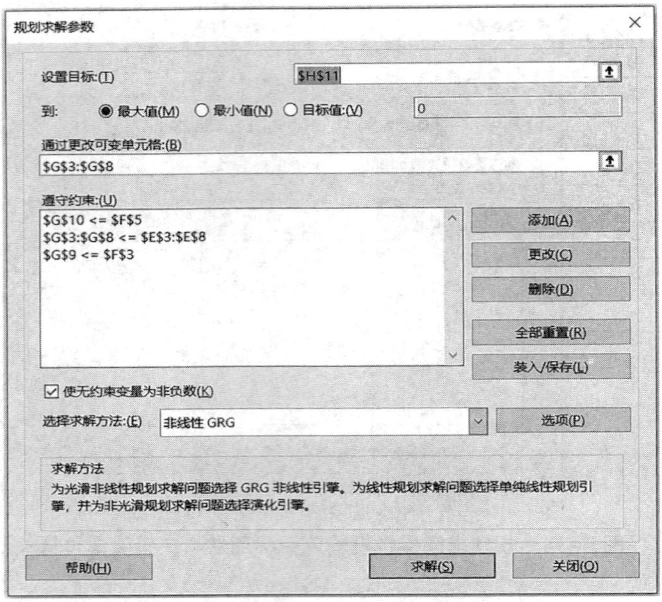

图 5-16　规划求解参数设置

8. 点“求解”，得到以下结果。决策变量 x_j 可能有多种容量配额解，但总收益不变（表 5-33）。

表 5-33　X 酒店双床房 ODF 产品容量分配

ODF		价格 p_j	需求 d_j	容量 c_i	配额 x_j	收益 R_j
1	周二至周三全价	1000	30	90	30	30000
2	周二至周三折扣价	800	50		20	16000
3	周三至周四全价	1000	20	100	20	20000
4	周三至周四折扣价	800	80		40	32000
5	周二至周四全价	2000	30	—	30	60000
6	周二至周四折扣价	1600	40	—	10	16000
周二容量配额合计					90	—
周三容量配额合计					100	—
总收益						174000

【同步练习 10】

【习题】连住分配优化的线性规划求解

Y 酒店拥有双床房 120 间，执行三级价格体系，全价 1280 元，折扣价 I 为 980 元，折扣价Ⅱ为768元。周二、周三的容量库存分别为98间和102间。根据需求预测，周二、周三各价格等级ODF产品需求预测如表5-34所示。请用线性规划方法，计算各ODF产品容量的最优配额。

表5-34 Y酒店双床房ODF产品需求预测

ODF		价格 p_j（元）	需求 d_j（间）
1	周二至周三全价	1280	25
2	周二至周三折扣价Ⅰ	980	38
3	周二至周三折扣价Ⅱ	768	46
4	周三至周四全价	1280	28
5	周三至周四折扣价Ⅰ	980	42
6	周三至周四折扣价Ⅱ	768	52
7	周二至周四全价	2560	8
8	周二至周四折扣价Ⅰ	1960	10
9	周二至周四折扣价Ⅱ	1536	28

Ⅰ. RMS操作

一、房型销售分析

“报表—房型分析”页面，选择相应时间段和房型，点击“查询”，可显示该时间段、该房型的出租率与平均房价图表或数据（图Ⅰ-1），各个房型的出租率与平均房价汇总数据（图Ⅰ-2），以及各个房型的期间收入数据（图Ⅰ-3）。

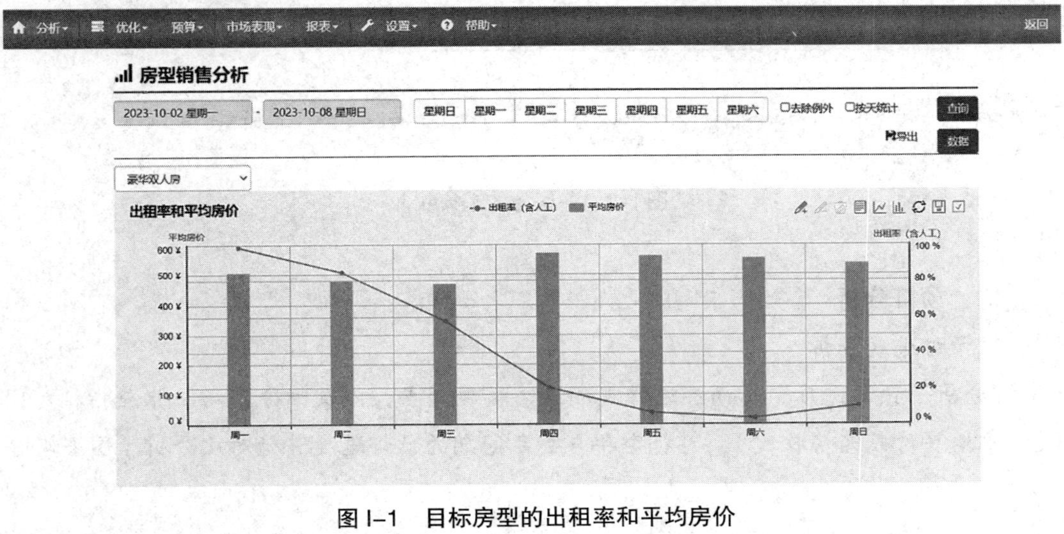

图Ⅰ-1 目标房型的出租率和平均房价

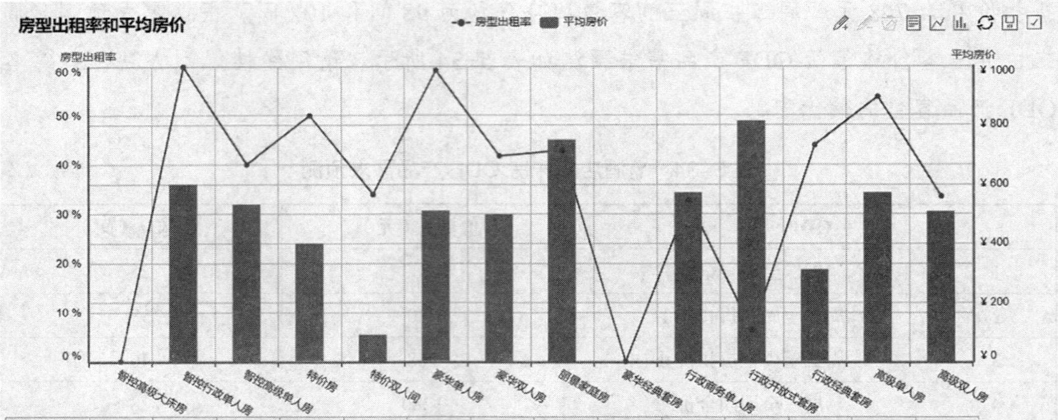

房型出租率%	0.00	60.00	40.00	50.00	33.96	59.20	41.72	42.86	0.00	32.75	6.49	43.90	53.79	33.59
平均房价	0.00	597.67	532.05	398.37	90.20	508.54	496.78	749.94	0.00	572.15	812.36	309.33	572.26	506.55
可卖房	2	5	10	12	53	451	477	56	76	374	77	41	132	259
已卖房	0	3	4	6	18	267	199	24	0	122.5	5	18	71	87

图 I-2　各房型的出租率和平均房价

房型和收入

导出　数据

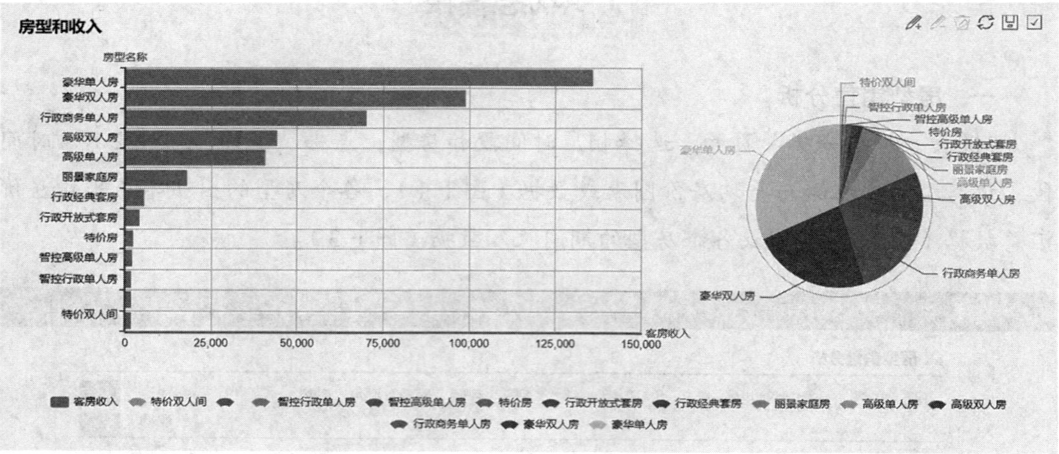

图 I-3　各房型的销售收入

二、预订分析

1. 预订进度分析

“分析—预订进度”页面，选择观测点、被观测点，以及细分市场与相应指标（间夜、平均房价或客房收入），可将今年与去年同期的预订进度进行对比分析（图 I-4）。

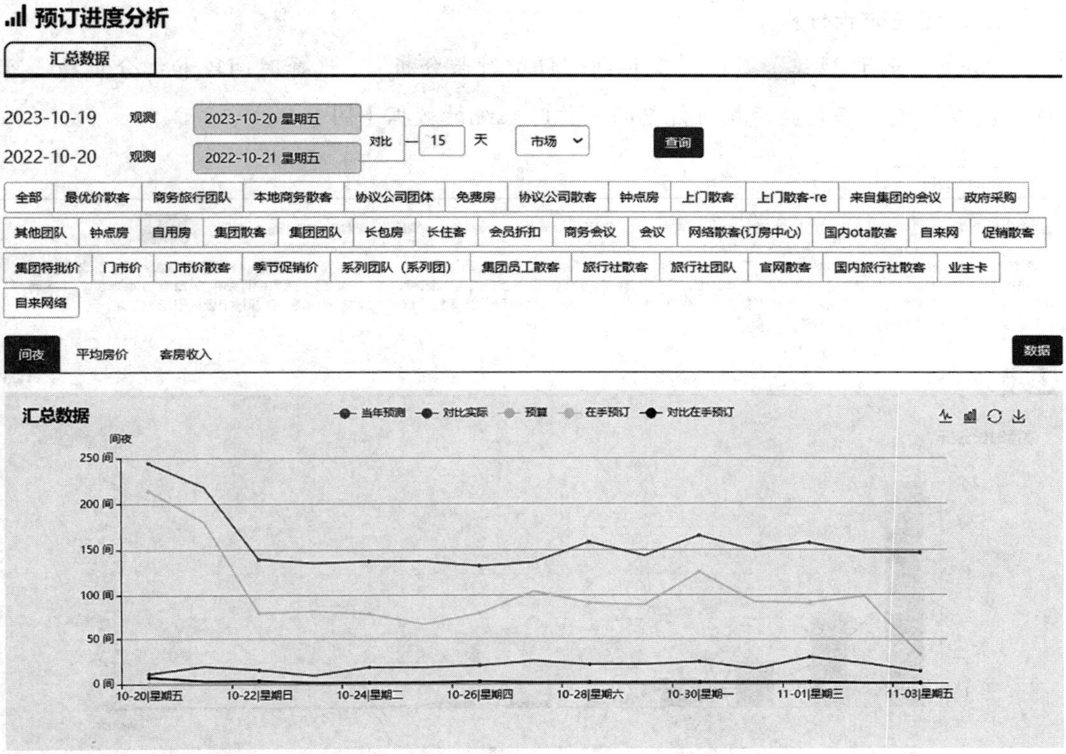

图 I–4 预订进度对比

2. 预订规律分析

“分析—预订规律”页面，选择时间段和细分市场，可以显示预订进程时序图，方便分析各细分市场的预订进程规律（图 I–5）。

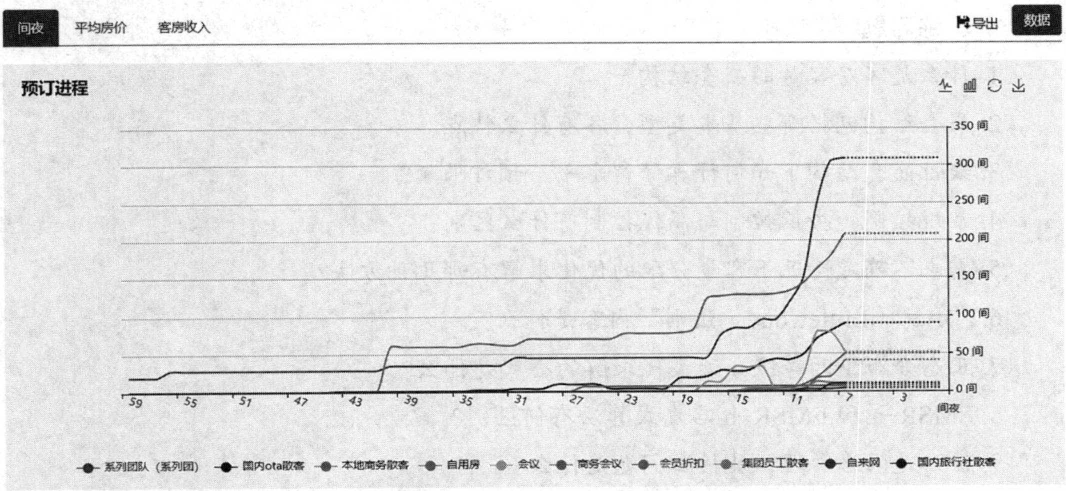

图 I–5 预订进程时序图

三、连住时长分析

“分析—预订规律”页面，下拉到“停留时长分析”，选择时间段和细分市场，可以“图表”或数据表显示相应订单的连住时长统计数据（图 I–6）。

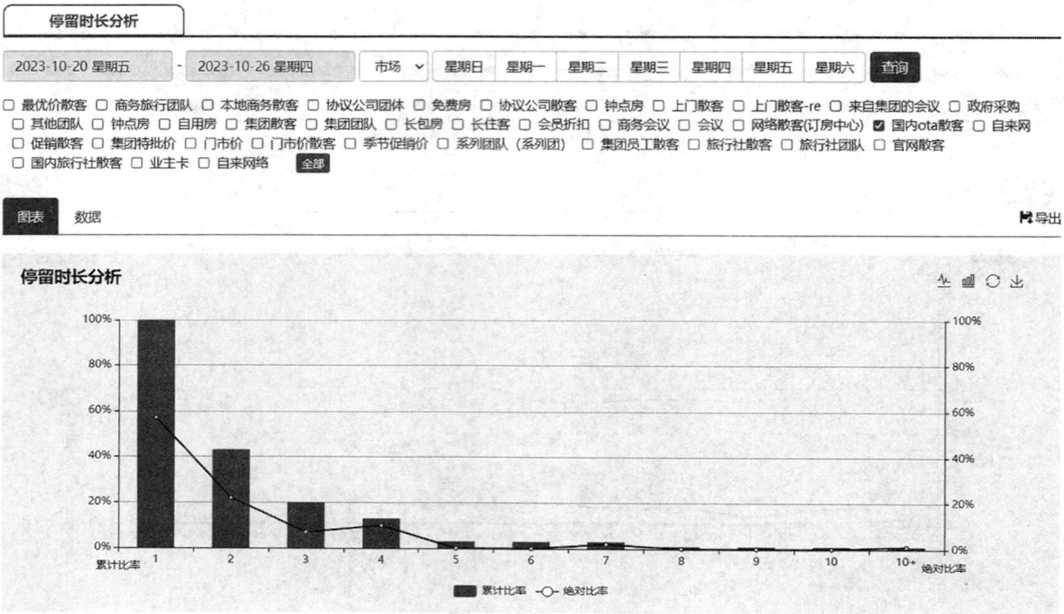

图 I–6　订单连住时长统计

Ⅱ. 练习与思考

一、练习题

1. 什么是客房容量的嵌套结构？

2. 嵌套结构包括哪些基本类型，各有什么特点？

3. 线性嵌套结构下如何计算保留水平与预订限额？

4. 常规控制、去低控制与高优控制有什么区别？

5. 需求不确定情况下容量分配的优化求解有哪几种方法？

6. “小林（Littlewood）法则”内容是什么？

7. 正态分布下两等级分配最优求解的公式是什么？

8. EMSR-a 和 EMSR-b 启发式算法有何区别？

9. 什么是网络管理，其核心问题是什么？

10. 什么是 ODF，其在酒店业代表什么？

11. 什么是单资源约束下的贪婪启发式算法？

12. 连住分配优化的线性规划求解包括哪三个基本要素？

二、思考题

Z 酒店拥有双床房 350 间，周一至周五的库存容量分别为 290 间、300 间、320 间、330 间和 350 间。不同时间跨度的 ODF 产品每日均价及其需求预测如表 5-ii 所示。请用线性规划法求解各 ODF 产品的最优容量分配。

表 5-ii　Z 酒店双床房 ODF 产品每日均价与需求预测

<table>
<tr><th>ODF</th><th>周一</th><th>周二</th><th>周三</th><th>周四</th><th>周五</th><th>每日均价</th><th>需求预测</th></tr>
<tr><td>1</td><td>ODF1</td><td></td><td></td><td></td><td></td><td>868</td><td>75</td></tr>
<tr><td>2</td><td colspan="2">ODF2</td><td></td><td></td><td></td><td>878</td><td>130</td></tr>
<tr><td>3</td><td colspan="3">ODF3</td><td></td><td></td><td>908</td><td>52</td></tr>
<tr><td>4</td><td colspan="4">ODF4</td><td></td><td>898</td><td>45</td></tr>
<tr><td>5</td><td colspan="5">ODF5</td><td>884</td><td>25</td></tr>
<tr><td>6</td><td></td><td>ODF6</td><td></td><td></td><td></td><td>888</td><td>30</td></tr>
<tr><td>7</td><td></td><td colspan="2">ODF7</td><td></td><td></td><td>928</td><td>60</td></tr>
<tr><td>8</td><td></td><td colspan="3">ODF8</td><td></td><td>908</td><td>142</td></tr>
<tr><td>9</td><td></td><td colspan="4">ODF9</td><td>888</td><td>28</td></tr>
<tr><td>10</td><td></td><td></td><td>ODF10</td><td></td><td></td><td>968</td><td>15</td></tr>
<tr><td>11</td><td></td><td></td><td colspan="2">ODF11</td><td></td><td>918</td><td>48</td></tr>
<tr><td>12</td><td></td><td></td><td colspan="3">DOF12</td><td>888</td><td>32</td></tr>
<tr><td>13</td><td></td><td></td><td></td><td>ODF13</td><td></td><td>868</td><td>36</td></tr>
<tr><td>14</td><td></td><td></td><td></td><td colspan="2">ODF14</td><td>848</td><td>148</td></tr>
<tr><td>15</td><td></td><td></td><td></td><td></td><td>ODF15</td><td>828</td><td>80</td></tr>
<tr><td>库存容量</td><td>290</td><td>300</td><td>320</td><td>330</td><td>350</td><td>—</td><td>—</td></tr>
</table>

注：完整表格请扫描上方二维码，下载配套 Excel 文件。

参考文献

［1］Kalyan T. Talluri，Garrett J. Van Ryzin. The Theory and Practice of Revenue Management［M］.New York：Kluwer Academic Publishers，2005.

［2］罗伯特·菲利普斯 . 定价与收益优化［M］. 陈旭，慕银平，译 . 中国财政经济出版社，2008.

［3］汪瑜 . 民航运输收益管理［M］. 成都：西南交通大学出版社，2018.

［4］周晶，杨慧 . 收益管理方法与应用［M］. 北京：科学出版社，2009.

［5］祖长生 . 饭店收益管理（第二版）［M］. 北京：中国旅游出版社，2021.

［6］魏云豪 . 收益管理［M］. 北京：人民邮电出版社，2018.

［7］高鸿业 . 西方经济学（第三版）［M］. 北京：中国人民大学出版社，2005.

［8］芮明杰 . 管理学——现代的观点［M］. 上海：上海人民出版社，2005.

［9］朱诺，高盛国，李岱 . 美国放松航空管制后对枢纽及市场的影响［J］. 中国民用航空，2017（10）.

［10］胡永胜 . Power BI 商业数据分析［M］. 北京：人民邮电出版社，2021.

［11］孙浩，陈念 . Power BI 数据分析与应用［M］. 北京：电子工业出版社，2022.

［12］何业文，郭杰，袁勋 . Tableau 数据可视化分析一点通［M］. 北京：电子工业出版社，2021.

［13］陈一君，周丽勇，等 . 市场研究［M］. 成都：西南交通大学出版社，2015：289.

［14］Belobaba P P. Optimal vs.heuristic methods for nested seat allocation［C］. Proceedings of AGIFORS Reservations and Yield Management Study Group，Brussels，Belgium，1992. 28-53.

［15］孙晓东 . 邮轮收益管理：需求预测与收益优化［D］. 上海：上海交通大学，2011.

附　录

Ⅰ. 随机变量的概率分布

一、随机变量的分布函数

1. 分布函数的定义

设 X 为随机变量，x 为任意实数，则其概率累积函数 $F(x)=P\{X\leqslant x\}$ 称为 X 的分布函数。

分布函数 $F(x)$ 是一个不减函数，且 $0\leqslant F(x)\leqslant 1$。对于任意实数 x_1、x_2，$x_1<x_2$，有 $P\{x_1<X\leqslant x_2\}=F(x_2)-F(x_1)$。

2. 离散型随机变量的分布律

离散型随机变量 X 取各个可能值 $x_k\,(k=1, 2, \cdots)$ 的概率 $P\{X=x_k\}=p_k$，称为离散型随机变量 X 的分布律，其中 $\sum_{k=1}^{\infty} p_k=1$。分布律用表格形式可表示为：

X	x_1	x_2	$\cdots$
p_x	p_1	p_2	$\cdots$

分布函数 $F(x)$ 与分布律的关系是：$F(x)=P\{X\leqslant x\}=\sum_{xk\leqslant x} p_k$。

3. 连续型随机变量及其概率密度

对于随机变量 X 的分布函数 $F(x)$，如果存在非负可积函数 $f(x)$，使得 $F(x)=\int_{-\infty}^{x} f(t)dt$，其中 x 为任意实数，则 X 为连续型随机变量，$f(x)$ 称为 X 的概率密度。

概率密度 $F(x)$ 具有以下性质：$F(x)\geqslant 0$，$F(x)=\int_{-\infty}^{\infty} f(x)dx=1$；对于任意实数 x_1、x_2，$x_1<x_2$，有 $P\{x_1<X\leqslant x_2\}=F(x_2)-F(x_1)=\int_{x_1}^{x_2} f(x)dx$。

二、随机变量的期望与方差

1. 随机变量的期望

（1）如果 X 是离散型随机变量，分布律为 $P\{X\leqslant x_k\}=p_k$，$k=1, 2, \cdots$。若级数 $\sum_{k=1}^{\infty} x_k$

p_k 绝对收敛，则称其为离散型随机变量 X 的期望或均值，记为 $E(X)$。

（2）如果 X 是连续型随机变量，概率密度为 $f(x)$。若积分 $\int_{-\infty}^{\infty} xf(x)dx$ 绝对收敛，则称其为连续型随机变量 X 的期望或均值，记为 $E(X)$。

2. 期望的性质

（1）设 C 为常数，则有：$E(C)=C$。

（2）设 X 是随机变量，C 为常数，则有：$E(CX)=CE(X)$。

（3）设 X、Y 为随机变量，则有：$E(X+Y)=E(X)+E(Y)$。

（4）若随机变量 X、Y 相互独立，则有：$E(XY)=E(X)E(Y)$。

3. 随机变量的方差

方差度量随机变量相对于其均值的偏离程度。对于随机变量 X，若 $E\{[X-E(X)]^2\}$ 存在，则称其为 X 的方差，记为 $D(X)$。方差的平方根，称为标准差或均方差，记为 $\sigma(X)$。

（1）如果 X 是离散型随机变量，则有：$D(X)=\sum_{k=1}^{\infty}[x_k-E(X)]^2 p_k$。

（2）如果 X 是连续型随机变量，则有：$D(X)=\int_{-\infty}^{x}[x-E(X)]^2 f(x)dx$。

4. 方差的性质

（1）设 C 为常数，则有：$D(C)=0$。

（2）设 X 是随机变量，C 为常数，则有：$D(CX)=C^2 D(X)$，$D(X+C)=D(X)$。

（3）若随机变量 X、Y 相互独立，则有：$D(X+Y)=D(X)+D(Y)$。

三、正态分布及其标准化转换

1. 正态分布

若连续型随机变量 X 的概率密度为 $f(x)=\frac{1}{\sqrt{2\pi\sigma}}e^{-\frac{(x-\mu)^2}{2\sigma^2}}$，其中 μ、σ（$\sigma>0$）分别为其均值和标准差，则称 X 服从参数为 μ、σ 的正态分布，记为 $X\sim N(\mu,\sigma^2)$。

正态分布的概率密度 $f(x)$ 关于 $x=\mu$ 对称。对于任意 $h>0$，有 $P\{\mu-h<X\leqslant\mu\}=P\{\mu<X\leqslant\mu+h\}$。均值 μ 为 $f(x)$ 的位置参数；若 σ 固定，则 $f(x)$ 随 μ 变化沿着 x 轴平移。标准差 σ 为 $f(x)$ 的形状参数；若 μ 固定，σ 越小 $f(x)$ 形状越尖。

2. 标准正态分布

当 $\mu=0$、$\sigma=1$ 时，称随机变量 X 服从标准正态分布，记为 $X\sim N(0,1)$。其概率密度与分布函数分别记为 $\varphi(x)$、$\Phi(x)$。易知：$\Phi(-x)=1-\Phi(x)$。

3. 正态分布的标准化转换

若 $X\sim N(\mu,\sigma^2)$，则标准化变量 $Z=\frac{X-\mu}{\sigma}$ 服从标准正态分布，即 $Z\sim N(0,1)$。

Ⅱ．标准正态分布分位数表

$$\Phi(x)=\int_{-\infty}^{x}\frac{1}{\sqrt{2\pi\sigma}}e^{-\frac{t^2}{2}}dt$$

x	**0**	**0.01**	**0.02**	**0.03**	**0.04**	**0.05**	**0.06**	**0.07**	**0.08**	**0.09**
0.0	0.5000	0.5040	0.5080	0.5120	0.5160	0.5199	0.5239	0.5279	0.5319	0.5359
0.1	0.5398	0.5438	0.5478	0.5517	0.5557	0.5596	0.5636	0.5675	0.5714	0.5753
0.2	0.5793	0.5832	0.5871	0.5910	0.5948	0.5987	0.6026	0.6064	0.6103	0.6141
0.3	0.6179	0.6217	0.6255	0.6293	0.6331	0.6368	0.6406	0.6443	0.6480	0.6517
0.4	0.6554	0.6591	0.6628	0.6664	0.6700	0.6736	0.6772	0.6808	0.6844	0.6879
0.5	0.6915	0.6950	0.6985	0.7019	0.7054	0.7088	0.7123	0.7157	0.7190	0.7224
0.6	0.7257	0.7291	0.7324	0.7357	0.7389	0.7422	0.7454	0.7486	0.7517	0.7549
0.7	0.7580	0.7611	0.7642	0.7673	0.7703	0.7734	0.7764	0.7794	0.7823	0.7852
0.8	0.7881	0.7910	0.7939	0.7967	0.7995	0.8023	0.8051	0.8078	0.8106	0.8133
0.9	0.8159	0.8186	0.8212	0.8238	0.8264	0.8289	0.8315	0.8340	0.8365	0.8389
1.0	0.8413	0.8438	0.8461	0.8485	0.8508	0.8531	0.8554	0.8577	0.8599	0.8621
1.1	0.8643	0.8665	0.8686	0.8708	0.8729	0.8749	0.8770	0.8790	0.8810	0.8830
1.2	0.8849	0.8869	0.8888	0.8907	0.8925	0.8944	0.8962	0.8980	0.8997	0.9015
1.3	0.9032	0.9049	0.9066	0.9082	0.9099	0.9115	0.9131	0.9147	0.9162	0.9177
1.4	0.9192	0.9207	0.9222	0.9236	0.9251	0.9265	0.9278	0.9292	0.9306	0.9319
1.5	0.9332	0.9345	0.9357	0.9370	0.9382	0.9394	0.9406	0.9418	0.9430	0.9441
1.6	0.9452	0.9463	0.9474	0.9484	0.9495	0.9505	0.9515	0.9525	0.9535	0.9545
1.7	0.9554	0.9564	0.9573	0.9582	0.9591	0.9599	0.9608	0.9616	0.9625	0.9633
1.8	0.9641	0.9648	0.9656	0.9664	0.9671	0.9678	0.9686	0.9693	0.9700	0.9706
1.9	0.9713	0.9719	0.9726	0.9732	0.9738	0.9744	0.9750	0.9756	0.9762	0.9767
2.0	0.9772	0.9778	0.9783	0.9788	0.9793	0.9798	0.9803	0.9808	0.9812	0.9817
2.1	0.9821	0.9826	0.9830	0.9834	0.9838	0.9842	0.9846	0.9850	0.9854	0.9857
2.2	0.9861	0.9864	0.9868	0.9871	0.9874	0.9878	0.9881	0.9884	0.9887	0.9890
2.3	0.9893	0.9896	0.9898	0.9901	0.9904	0.9906	0.9909	0.9911	0.9913	0.9916
2.4	0.9918	0.9920	0.9922	0.9925	0.9927	0.9929	0.9931	0.9932	0.9934	0.9936
2.5	0.9938	0.9940	0.9941	0.9943	0.9945	0.9946	0.9948	0.9949	0.9951	0.9952
2.6	0.9953	0.9955	0.9956	0.9957	0.9959	0.9960	0.9961	0.9962	0.9963	0.9964
2.7	0.9965	0.9966	0.9967	0.9968	0.9969	0.9970	0.9971	0.9972	0.9973	0.9974
2.8	0.9974	0.9975	0.9976	0.9977	0.9977	0.9978	0.9979	0.9979	0.9980	0.9981
2.9	0.9981	0.9982	0.9982	0.9983	0.9984	0.9984	0.9985	0.9985	0.9986	0.9986
3.0	0.9987	0.9987	0.9987	0.9988	0.9988	0.9989	0.9989	0.9989	0.9990	0.9990
3.1	0.9990	0.9991	0.9991	0.9991	0.9992	0.9992	0.9992	0.9992	0.9993	0.9993
3.2	0.9993	0.9993	0.9994	0.9994	0.9994	0.9994	0.9994	0.9995	0.9995	0.9995
3.3	0.9995	0.9995	0.9996	0.9996	0.9996	0.9996	0.9996	0.9996	0.9996	0.9997
3.4	0.9997	0.9997	0.9997	0.9997	0.9997	0.9997	0.9997	0.9997	0.9997	0.9998

III. 高职专科与职业本科学时建议

教学章节		算法数量	高职专科		职业本科 / 高水平专科	
			教学内容	学时	教学内容	学时
第一章 收益管理的基本原理	第一节 收益管理及其适用行业	0	理论	1	理论	1
	第二节 收益管理的“234”原理	0	理论	2	理论	2
	第三节 酒店收益管理的常用工具	0	理论	1	理论	1
第二章 绩效评估与IAS决策	第一节 绩效评估与决策方程	2	理论＋算法	3	理论＋算法	3
	第二节 数量增长IAS决策方法	2	理论＋算法	4	理论＋算法	4
	第三节 结构优化IAS决策方法	1	算法	1	算法	1
第三章 客房定价与价格优化	第一节 客房定价基本方法	0	理论	1	理论	1
	第二节 客房定价与反推出租率	5	理论＋算法	4	理论＋算法	4
	第三节 市场细分与差别定价	1	理论＋算法	2	理论＋算法	2
	第四节 需求变化与动态变价	3	理论＋算法	3	理论＋算法	3
	第五节 基于线性函数的价格优化	2	——	——	理论＋算法	2
第四章 需求预测与回归分析	第一节 需求预测及其指标	1	理论	1	理论＋算法	2
	第二节 时间序列预测	4	理论＋算法	5	理论＋算法	5
	第三节 线性回归分析	2	——	——	理论＋算法	3
第五章 容量控制与分配优化	第一节 嵌套结构与预订控制	5	理论＋算法	4	理论＋算法	4
	第二节 需求不确定时的容量分配优化	4	——	——	理论＋算法	4
	第三节 确定性需求下的连住分配优化	1	——	——	理论＋算法	2
RMS 综合实训	酒店收益管理系统综合实训	0	——	——	——	4
算法 / 学时总数合计		33	算法总数 23	学时总数 32	算法总数 33	学时总数 48

项目策划：段向民
责任编辑：武　洋
责任印制：钱　宬
封面设计：武爱听

图书在版编目（CIP）数据

酒店收益管理 ：原理、算法与工具 / 胡春林著 . 北京 ：中国旅游出版社， 2024. 9. -- ISBN 978-7-5032-7396-4

Ⅰ . F719.2

中国国家版本馆 CIP 数据核字第 2024Z3M206 号

书　　名：酒店收益管理——原理、算法与工具

作　　者：胡春林
出版发行：中国旅游出版社
（北京静安东里 6 号　邮编：100028）
https://www.cttp.net.cn　E-mail:cttp@mct.gov.cn
营销中心电话：010-57377103，010-57377106
读者服务部电话：010-57377107
排　　版：北京旅教文化传播有限公司
经　　销：全国各地新华书店
印　　刷：三河市灵山芝兰印刷有限公司
版　　次：2024 年 9 月第 1 版　2024 年 9 月第 1 次印刷
开　　本：787 毫米 × 1092 毫米　1/16
印　　张：14.75
字　　数：280 千
定　　价：49.80 元
I S B N　978-7-5032-7396-4